同济大学经济与管理学院资助出版

深度变革环境下
全过程工程咨询服务研究

李含章　陈杨雪　陈　静　著

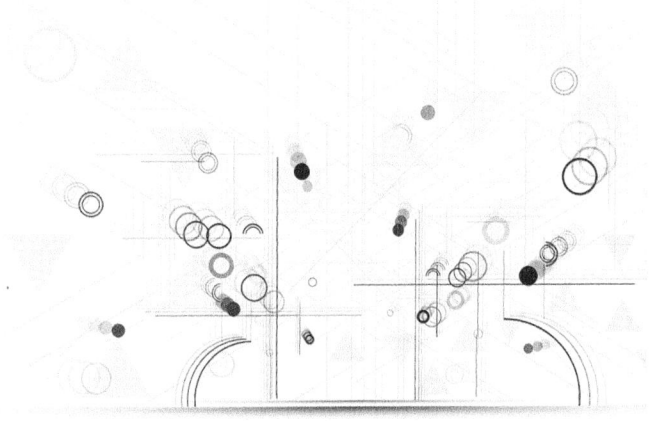

同济大学出版社
TONGJI UNIVERSITY PRESS
·上海·

图书在版编目(CIP)数据

深度变革环境下全过程工程咨询服务研究 / 李含章，陈杨雪，陈静著. —上海：同济大学出版社，2023.6
 ISBN 978－7－5765－0581－8

Ⅰ.①深… Ⅱ.①李… ②陈… ③陈… Ⅲ.①建筑工程－咨询服务－研究 Ⅳ.①F407.9

中国国家版本馆 CIP 数据核字(2023)第 000458 号

深度变革环境下全过程工程咨询服务研究
SHENDU BIANGE HUANJING XIA QUAN GUOCHENG GONGCHENG ZIXUN FUWU YANJIU

李含章　陈杨雪　陈　静　著
出 品 人　金英伟　　　责任编辑　丁国生
责任校对　徐春莲　　　封面设计　陈益平

出版发行	同济大学出版社　www.tongjipress.com.cn
	（地址：上海市四平路 1239 号　邮编：200092　电话：021－65985622）
经　　销	全国各地新华书店、网络书店
排版制作	南京展望文化发展有限公司
印　　刷	江苏凤凰数码印务有限公司
开　　本	710 mm×1000 mm　1/16
印　　张	20.5
字　　数	410 000
版　　次	2023 年 6 月第 1 版
印　　次	2023 年 6 月第 1 次印刷
书　　号	ISBN 978－7－5765－0581－8

定　　价　118.00 元

本书若有印装质量问题，请向本社发行部调换　　版权所有　侵权必究

前言
FOREWORD

为了破除工程咨询行业供需矛盾,深化工程咨询领域供给侧改革,创新工程咨询服务供给方式,2017年2月《国务院办公厅关于促进建筑业持续健康发展的意见》第一次从国家政策层面明确提出了"全过程工程咨询"的概念,鼓励工程咨询企业采取并购重组、联合经营等方式提供全过程工程咨询服务。

全过程工程咨询在理论研究和实践操作层面尚处于探索阶段。相比于传统工程咨询服务模式,全过程工程咨询服务模式体现全生命周期、集成化等理念。作为工程咨询行业集成化发展的重要尝试,全过程工程咨询服务模式自提出以来,受到行业高度重视,国家与各省份密集出台全过程工程咨询服务系列相关政策文件,并在全国各地开展了诸多探索性实践。全过程工程咨询服务被政府、学术界和产业界视为工程咨询行业改革和产业发展的重要举措。

本书以"深度变革环境下全过程工程咨询服务研究"为主题,收录了同济大学经济与管理学院优秀学位论文三篇,从全过程工程咨询的服务模式、全过程工程咨询服务项目经理胜任力、工程咨询企业发展战略等多角度,探索深度变革时代全过程工程咨询服务的特点,兼具理论研究和实际应用意义,丰富了全过程工程咨询服务的研究思路,对于推动全过程工程咨询的有效实施具有较大的参考价值。

第一篇作者为同济大学经济与管理学院管理科学与工程专业的李含章。该篇基于调查问卷收集相关数据,运用三角验证的基本思想,提出全过程工程咨询服务模式可分为专项延伸型模式、专项组合型模式、设计主导型模式、项目管理主导型模式、一体化模式等五个基本类型,各类服务模式的集成化程度、治理结构、产业基础、对咨询行业的促进作用均有所区别,有不同的适用条件。在此基础上,运用重要程度指数、相关性分析的筛选方法,提出业主方在进行全过程工程咨询服务模式选择决策时,应当综合考虑项目本体属性、项目交付属性、业主综合属性、政策和市场环境属性这四大维度所涵盖的 21 项决策影响因素。同时,运用独立样本 T 检验,对来自典型项目管理/监理企业和典型造价咨询/QS 企业的样本进行差异性特征分析。结果显示,来自上述两类企业的受访者对于市场中以设计为核心业务的综合性工程咨询企业的充沛度和胜任力、业主方项目管理特定模块能力缺失情况这两个影响因素的认知存在显著性差异。该文在全过程工程咨询基础研究相对薄弱的背景下,针对一系列具有紧迫性的现实问题进行了较为深入的研究,对于推动全过程工程咨询的有效实施、指导业主方合理选择恰当的服务模式有一定的借鉴和参考意义。

第二篇作者为同济大学经济与管理学院管理科学与工程专业的陈杨雪。该篇采用文献研究、专家访谈、问卷调查、交叉实证等方法,针对全过程工程咨询项目经理开展研究,通过岗位特征、文献研究、国际学会(协会)和典型企业胜任力模型分析等多个维度提取全过程工程咨询项目经理的胜任特征,结合专家访谈意见进行调整,得出 34 项胜任特征。然后,针对提取的胜任特征展开小样本问卷调查,通过探索性因子分析,确定胜任特征的层次结构,构建涵盖五大维度和 32 项胜任特征的胜任力理论模型。最后,通过问卷调查,搜集 434 条有效数据。根据受访者统计信息,分析不同职级、不同企业类型对各项胜任特征重要程度的认知差异。利用样本数据进行验证性因子分析,将理论模型修正为涵盖文化价值观、知识与经验、全过程工程咨询服务相关专业技能、个人综合素养、领导力五大维度和 26 项胜任特征的模型。根据分析结果,对全过程工程咨询服务项目经理选拔和培养提出策略性建议。该文研究成果丰富了全过程工程咨询服务研究范畴,并为全过程工程咨询服务发展和工程咨询企业人才培养提供项目经理维度的借鉴和参考成果。

　　第三篇作者为同济大学经济与管理学院高级管理人员工商管理专业硕士（EMBA）陈静。该篇以深度变革环境下上海 A 工程咨询公司（简称 A 公司）的发展战略为研究对象，分析了该公司面临的外部环境、业务内容与特点、内部资源与能力状况，进而运用 SWOT 分析工具详细分析其优势、劣势、机会与挑战，提出该公司总体上应该采用 SO 战略，如选择加强型成长战略，而短期内应根据其存在的问题短板，实施 WO 发展战略，该篇建议，A 公司需要在现有的业务基础上通过 1+X 全过程工程咨询服务模式和跨区域及多元化业务扩展进行工程咨询服务创新，并在资信扩充、内控强化以及 BIM 技术、区块链技术等工程咨询新技术新工具应用等方面采取相关措施，有助于企业突破发展瓶颈，实现可持续性发展，最终建立一套可推广的适合同类企业的发展模式。

目录

前言

第一篇　全过程工程咨询服务模式分类及决策影响因素研究
　　李含章 / 1

第1章　绪论 / 3
　1.1　研究背景及问题 / 3
　1.2　研究概念界定 / 4
　1.3　研究目的、内容及意义 / 8
　1.4　研究方法及技术路线 / 9

第2章　理论基础及文献综述 / 12
　2.1　全过程工程咨询的政策文件分析 / 12
　2.2　全过程工程咨询的理论基础 / 18
　2.3　全过程工程咨询研究综述 / 29

第3章　全过程工程咨询服务模式的分类研究 / 34
　3.1　基于政策文件的全过程工程咨询服务模式分类分析 / 34
　3.2　基于专家观点的全过程工程咨询服务模式分类分析 / 41
　3.3　基于实践案例的全过程工程咨询服务模式分类分析 / 45
　3.4　全过程工程咨询服务模式分类探讨 / 49
　3.5　全过程工程咨询服务模式对比分析 / 51

3.6 国内外工程咨询服务模式对比 / 62

第 4 章 全过程工程咨询服务模式决策影响因素识别 / 64

4.1 基于扎根理论的全过程工程咨询服务模式决策影响因素识别 / 64

4.2 全过程工程咨询服务模式决策影响因素的阐释 / 73

第 5 章 全过程工程咨询服务模式决策影响因素的分析 / 78

5.1 问卷设计及发放 / 78

5.2 问卷基本信息 / 79

5.3 全过程工程咨询服务模式决策影响因素的筛选 / 83

5.4 影响因素的差异性特征分析 / 90

5.5 受访者个人建议汇总及分析 / 97

第 6 章 结论与展望 / 100

6.1 研究结论 / 100

6.2 研究不足与展望 / 101

参考文献 / 103

附录 A 实践案例（招标文件）收集情况 / 113

附录 B 访谈大纲 / 123

附录 C 调查问卷 / 124

第二篇　全过程工程咨询服务项目经理胜任力模型研究　陈杨雪 / 131

第 1 章 绪论 / 133

1.1 研究背景及问题 / 133

1.2 研究目的及意义 / 134

1.3 研究范围及概念界定 / 136

1.4 研究内容 / 137

1.5 研究方法及技术路线 / 138

第 2 章 理论基础与文献综述 / 140

2.1 国内外工程咨询行业发展历程与趋势 / 140

2.2 国内外全过程工程咨询研究现状 / 142

2.3 全过程工程咨询服务项目经理政策解读及研究现状 / 145

2.4 项目经理胜任力理论基础及研究现状 / 148

第3章 全过程工程咨询服务项目经理胜任特征提取 / 153

    3.1 基于岗位特征的全过程工程咨询服务项目经理能力要求分析 / 153

    3.2 基于文献视角的项目经理胜任力模型分析 / 157

    3.3 国际协会/学会项目经理胜任力模型分析 / 162

    3.4 典型企业项目经理胜任力模型分析 / 169

    3.5 全过程工程咨询服务项目经理胜任特征提取 / 175

第4章 全过程工程咨询服务项目经理胜任力模型构建 / 185

    4.1 探索性因子分析原理 / 185

    4.2 初始问卷发放与回收 / 187

    4.3 探索性因子分析 / 187

    4.4 全过程工程咨询服务项目经理胜任力理论模型构建 / 193

第5章 全过程工程咨询服务项目经理胜任力模型分析 / 195

    5.1 正式问卷发放与回收 / 195

    5.2 描述性统计分析 / 195

    5.3 全过程工程咨询服务项目经理胜任特征的差异性分析 / 200

    5.4 全过程工程咨询服务项目经理胜任力模型验证性因子分析 / 209

    5.5 全过程工程咨询服务项目经理的选拔与培养策略 / 227

第6章 结论与展望 / 229

    6.1 主要结论 / 229

    6.2 研究局限与展望 / 230

参考文献 / 231

附录A 全过程工程咨询项目经理胜任力初始问卷 / 237

附录B 全过程工程咨询项目经理胜任力正式问卷 / 243

第三篇 深度变革时代工程咨询企业发展战略研究
——以上海A工程咨询公司为例 陈 静 / 249

第一章 绪论 / 251

    1.1 研究的背景 / 251

1.2 研究的目的与意义 / 252

1.3 国内外相关研究综述 / 253

1.4 研究内容、方法与技术路线 / 257

第二章 相关理论基础 / 259

2.1 战略环境分析理论 / 259

2.2 多元化发展战略理论 / 260

2.3 差异化发展战略理论 / 261

2.4 企业资源基础理论 / 263

第三章 A公司的发展环境与现状分析 / 264

3.1 工程咨询行业发展环境的五力分析 / 264

3.2 A公司概况 / 267

3.3 A公司内部资源与能力状况 / 271

第四章 A公司发展SWOT分析 / 279

4.1 A公司的外部机会和威胁 / 279

4.2 A公司的内部优势和劣势 / 283

4.3 A公司的SWOT结构分析 / 287

第五章 A公司发展战略的选择与规划 / 291

5.1 A公司发展战略的选择 / 291

5.2 A公司战略目标的确定 / 292

5.3 A公司发展战略体系的规划 / 293

第六章 A公司发展战略的实施 / 297

6.1 A公司SO发展战略的实施 / 297

6.2 A公司WO发展战略的实施 / 301

6.3 A公司发展战略实施的保障措施 / 304

第七章 结论与展望 / 309

7.1 结论 / 309

7.2 展望 / 311

参考文献 / 314

第一篇

全过程工程咨询服务模式分类及决策影响因素研究

李含章

摘　　要

作为工程投资和建设管理中的重要环节,我国工程咨询行业长期处于碎片化、分散化发展状态,工程咨询单位的业务模式较为单一,无法满足业主整体性、多样化的咨询服务需求。为了破除工程咨询行业供需矛盾,深化工程咨询领域供给侧改革,创新工程咨询服务供给方式,全过程工程咨询在我国应运而生。然而,由于全过程工程咨询的实践与研究相对薄弱,各方对于全过程工程咨询服务模式的理解仍存在混乱与无序,业主方在选择特定服务模式时缺乏参考依据。

本篇在全过程工程咨询基础研究相对薄弱的背景下,针对一系列具有紧迫性的现实问题进行了较为深入的研究,对于推动全过程工程咨询的有效实施、指导业主方合理选择恰当的服务模式有一定的借鉴和参考意义。

关键词：全过程工程咨询,服务模式,影响因素

第1章 绪　　论

1.1 研究背景及问题

1.1.1 研究背景

建筑业是我国国民经济的支柱产业,其发展也占据了大量的社会资源[1]。但是,与其他行业相比,建筑业的生产力始终处于较低的水平[2]。在传统的工程管理模式下,工程项目的管理活动在各个阶段相对孤立,项目利益相关者的项目目标也有所差异,从而导致组织协调困难、沟通不畅、争端过多等问题[3]。随着建设项目日趋大型化、复杂化,传统的工程管理模式已难以完全适应现代工程行业的需求,综合集成管理的理念、方法被引入建筑行业。以 EPC（Engineering Procurement Construction）和 IPD（Integrated Project Delivery）为代表的工程交易模式集成、以 BIM（Building Information Modeling）为代表的工程信息及数据集成、以建筑工业化为代表的产品构件制作与安装集成已成为工程管理领域的重要研究与实践方向[4-7]。然而,作为工程投资和建设管理中的重要环节,我国工程咨询行业长期处于碎片化、分散化状态,工程咨询单位的业务模式较为单一,无法满足业主整体性、多样化的咨询需求,因而,工程咨询服务的综合集成成了行业的现实需要[8]。

为了破除工程咨询行业供需矛盾,深化工程咨询领域供给侧改革,创新工程咨询服务供给方式,2017 年 2 月《国务院办公厅关于促进建筑业持续健康发展的意见》第一次从国家政策层面明确提出了"全过程工程咨询"的概念,鼓励工程咨询企业采取并购重组、联合经营等方式提供全过程工程咨询服务[9]。同年 5 月,住建部下发了《关于开展全过程工程咨询试点工作的通知》[10],正式启动了全过程工程咨询试点工作,随后各省也开始密集出台适用于本省的全过程工程咨询纲领性文件。在经历了两年的探索阶段后,2019 年 3 月,国家发改委和住建部联合发布了《关于推进全过程工程咨询服务发展的指导意见》,进一步明确了全过程工程咨询的相关概念和发展要求[11]。

除了政策文件的密集出台,各地还纷纷开展了全过程工程咨询的实践工作。

各地拟定了一批全过程工程咨询试点企业、试点项目,通过实践经验的积累指导全过程工程咨询的后续发展。目前,全过程工程咨询已应用于多个领域和多个类型的项目,取得了较好的效果。但是,目前实践中对于全过程工程咨询具体的开展方式仍未有明确的定论,业主在选择具体的服务模式时需要考虑哪些影响因素,有待进一步研究[12]。

作为工程咨询行业集成化发展的重要尝试,全过程工程咨询在理论研究和实践操作层面尚处于探索阶段。根据相关政策文件及实践案例,全过程工程咨询有多样化的服务模式,但是目前学术界对全过程工程咨询服务模式的理解比较初浅,在实践中对服务模式的选择也主要依靠主观判断,尚未总结出完整的服务模式选择决策影响因素。基于上述背景,在研究全过程工程咨询政策背景及相关理论的基础上,对全过程工程咨询服务模式进行合理分类,系统梳理与分析业主方在选择恰当的服务模式时应当考虑的决策影响因素,成为推动全过程工程咨询进一步发展的迫切需要。

1.1.2 研究问题

全过程工程咨询有多样化的服务模式,但学术界对于"全过程工程咨询服务模式"概念的理解尚未统一[13],对全过程工程咨询的服务模式分类的标准也较为混乱,尚未见专门研究业主方在选择服务模式时应当综合考虑哪些影响因素的文献。为实现全过程工程咨询的真正落地,提高工程咨询单位的服务供给能力,满足业主的多样化需求,有必要在对全过程工程咨询服务模式进行系统总结的基础上,梳理全过程工程咨询服务模式选择的影响因素,以促进全过程工程咨询的有效实施。故此,本篇将主要研究以下两个问题:

(1) 如何正确理解全过程工程咨询,如何对多样化的全过程工程咨询服务模式进行合理分类?

(2) 业主方基于项目特定情境,进行全过程工程咨询服务模式的选择决策时,应当综合考虑哪些影响因素,这些影响因素有何特点?

上述两个问题共同构成了本篇的核心研究问题,通过对以上两个问题进行深入研究,可以在理解全过程工程咨询的政策背景和理论基础上,对全过程工程咨询服务模式这一现实问题开展研究,以指导实践的开展。

1.2 研究概念界定

由于全过程工程咨询相关概念的产生至今仅有 3 年时间,在实践过程中各方对全过程工程咨询的定义有一定差异。学术界对全过程工程咨询服务的理解尚未达成高度的共识,产业界对全过程工程咨询服务所采取的落地模式又呈现了多样化的趋势,在正式开展相关研究之前,为了便于读者更好地理解本篇的研究问题,防止出现概念偏差,下文将对研究问题的核心概念进行梳理和界定。

1.2.1 工程咨询的基本概念

咨询(consult)一词源自拉丁语 consultatio,可翻译为商讨、协商。现代咨询是指专业人士运用所掌握的知识经验并基于对外部信息资料的筛选与整合而形成的专业意见。作为一种智力支持型的产业,咨询逐渐在军事、经济等领域中得到应用,是为政府部门、制造业等委托人提供决策辅助的重要方式。

工程咨询是工程建设行业十分重要的产业形态[8]。其服务内容可以包括项目前期规划与策划、项目投资机会研究、项目建议书、投融资咨询、项目可行性研究、项目专项评估、勘察、设计、造价咨询、招标代理、工程监理、项目管理、其他咨询服务等[14]。根据相关研究成果[8],本篇将工程咨询定义为"运用专家经验与知识,集成现代工程技术、管理、法律、财务等跨领域知识,围绕工程项目的管理和决策而开展的一系列咨询服务"。

工程咨询在我国国民经济发展中扮演着重要的作用,对促进建筑市场资源的合理配置、提升固定资产投资管理效率作出了积极的贡献。然而,工程咨询行业在发展过程中也暴露出一些问题。例如,随着社会经济和工程建设行业的不断发展,工程咨询服务的供给模式呈现碎片化的特点,各专项服务内容的条块分割严重、服务内容重叠,也没有考虑各咨询服务在项目建设全过程的衔接[15]。为了解决传统工程咨询行业的弊端,全过程工程咨询应运而生。

1.2.2 全过程工程咨询

(1) 基本概念

全过程工程咨询是工程咨询概念的外延与拓展,是推动我国工程咨询行业集成化发展的重要手段。目前,关于全过程工程咨询尚无统一的概念。张庆民认为,全过程工程咨询是综合性咨询公司为业主提供的从前期投资决策到交付后评估的全过程集约化咨询服务[8];丁士昭认为,全过程工程咨询是指为工程建设项目的全生命周期提供涵盖组织、管理、经济和技术等多方集成的工程咨询服务[15]；吴佐民认为，全过程工程咨询是涵盖工程项目多个阶段的综合性服务，也可以是特定的技术、信息、管理等专项服务[16]。综合上述学者观点以及政策文件中的相关表述[9-11]，本篇将研究对象——全过程工程咨询的概念界定为：采用多种服务模式，在项目的全过程集成管理、技术、经济等多类别专业咨询业务，为项目提供整体或局部解决方案的综合性集成型工程咨询服务。

（2）服务阶段划分

国家发改委、住建部联合发布的《关于推进全过程工程咨询服务发展的指导意见》提出全过程工程咨询涵盖了项目的前期投资决策、工程建设、项目运营等多个阶段[11]，部分学者也将运营期相关服务纳入了全过程工程咨询的范畴[17]。然而，项目运营期最核心的咨询服务为设施管理（Facility Management，FM）服务[18]，目前在我国主要由专业的设施管理公司承担[19]，工程咨询公司尚不具备相关业务经验及人才资源[20]。基于上述原因，实践中绝大多数全过程工程咨询项目都将服务期限定在了项目竣工交付或保修期满为止[21-23]，亦有部分研究及相关省份全过程工程咨询试点方案未将运营期的咨询服务内容纳入[24-25]。因此，本篇将全过程工程咨询的服务阶段定限为项目投资决策阶段、设计及准备阶段、施工实施阶段、竣工及维保阶段。

图1.1描述了全过程工程咨询的服务阶段及各阶段对应的专业咨询服务内容，在实务中，不同的服务阶段内各项咨询服务内容的有机组合，构成了多种形式的全过程工程咨询服务模式。

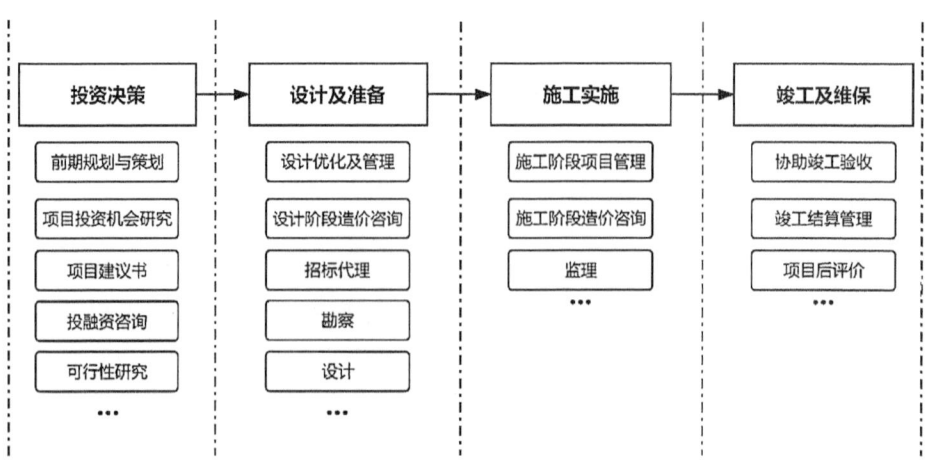

图1.1 全过程工程咨询服务阶段划分

1.2.3 全过程工程咨询服务模式

国家发改委和住建部联合发布的《关于推进全过程工程咨询服务发展的指导意见》指出，鼓励多种形式的全过程工程咨询服务模式，支持咨询单位根据市场需求创新全过程工程咨询服务模式，为建设单位提供多元化服务，本篇围绕全过程工程咨询服务模式的分类及决策方法展开。然而，目前学术界尚无关于"全过程工程咨询服务模式"的准确定义，部分学者也用"全过程工程咨询实施模式"[26]"全过程工程咨询服务组合方式"[27]等名称代替。为了进一步明确研究对象和研究范畴，本篇参考与"全过程工程咨询服务模式"较为相似的"工程交易模式""工程交付模式"相关定义，结合全过程工程咨询的特点，将"全过程工程咨询服务模式"界定为：全过程工程咨询项目中各专业工程咨询服务、专项工程咨询服务的系统组合与集成方式。全过程工程咨询服务模式具有以下基本特征。

(1) 多样性

全过程工程咨询服务模式具有多样性的特征。每项全过程工程咨询服务所涉及的阶段（参考实践案例中有关招标文件的提法，一般涉及两个以上阶段者即可称之为全过程工程咨询）、包含的服务内容均有所不同，这导致了实务中必然存在着多种形式的全过程工程咨询服务模式。目前尚没有学者对多样化的全过程工程咨询服务模式进行系统整理与分类。因此，对全过程工程咨询服务模式进行分类与概括总结，以弥补现有研究的不足，成为本篇的核心研究内容之一。

(2) 差异性

不同类型的全过程工程咨询服务模式，其服务内容、模式内涵、优缺点、适用情境也有较大的差异。因此，业主在选择特定的服务模式时，应当考虑哪些因素，成为一个关键性的研究问题。

(3) 互斥性

全过程工程咨询服务模式的多样性和差异性，决定了各类服务模式的特点、适用情境均有所不同，各服务模式相对独立，存在互斥性。一般而言，一个工程项目只会选用一种全过程工程咨询服务模式，业主需要在对各服务模式有充分理解的基础上，考虑多维度的决策影响因素，选择恰当的服务模式。

1.3 研究目的、内容及意义

1.3.1 研究目的

作为工程咨询领域供给侧改革的重大举措,全过程工程咨询相关政策出台以来,虽然学术界讨论较为热烈,产业界实践热情也非常高涨,但各方对全过程工程咨询的理解尚未统一,对具体服务模式的选择仍存在一定的盲目性,也存在较多争议。本篇的研究目的是:在对全过程工程咨询服务模式进行系统归类的基础上,梳理全过程工程咨询服务模式决策影响因素,为业主选择合适的全过程工程咨询服务模式提供参考依据和决策工具,以提高全过程工程咨询在不同项目情境下的适用性,推动全过程工程咨询的实践落地,并进一步为采用全过程工程咨询提升工程建设绩效、促进工程咨询行业发展提供支持。

1.3.2 研究内容

本篇以文献、案例、访谈资料等为基础,对全过程工程咨询的理论基础、实施现状、服务模式及其选择方法进行深入研究。核心研究内容由以下三部分组成:

(1) 理论基础及文献综述。对全过程工程咨询的政策背景、理论基础及研究现状及应用现状作了系统总结。

(2) 全过程工程咨询的服务模式分类研究。基于政策文件—专家观点—实践案例的三维视角,运用三角验证的基本思路,对全过程工程咨询服务模式进行了系统梳理与分类,并对各类全过程工程咨询服务模式的特点、优劣势等进行分析,为后续研究奠定基础。

(3) 全过程工程咨询服务模式决策影响因素研究。运用扎根理论,总结全过程工程咨询服务模式选择的影响因素,并运用问卷调查法和数据分析法进行筛选,最终建立全过程工程咨询服务模式决策影响因素模型。

1.3.3 研究意义

本篇以全过程工程咨询服务模式及其选择模型为主要研究内容,具备一定的理论及现实意义。

(1) 理论意义

目前,国内对于全过程工程咨询的研究尚处于起步阶段,公开发表的学术文献还比较少。学者对于全过程工程咨询的研究主要聚焦概念性的探讨,相关文献对于全过程工程咨询服务模式的理解甚至存在混乱,理论研究基础十分薄弱。

本篇在研究全过程工程咨询理论基础、发展历程及应用现状的基础上,对全过程工程咨询的服务模式进行了合理分类,建立了一种全过程工程咨询服务模式分类体系,并系统总结梳理了服务模式决策影响因素。本篇丰富了全过程工程咨询领域的理论研究成果,为学术界和咨询服务产业界理解全过程工程咨询服务模式提供参考,为业主选择适合的全过程工程咨询服务模式提供理论参考,并对后续研究提供启发和借鉴。

(2) 实践意义

作为国民经济的支柱产业,建筑业在组织能力、管理能力、集成化水平等方面,都普遍落后于其他行业。促进全过程工程咨询持续、稳定、健康的发展对于提高项目集成管理水平、培育适应"一带一路"建设的综合性工程咨询公司、改变行业低效率高能耗的现状具有重要意义。国家发改委、住建部及地方政府也接连出台全过程工程咨询相关政策文件,积极推动全过程工程咨询的试点与落地。因而,在当前阶段,针对全过程工程咨询展开研究,可以创新工程咨询供给方式,为提升建筑行业生产效率提供有效手段,进而改善建筑业管理水平,同时与政府及行业主管部门的发展战略相吻合。

全过程工程咨询的有效推行既依赖于顶层设计和政策推动等宏观因素,同时又有赖于合理的服务模式决策等微观研究的支撑。工程咨询单位是业主的忠实顾问,能够为业主方的工程项目管理和决策工作提供重要辅助。业主基于自身需求和项目特点,合理选择恰当的全过程工程咨询服务模式,是充分发挥全过程工程咨询的优越性,提升管理能力、改善项目整体绩效的重要手段。本篇对全过程工程咨询服务模式进行合理的分类,并总结业主方在选择服务模式时应当考虑的影响因素,可以统一业主与咨询单位的观念,为业主选择全过程工程咨询服务模式提供理论参考和决策依据,促进业主和工程项目真正受益于全过程工程咨询,从而进一步激发业主采用全过程工程咨询的兴趣和信心。同时,这一研究有助于切实提高咨询单位的全过程工程咨询服务供给能力,促进全过程工程咨询在我国快速健康发展。

1.4 研究方法及技术路线

本篇主要采用以下 4 种研究方法。

(1) 文献研究法

对相关研究领域已有研究进行系统梳理与总结,以形成对已有研究成果的总体认识与整体把握,掌握相关领域最新的科研动态、理论前沿,从而为自身研究奠定坚实的理论基础。针对核心研究内容,通过梳理全过程工程咨询相关的政策文件、学术文献,掌握全过程工程咨询的研究动态及局限性,确定本篇的研究问题;总结多属性决策在工程领域的应用,确定本篇所采纳的方法和技术;通过梳理政策文本、实践案例、理论研究等多渠道获得的文献,对全过程工程咨询服务模式进行分类与总结。

(2) 专家访谈法

通过半结构化专家访谈的形式,形成全过程工程咨询决策影响因素的资料来源,并基于扎根理论形成具备一定普适性,同时又充分考虑了全过程工程咨询自身特点的服务模式决策影响因素初始集。

(3) 质性研究方法

通过多样化的资料收集方法,对社会现象进行整体性观察、分析、解释及研究。致力于从现实资料中发现共性问题,并对其进行解释和归纳分析,以形成最终理论。本篇通过多种渠道收集研究资料,对全过程工程咨询服务模式进行系统的分析研究,以形成合理的分类体系,同时基于扎根理论得到全过程工程咨询服务模式的决策影响因素。

(4) 问卷调查及数据分析方法

制作关于全过程工程咨询服务模式选择影响因素的标准化问卷,对从事全过程工程咨询相关研究与实践工作的专业人员进行问卷调查,并结合相关数理统计方法和软件对问卷结果进行分析,对于相关影响因素进行删减,形成科学合理的全过程工程咨询服务模式决策影响因素模型,并对上述影响因素进行针对性分析。

本篇遵循的技术路线如图1.2所示。

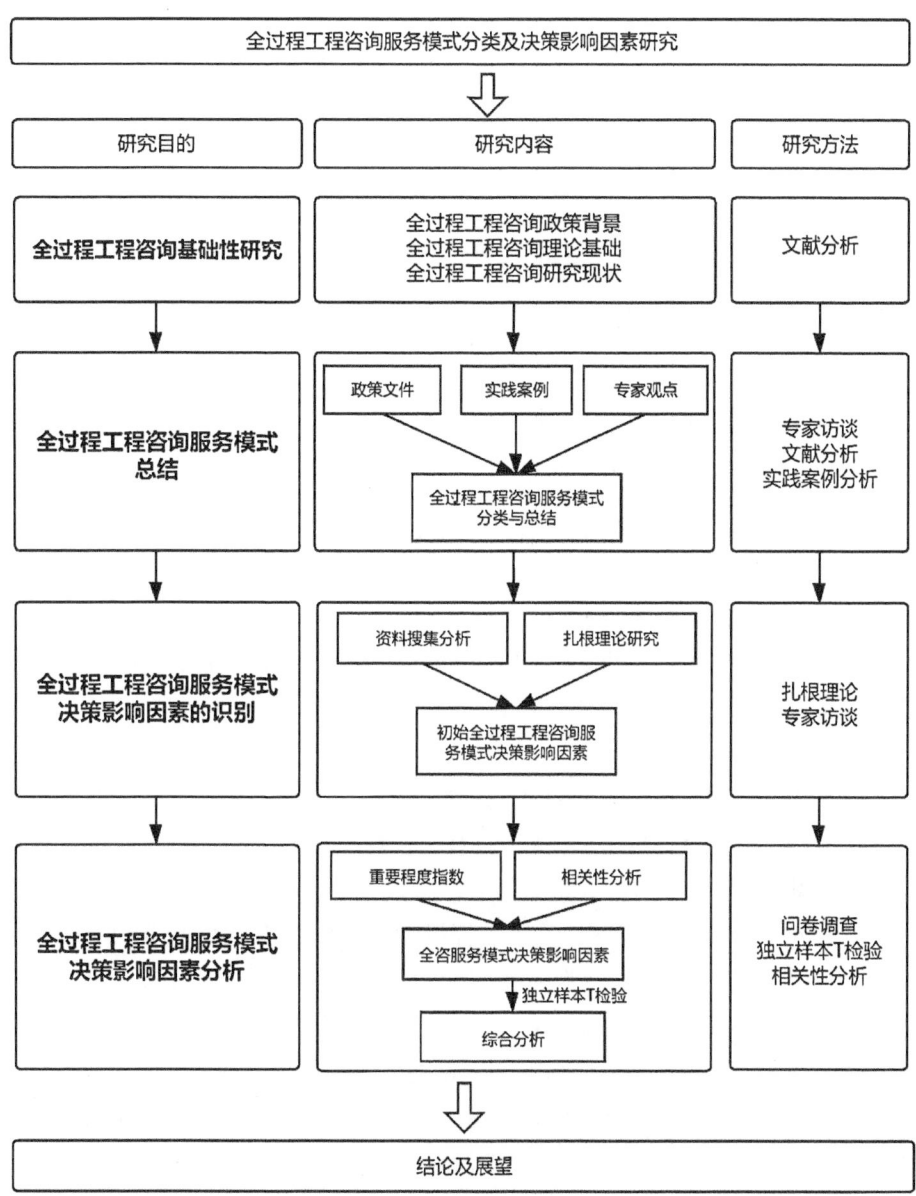

图1.2 本篇技术路线图

第 2 章　理论基础及文献综述

2.1　全过程工程咨询的政策文件分析

2.1.1　全过程工程咨询的宏观政策背景

2017 年 2 月,《国务院办公厅关于促进建筑业持续健康发展的意见》首次提出"全过程工程咨询"这一概念,推动了全过程工程咨询的相关理论研究和实践落地。"全过程工程咨询"概念的诞生并不是由某个单一的政策文件决定的,而是有着深厚的历史渊源和政策背景。通过分析全过程工程咨询产生的政策背景及背后的政策逻辑,有助于进一步理解全过程工程咨询的概念和实施必要性,以指导本篇后续研究工作的开展[15]。

从国家层面的政策变迁来看,工程咨询行业的发展有着鲜明的阶段性特征,可分为政策起步期、集成化探索期、全过程工程咨询发展期。

(1) 政策起步期

20 世纪 80 年代至 21 世纪初期,我国工程咨询行业经历了从无到有的发展历程。这一时期陆续出台的相关政策,对于构建工程咨询行业的基本体系起到了关键的作用。

1984 年,原国家计委发布《关于工程设计改革的几点意见》,首次引入狭义的"工程咨询"概念,将其定义为工程前期决策阶段的经济技术咨询、可行性研究、项目评价相关服务,这一概念可与当前工程实践和理论研究中的"投资决策咨询"相对应[28]。1988 年,原建设部发布《关于开展建设监理工作的通知》,从国家政策层面明确提出建立建设监理制度。文件中提出工程监理可以覆盖项目全过程,也可以是勘察、设计、施工的某个阶段[29]。1994 年,原国家计委发布《工程咨询业管理暂行办法》,将勘察设计纳入了工程咨询的范畴[15]。1996 年,原建设部发布《工程造价咨询单位资质管理办法(试行)》,规定了工程造价的相关含义,明确了工程造价的基本服务内容。1999 年,全国人大审议通过了《中华人民共和国招标投标法》,规定招标人有权自行选择招标代理机构,正式确立了招标代理相关制度。2004年,原建设部发布《建设工程项目管理试行办法》,提出发展工程项目管理,并规定了工程项目管理咨询服务的基本概念和服务范围。

这一时期的相关政策文件及经过长期发展演化的工程咨询市场将工程咨询细分为了投资决策咨询、建设监理、造价咨询、勘察、设计、招标代理、项目管理等基本服务内容,为我国构建了较为完整的工程咨询服务体系,工程咨询行业得到快速发展,建立了专业技术人才队伍,为国家的工程建设、经济发展发挥了不可磨灭的作用。然而,上述各政策文件的出台相对独立,各专业咨询业务的市场准入资质又受到不同的主管部门的管辖,这种细分的管理模式也客观造成了工程咨询服务碎片化、重复化,咨询单位角色固化等发展弊端[30]。

（2）集成化探索期

经过了漫长的政策起步期,工程咨询行业在不断演进发展的同时,也暴露出企业数量众多但综合实力欠缺,不同业务由不同管理部门管辖、条块分割等诸多问题。2010—2016年,为了解决工程咨询行业碎片化、条块分割的发展弊端,国家从顶层设计的角度展开了工程咨询服务集成化的探索,并出台了一系列政策文件。

2010年年初,国家发改委发布的《工程咨询业2010—2015年发展规划纲要》明确提出提高工程项目全过程管理水平,鼓励以全过程管理方式实施项目建设;2012年,由国务院制定并发布的《服务业发展"十二五"规划》将工程咨询行业列入了国家鼓励类产业目录,并指出应提高咨询服务科学水平,推进工程项目全过程管理;2016年,由住建部发布的《关于进一步推进工程总承包发展的若干意见》再次强调应加强全过程的项目管理;同年,《住房城乡建设事业"十三五"规划纲要》中指出,应拓展建筑师服务范围,明确建筑师的权利和责任,引导工程监理服务模式多元化,鼓励引导勘察设计等工程咨询企业发挥技术优势,提供覆盖项目全生命周期的一体化服务。

在集成化探索期,国家发改委、住建部等政策制定机构充分意识到碎片化、条块分割化的工程咨询模式所带来的弊端,致力于拓展各专项咨询服务的边界,同时鼓励有条件的咨询机构提供集成化、一体化的咨询服务。虽然相关政策文件并未真正提及"全过程工程咨询"这一概念,但是其政策内容已基本符合全过程工程咨询的核心理念,全过程工程咨询呼之欲出。

（3）全过程工程咨询发展期

政策起步期和集成化探索期的相关政策规定及实践经验为全过程工程咨询相关概念的产生奠定了良好的基础。在深化建筑业"放管服"改革,加快建筑产业升级的大背景下,为促进我国工程咨询行业的转型升级,践行项目全过程管理的理念,2017年以来国家和地方层面陆续出台了一系列全过程工程咨询核心政策文件,标志着全过程工程咨询开始在中国落地生根,我国工程咨询行业进入了全过程工程咨询时期。

2017年2月,《国务院办公厅关于促进建筑业持续健康发展的意见》首次提出了全过程工程咨询的概念。文件提出鼓励工程咨询企业通过联合经营、重组等形式发展全过程工程咨询,培育具有国际水平的全咨企业。同年4月,《建筑业发展"十三五"规划》指出,应改革工程咨询服务委托方式,引导开展一体化的全过程工程咨询服务;随后,住房和城乡建设部《关于开展全过程工程咨询试点工作的通知》确认以北京、上海、江苏、浙江、福建、湖南、广东、四川8省(市)以及中国建筑设计院有限公司等40家工程咨询企业开展全过程工程咨询试点。在行业建设层面,住建部发布了相关政策文件鼓励勘察咨询、监理等企业充分发挥自身优势,提供多元化服务,培育全过程工程咨询服务能力。

随着试点工作的逐步推进和实践经验的逐渐累积,住建部于2018年3月23日发布《关于推进全过程工程咨询服务发展的指导意见(征求意见稿)》和《建设工程咨询服务合同示范文本(征求意见稿)》,从国家层面对全过程工程咨询的开展做了进一步细化指导。一年后,国家发改委联合住建部发布《关于推进全过程工程咨询服务发展的指导意见》,强调以投资决策阶段和工程建设阶段为着力点,大力发展以市场需求为导向、满足多样化需求的全过程工程咨询服务。

同一时期,浙江、广东、湖南等全过程工程咨询的主要试点省份也纷纷出台了全过程工程咨询试点方案、指导意见等配套政策文件,为全过程工程咨询在各地的实践落地提供了政策支持。

根据上述分析结果,对国家层面相关政策文件进一步整合梳理,得到全过程工程咨询的总体政策发展脉络图,如图1.3所示。

通过全过程工程咨询的总体政策背景分析可知,我国从"工程咨询"概念的出现到"全过程工程咨询"概念的提出,经历了相当长的政策摸索和培育期,总体呈现出从分散到整合的发展趋势。可以说,发展全过程工程咨询是国家宏观政策的价值导向,是工程咨询行业几十年积淀的必然发展要求,也是市场选择的结果,更是建筑业发展不可阻挡的必然趋势。

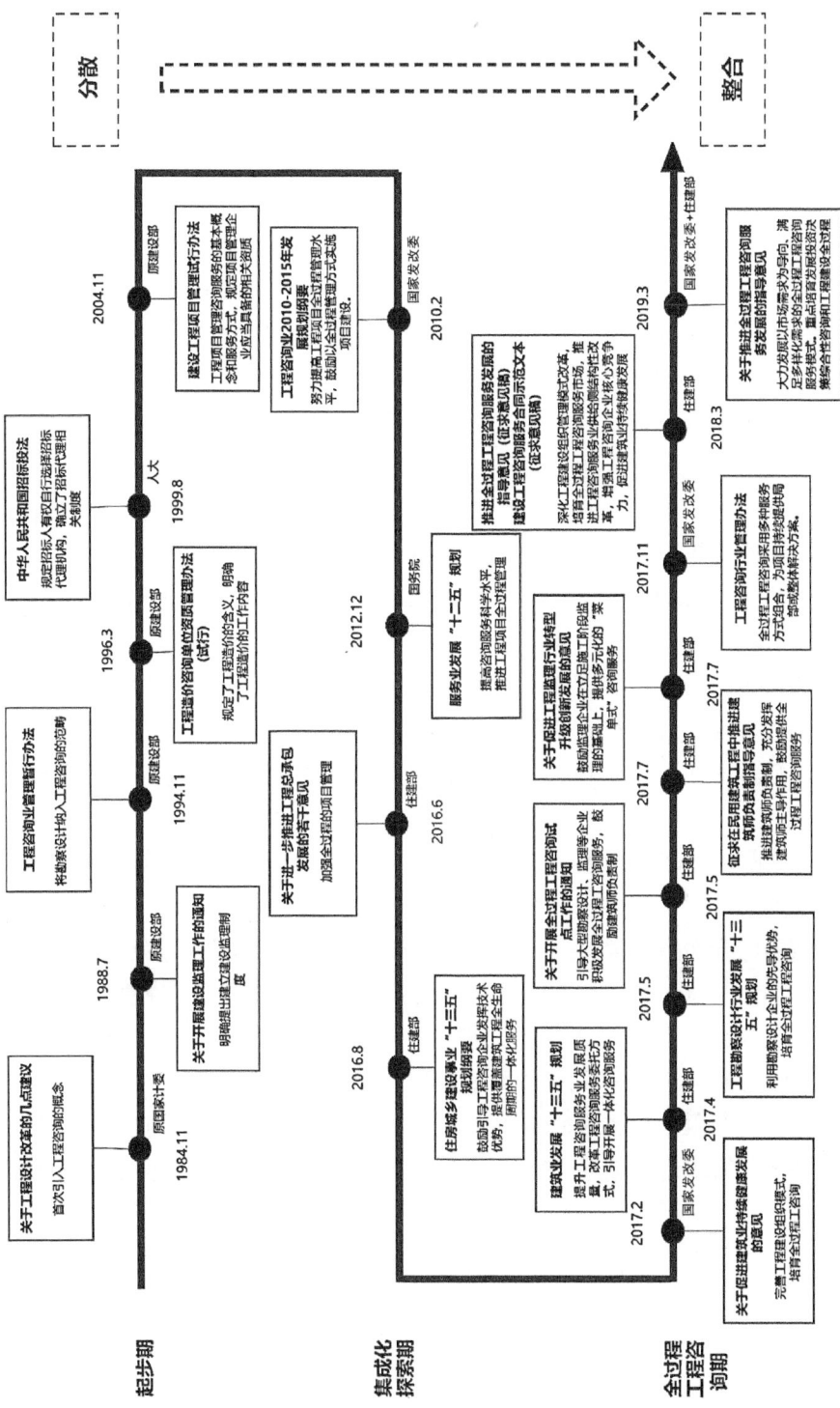

图 1.3　全过程工程咨询政策发展脉络图

2.1.2 全过程工程咨询的基本政策导向

总体上看,全过程工程咨询的相关政策主要从鼓励引导、实践试点、市场培育等方面对开展全过程工程咨询加以指导和规范。通过对全过程工程咨询核心政策文件进行总结与梳理,将全过程工程咨询的基本政策导向归纳如下:

(1) 绩效提升,产业发展。全过程工程咨询可以根据现实情境,将原本分别独立委托的设计、项目管理、监理、造价咨询等专业咨询服务进行有机组合,为建设单位提供符合业主实际需求的集成化咨询服务。全过程工程咨询方可以为咨询服务的整体性、科学性负责,从而实现项目的全生命周期目标。全过程工程咨询实现了各方资源整合,将各环节前后紧密衔接,有利于提高工程品质、缩短工程进度、降低工程成本、控制工程风险,并最终提高项目绩效[21]。全过程工程咨询真正实现了工程咨询的内在价值,提升了工程咨询服务的供给效率,也有助于提升工程咨询行业的整体服务质量,从而促进工程咨询产业的进一步发展。

(2) 鼓励引导,加速发展[26]。一方面,政策文件鼓励业主在建设项目,特别是政府投资项目中充分发挥全过程工程咨询的综合优势,积极对相关咨询业务进行集成化委托;另一方面,相关政策引导大型设计、监理等企业发挥自身优势,拓展业务边界,通过联营、并购等方式整合上下游企业,培养全过程工程咨询服务能力。通过业主—咨询单位的二元推动作用,加速推动全过程工程咨询的落地。

(3) 试点先行,以点带面[30]。自住房和城乡建设部《关于开展全过程工程咨询试点工作的通知》出台以来,各省份纷纷出台了相关试点政策文件,并公布了一批有较强综合实力的试点企业和具有影响力、有示范作用的试点项目,为全过程工程咨询的开展和推广积累了经验。试点先行的政策导向充分说明,全过程工程咨询不能脱离实践,相关的理论和学术研究也应当根植于实践经验。

(4) 市场主导,模式多元。作为最新出台的国家层面政策文件,《关于推进全过程工程咨询服务发展的指导意见》强调要充分发挥市场的资源配置作用,在考虑市场实际需求的基础上,形成与不同投资主体需求相适应的全过程工程咨询服务模式。

2.1.3 全过程工程咨询开展的必要性分析

全过程工程咨询的产生和发展有着深刻的政策背景,通过分析全过程工程咨询相关政策文件内容,将全过程工程咨询开展的必要性总结如下。

(1) 工程建设绩效提升的重要途径

工程咨询是工程建设的重要环节之一,工程咨询方是工程项目组织的重要组成部分。项目目标的高质量实现、建筑行业的整体高质量发展都离不开高质量的工程咨询服务[31]。作为工程咨询行业创新发展的一次重要尝试,全过程工程咨询一方面促进了项目各阶段、各组织间的信息流通,使咨询成果更具连贯性、整体性,进而实现了对工程全生命周期质量、投资管控、项目进度的综合优化,最终强化了项目运维效果,从而有效提升项目整体绩效[32]。

(2) 工程建设组织模式变革的必然要求

我国经济社会和建筑产业的快速发展对工程的组织管理方式提出了更高的要求[33]。国务院办公厅印发的《关于促进建筑业持续健康发展的意见》明确强调了应完善工程组织模式,加快推行工程总承包和全过程工程咨询[34]。从以上的政策背景分析可知,我国工程咨询服务长期采用分专业提供、分专业管理的基本模式,各咨询服务内容和咨询团队之间缺乏协同与整合。需要在相关政策稳健的引导下,向集成化方向发展,为业主提供节约型集成服务。而以业主实际需求为导向的全过程工程咨询符合集约化、集成化的理念,有效整合了传统模式下的碎片化的咨询业务,且覆盖建设项目全过程,各阶段工作紧密衔接,资源整合度高,实现"1+1>2"的效益,是促进工程咨询行业发展创新,变革工程建设组织实施方式的有效尝试。

(3) 工程咨询企业提高核心竞争力,实现转型升级的必然要求

想要为业主提供高质量的全过程工程咨询服务,相关咨询企业须在立足于本企业核心业务的基础上,拓展业务边界,引进并培养优质人才,进一步增强技术、管理咨询服务能力,提升集成管理能力。因此,全过程工程咨询的开展对于提升工程咨询服务企业核心竞争力有一定的促进作用。同时,以《工程勘察设计行业发展"十三五"规划》《关于促进工程监理行业转型升级创新发展的意见》为代表的政策文件,均致力于推动行业内的优秀企业充分发挥自身优势,整合上下游、内外部资源,为业主提供系统、科学、增值的一体化综合型咨询服务。我国工程咨询行业经历了 40 余年的发展,一些大型骨干工程咨询企业目前已具备多项资质,可以同时开展多项业务。培育全过程工程咨询市场环境,可以为上述大型企业转型为国际化综合型全过程工程咨询企业提供良好的发展契机。

(4) 咨询行业国际化发展战略的必然要求

在国际上并没有与全过程工程咨询完全对应的概念,这是因为工程咨询相关服务内容在国际 FIDIC 合同条款、国际工程合同中均被冠以"engineering consulting(工程咨询)"的名义[35]。传统模式下碎片化的工程咨询服务无法与国际接轨,随着"一带一路"建设的推进,需培养一批具有综合服务能力的咨询企业参与国际竞争。对全过程工程咨询开展理论研究和实践落地,有利于推动国内工程咨询服务行业的健康、快速发展,支持工程咨询行业"走出去"发展战略,提高工程咨询行业国际竞争力,是实施国际化发展战略的必然要求。

2.2 全过程工程咨询的理论基础

全过程工程咨询相关概念的提出既有着深刻的政策背景,也有着深厚的理论基础[8]。本节将分别从系统科学理论、整体性治理理论、集成管理理论、项目全生命周期管理理论四个理论视角探讨全过程工程咨询的理论意义。

2.2.1 系统科学理论

"系统"这一概念的出现源自对人类社会长期实践的总结。随着生产力的快速发展,传统的"还原论"哲学思想已无法有效指导人类解决日益复杂的社会经济或工程技术问题。因此,在20世纪40年代末,系统科学应运而生,人们开始基于系统思维和系统科学方法解释问题、解决问题[36]。从方法论的角度说,全过程工程咨询是系统科学在建筑工程领域的具体应用,从系统科学的视角分析全过程工程咨询,对于理解全过程工程咨询的本质内涵,促进全过程工程咨询的实践落地具有深刻的影响。

1) 系统科学理论相关概念

"系统"这一概念的界定极为复杂,目前学术界关于系统的概念仍莫衷一是。一般系统论的创始人贝塔朗非认为系统是相互作用的要素共同构成的集合体[37];我国系统论的奠基人钱学森认为系统是由互相关联的各要素共同组成的具有特定功能的有机整体[38]。系统的结构通常由系统中的要素及各要素间的关系共同决定,具有整体性、相关性、开放性、动态性等基本特征[39]。

系统科学是以系统为基本研究对象,以整体论与还原论相结合的哲学思想为指导,基于系统的整体和全局视角,通过对系统与要素、系统与环境、系统与子系统、要素与要素、结构与功能的对立统一关系进行分析与研究,以得到全局最优解的一套科学的理论与方法。系统科学理论的研究与应用主要遵循以下三点基本原则[35]。

(1) 整体涌现性原则。基于机械论和还原论的传统研究方法通常将问题拆解为若干个孤立的部分,然后对这些孤立的主体进行简单的、机械的叠加。在这种思想的指导下,项目容易陷入局部最优而非全局最优[40];而系统科学理论基于整体性原则,致力于对各系统要素进行有机整合的基础上,充分发挥要素自身功能及涌现出的系统整体功能,实现"1+1>2"的效果。

(2) 综合性原则。综合性原则是指对系统的研究要从要素、结构、功能、互相关系等多方面进行综合性的考察。也就是说,系统某一特定功能或目标的实现,是由多种因素在复杂的综合性作用下共同形成的,而不能从一一映射的角度进行简单的分析。

(3) 动态性原则。机械论认为世界是静止、封闭、一成不变的,而系统科学理论要求研究者从动态、开放的视角研究相关问题。系统各要素之间、子系统之间、系统与外部环境之间都存在着频繁的物质、信息、能量的流通与交换。而这种物质与信息的交换也赋予了系统动态性特征,使其处于不断的发展变化之中。在这种动态性的驱使下,系统自身会对未来的发展变化形成一定的预测能力,从而能够不断地学习并对其层次结构与功能结构进行重组及完善[41]。

2) 工程系统及工程咨询子系统

工程项目是一个由多主体(施工方、各咨询单位、建设单位等)构成的系统。各主体在适应环境、对外在刺激做出反应时都有其独特的内部机制和决策模式,即可能存在各自为战的现象[42]。而工程系统中某一主体对于其他主体的进度、特征、期望或偏好的信息掌握不完备可能会导致全局不一致性和系统整体绩效的下降[43]。因此,需要借助系统科学相关理论,分析梳理工程系统、各子系统、要素及相互关系,构造工程项目的系统结构图,运用系统科学的方法实现各主体的协同管理,以指导工程建设活动的开展。

从结构分析的视角来看,工程项目系统 S 包括业主方子系统 S_1,工程咨询子系统 S_2,施工实施子系统 S_3,三个子系统在工程实施的全过程发挥自身作用的同时,也互相联系、互相影响,共同完成工程系统的整体目标。同时,工程咨询作为一个相对独立的子系统,其内部各要素之间也互相影响。根据工程实践经验及相关文献[39],梳理工程系统及子系统之间的互相关系,得到工程项目系统的基本框架。

如图1.4所示,在系统科学理论的指导下,工程项目系统中的业主子系统、工程咨询子系统、施工实施子系统在项目投资决策、设计及准备、施工、竣工及验收、维保的各个阶段互相联系、共同作用,在项目整体目标和外部环境的影响下,整合业主需求等输入条件,满足了项目的使用功能和总体目标,并实现了项目的增值。图中的工程咨询子系统作为重要子系统之一,一方面与其他子系统发挥

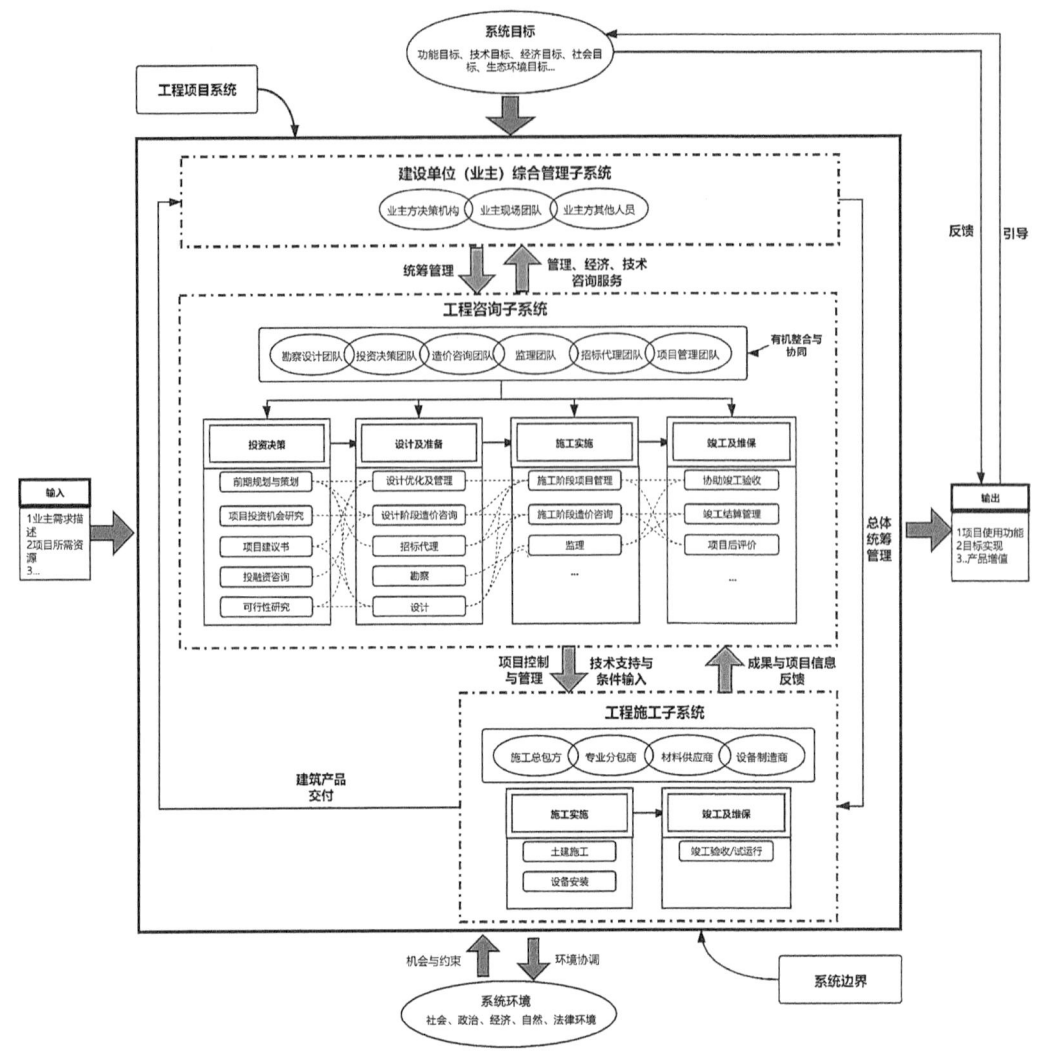

图 1.4 工程项目系统结构图

整体效应,实现了项目的全局最优;另一方面,其作为一个完整的系统,其内部结构、各要素(即各服务内容、服务团队)之间的联系与整合方式,也符合系统科学理论的相关原则和要求,实现工程咨询服务的整体最优。然而,传统的工程咨询仍然按照静态的、割裂的观点看待各咨询服务,各咨询服务团队也相互独立,与图 1.4 中所示的形式不相符,而全过程工程咨询的相关理念与实施方式和图中的工程咨询子系统相类似,通过整合各服务模块和业务团队,发挥了咨询服务的整体效应[44]。因此可以说,全过程工程咨询符合系统科学相关理念,是系统科学在工程行业的重要应用。

3) 系统科学视角下的全过程工程咨询

全过程工程咨询是在系统科学理论及方法指导下的新型工程咨询服务供给方式,其同样符合整体涌现性、综合性、动态性的基本原则。

(1) 全过程工程咨询的整体涌现性

整体涌现性的本质要求是用整体论的思想看待和解决问题,实现"1+1>2"的效果[45]。整体论思想以综合集成为基本方法,能够显著减少信息孤岛现象,加强各参与方协同性,对项目全过程实现顶层控制,是对还原论的有效补充。过去三十年,我国工程咨询业在还原论哲学的指导下,形成了一批专业化的工程咨询公司和碎片化的服务供给方式。随着社会进一步发展,这种碎片化服务逐渐无法适应建筑行业的现实需求,部分业主倾向于委托综合咨询服务,但工程咨询行业尚达不到全过程甚至全生命周期咨询的高度[46]。在这一背景下,基于系统科学理论的全过程工程咨询实现了对工程咨询服务和参与方进行有效的集成,在项目的建设全过程整合不同专业的知识、技能与观点,提升项目治理能力[47],有效解决了传统工程咨询模式下普遍存在的信息管理、过程管理、组织管理等问题。

在信息管理方面,全过程工程咨询通过引入 BIM 等信息化咨询服务,整合协同造价、监理等各服务成果,实现了信息标准化、集成化管理,并指导了各专项服务的开展[48]。

在过程管理方面,全过程工程咨询实现了工程各阶段的咨询服务的有效串联,使得项目前期的决策能充分考虑后续需求,减少项目上下游之间的信息交换壁垒,有利于项目整体目标的实现。

在组织管理方面,全过程工程咨询的集成化组织模式减少了管理层次,简化了项目的组织界面,降低了组织控制难度,最终提高了管理效率,降低了管理成本[49]。

全过程工程咨询通过对信息、过程、组织的优化管理,发挥了原有单一咨询服务机械叠加所不能实现的整体效应,符合整体涌现性的基本原则。

(2) 全过程工程咨询的综合性

系统科学的综合性要求通过系统各要素间的综合作用实现系统目标。传统模式下,工程咨询的经济、管理或技术目标往往仅依靠专项咨询服务实现。例如,项目的成本或经济目标往往依赖于委托某一造价咨询单位,通过其提供单一的造价服务实现。然而,项目的成本目标除了受到造价咨询服务的影响外,还会被项目管理、招标代理、监理甚至设计服务的效果所影响。也就是说,单纯依靠某一专项服务而实现项目目标,往往会陷入局部最优而全局不优的窘境[50]。全过程工程咨询通过引入集成的咨询服务团队,根据业主需求提供设计、项目管理、监理、造价咨询等多样化服务内容,对项目的质量、成本、管理等目标实现了综合优化,符合系统科学理论综合性的基本原则。

(3) 全过程工程咨询的动态性

工程咨询这一子系统与工程其他子系统、工程外部环境之间存在着频繁的信息与物质交换。这种频繁的信息交换赋予了工程咨询动态性特征。从系统科学的动态性观点来看,系统的状态、结构、功能应当伴随着现实情境的变化而变化[51]。不同的情境下,项目系统对于咨询服务集成化程度的需求是有差异的,所对应的工程咨询这一子系统的结构和功能也有所差异。即全过程工程咨询的服务模式不是一成不变的,实现咨询服务的系统整体性并不一定要求将所有咨询服务要素都机械地集合在一个合同中,应当采用不同类型的全过程工程咨询服务模式以满足系统动态性的要求。在工程行业所处的深度不确定环境和问题复杂的现实情景下,要综合考虑项目的实际情况、业主需求等多重因素,对全过程工程咨询服务模式进行适应性选择[52]。因此,总结业主方在选择服务模式时应当考虑的影响因素,指导业主科学合理地选择全过程工程咨询服务模式,以适应项目的现实需求,这也是系统科学动态性的内在要求。

2.2.2 整体性治理理论

整体性治理理论是西方公共管理领域的前沿理论,被认为是对新公共管理的修正[53]。在公共管理视角下,整体性治理以公共需求为导向,充分运用现代信息技术,通过协调与整合的治理机制[54],实现对政府治理结构、功能、信息系统、公私关系等碎片化问题的系统性解决[55]。其目的是改善公共管理服务分散化、碎片化的现状,为社会公民提供整合式的政府治理图式,从而实现整体利益的最大化[56]。

整体性治理理论源于新公共管理的式微以及信息技术的急速发展。新公共管理强调分散化、竞争性和激励机制,其应用导致西方发达国家的政府公共服务出现了严重的碎片化现象[57]。而碎片化和分散化又导致了政府部门间责任转嫁、目标冲突、任务重复、沟通不畅、各自为政、公众服务缺失等问题,这些问题正是整体性治理理论中协同、整合等理念所试图解决的[58]。另外,随着数字时代的来临,互联网、大数据等新技术的出现使得政府组织变革、公共治理重塑、消除信息孤岛成为可能,也为整体性治理提供了技术上的支撑[59]。电子政务系统在传统发达国家及新兴国家蓬勃发展,提高了现代治理模式下政府内部层级的协同与整合效率,为公民提供了无缝而非零散的公共服务[60]。

整体性治理理论的主要思想包括以下两点[53]:

(1)重新整合。整合是对新公共管理的颠覆,其实现方式主要包括逆部门化、大部门治理、集中采购、网络简化等。重新整合的核心是组织重组、用户导向及治理结构简化[61]。重新整合修正了多头层次结构的弊端,形成了横向协同的整合型组织结构,强化了跨部门沟通与协作。

(2)整体治理。整体治理能够有效克服碎片化治理困境,其主要内容包括一站式服务、信息的集成与共享、灵活的决策机制、可持续性发展等。整体治理充分发挥信息技术的优势,既克服了政府组织内部的部门分割、各自为政的弊病,又解决了政策的多目标冲突问题。整体治理综合考虑了企业、公民的不同需求,赋予了政府决策充分的灵活性,将过去分散的政府功能进行了整合,以实现政府的统筹作用[62]。

整体性治理理论所倡导的集成化、信息化的管理模式大大提高了公共管理的效率,这一理念对于改革工程咨询管理体制、促进全过程工程咨询可持续性发展具有深刻的启示意义。

丁士昭认为,我国工程咨询行业长期存在组织管理分散、多头主管、管理内容重复交叉等问题,导致工程咨询产业链条松散化和碎片化。工程实践中,也多见因为咨询服务的碎片化导致绩效问题的现象。例如,作为采购阶段的核心咨询单位,招标代理机构往往不能从项目全生命周期优化的角度协助业主选择供应商,而是在施工阶段才介入项目并承担重要责任的咨询单位,如工程监理,却未能在采购阶段拥有话语权。而从理论上解决松散化和碎片化的关键是整体性治理,即根据整体性治理理论的相关理念,对于碎片化服务进行有机协调和整合,不断从分散走向集中,从部分走向整体[15]。全过程工程咨询以业主需求为治理导向,以信息技术(BIM)为治理手段,以协调、整合、责任为治理机制,对碎片化咨询服务进行有机协调与整合,为业主提供无缝隙且非分离的整体型、集成化工程咨询服务,致力于解决传统工程咨询碎片化服务导致的目标不统一、信息孤岛、多头管理、重复管理等问题[63],其内核与整体性治理理论高度一致。可以说,"整体性"是当前工程咨询行业的"新范式",而全过程工程咨询则是整体性治理理论在建筑工程行业的创新应用。整体性治理理论为全过程工程咨询提供了核心理论依据、治理策略及管理手段,对于理解全过程工程咨询的内涵具有重要的指导作用。

2.2.3 集成管理理论

集成(Integration)的字面意思可解释为融合、聚集、综合,随着现代社会、经济、技术及系统复杂性的发展,集成化成为一种新的管理理念和思想[64]。集成管理是对各类公共要素进行整合及维持的过程,这种整合不是各要素的简单叠加,而是以合理的集成规则与方式进行有机组合与优化,其目的是充分发挥整体功效。集成管理最早源于现代计算机技术的快速发展,哈林顿于1973年提出的计算机集成制造系统(CIMS)拉开了集成管理研究的大幕[65]。随后,集成管理理论因其先进的理念和哲学思想在制造业得到广泛应用,衍生出了并行工程[66]、精益制造[67]、全生命周期管理[68]等重要理论模型,并逐步推广至非制造行业[69]。在我国,集成理论的奠基人是钱学森,他在针对复杂巨系统的研究中提出了综合集成的方法论,并指出综合集成是处理开放复杂巨系统的唯一有效的方法[70]。自此,集成管理的思想与理论引发了学者的关注。集成管理理论因其具有协同性、整体优化性、功能倍增性、互补相容性的特点[48],对于处理复杂系统问题有极强的适用性,能够实现 $1+1>2$ 的效果[71]。建设工程项目,特别是大型工程项目,具备典型的复杂性特征[72],因而,集成管理理论逐渐成为建设工程管理领域的重要理论依据和基础[73],并在港珠澳大桥、苏通大桥等重大工程实践中得到有效应用[74-76]。

一般而言,投资决策阶段、工程建设阶段构成了工程项目的全过程[77],若考虑运营维护阶段,则构成项目的全生命周期[78]。传统的工程交付/咨询模式按照项目不同阶段进行人为分割,且每个阶段都由不同的参与方完成专项任务,不利于项目整体目标的实现。这种跨专业、跨阶段的管理模式,造成建筑产品生产上下游的脱节,决策失效、信息冗余、沟通不畅等问题层出不穷。管理的不连续性导致整个项目缺乏整体计划与控制,很难适应现代大型工程项目的管理需要[79]。将集成管理理论应用于工程建设管理中,可以使项目参与方的活动有机连接、相互关联,实现项目整体流程的协调运作,达到预期的项目目标。集成管理在建筑工程行业的研究与应用通常从信息集成、组织集成、过程集成三个维度展开[80]。

(1) 信息集成

信息集成是指根据工程项目的特征,综合考虑项目全生命周期下各个阶段、各个参与方的相互影响关系,运用现代化的信息技术手段,对建设项目的全过程信息实现整合与控制,并最终保证整体最优[81]。信息集成是集成管理的基础和成功要素,而现代信息技术则是实现信息集成的关键手段。工程项目信息平台、BIM 等技术的使用,能够充分发挥项目数据资源优势,提高数据资源在项目全生命周期的应用效率[82]。

在全过程工程咨询的相关研究中,信息集成主要围绕 BIM 技术及其应用展开。全过程工程咨询项目经理承担着统筹管理的角色,随着项目的推进,围绕项目产生的信息快速增长,对全过程工程咨询服务团队的沟通协调能力提出了很高的要求[48]。通过建立基于 BIM 技术的项目信息管理平台等方法,能够保障项目整体数据的融合,支撑全过程工程咨询单位对项目投资决策、工程建设阶段进行协调管理,并一直支持到项目交付甚至运维阶段,为业主提供以最终运营为导向的全过程工程咨询服务甚至全生命周期咨询服务[83]。

全过程工程咨询为信息集成提供了有利的环境,而信息集成也进一步促进了全过程工程咨询的有效落地。全过程工程咨询情境下的信息集成打通了不同咨询业务之间的信息界面,避免了各咨询单位之间信息冲突、错漏的问题,并使得信息在项目的各个阶段高效传递,保证了信息传递的高效性、有效性[84]。

(2)组织集成

大型工程项目往往涉及多个主体,参与方众多,组织复杂性和不确定性较强[85]。对于工程咨询服务而言,传统模式下咨询主体众多,包括前期策划单位、设计单位、勘察单位、监理单位、投资咨询单位、招标代理单位、项目管理单位、造价咨询单位等。一般情况下,业主会分别与各单位签订合同,各咨询方履行合同下的义务,并由业主统一管理[86]。这种咨询单位的组织模式加重了业主的管理负担,容易出现咨询方各自为政的现象,并最终导致管理效率低下[87]。针对上述问题,学者展开了组织集成相关的研究。组织集成是指将工程项目中具备不同功能的组织要素整合为有机组织体状态。在该状态下,组织各要素以合理的形式组合,从而优化组织行为,最大化发挥组织功能[88]。组织集成可以确保在项目全过程整合不同专业的观点,最大程度地发挥每个参与方的贡献,减小每个参与方的劣势,并灵活地获得职能组织和项目组织的优势[89],而全过程工程咨询则是组织集成理论在工程咨询行业的现实应用。一般而言,全过程工程咨询的组织模式有单一体、联合体、合作体三种类型,无论采用何种组织模式,均符合组织集成的相关理念[86]。

动态联盟[90-91]、虚拟组织[92]、虚拟建设[93]等相关领域的研究丰富了组织集成的理论与内涵。工程项目一次性、临时性的特点对于团队成员间信息共享、协调合作提出了更高的要求,具有明显的动态联盟特征[95]。从动态联盟的视角来看,工程项目由多个次级联盟组织构成,而全过程工程咨询则促成了咨询组织联盟的形成[90]。同时,这种咨询组织联盟不是一成不变的,会随着全过程工程咨询服务模式的不同、项目建设周期的推进而发生变化,以适应不同全过程工程咨询服务模式下各阶段项目组织管理和建设实施的需求。在联合体或合作体的全过程工程咨询组织模式下,应用信息集成相关理论及技术,整合各个咨询企业的自身优势,通过相关约定明确各自义务和权利,形成紧密合作的临时组织,则构成了全过程工程咨询虚拟组织[118]。这种基于虚拟组织的全过程工程咨询组织集成方式以信息集成为基础,以资源和信息共享为原则,以约束机制为保障,以协调合作为手段,以合作共赢为目标,通过整合全过程工程咨询团队成员自身优势,为业主提供一站式高质量的咨询服务。

全过程工程咨询是组织集成理论在工程咨询行业的实践,而组织集成的理念与方法也为全过程工程咨询服务的开展提供了指导与借鉴。

(3) 过程集成

过程集成是指从项目整体出发,对项目的过程系统进行改进,建立项目的过程集成模型[79]。过程集成是有效解决工程项目过程分割问题的根本途径[96],也是全过程工程咨询实践的直接手段。传统模式下,工程咨询单位按照项目所处阶段提供独立、分割的咨询服务。以造价咨询这一服务模块为例,我国的传统做法下项目的概算、预算、结算分别由不同的咨询单位负责,体现出分段式的特点,各个阶段的造价咨询成果对项目下一阶段的推进无法形成有效的指导[97]。而体现过程集成思想的全过程工程咨询使得项目各阶段的咨询服务相互关联,每一阶段的咨询工作都与下一阶段存在逻辑上的搭接与交叉,同时有效消除了冗余、非增值的子业务,提高了沟通效率和资源利用效率,使过程整体达到最优。

过程集成的思想要求将项目全生命周期各个阶段相互关联,以系统思维将项目的投资决策阶段、工程建设阶段(含设计及准备阶段、施工阶段、竣工维保阶段)、运营维护阶段按照一个整体来考虑,实现在项目全生命周期视角下的费用、质量、时间等目标的最优化[98]。因此,虽然根据本篇 2.1.2 相关内容,本篇将全过程工程咨询的服务范围限定在投资决策阶段和工程建设阶段,但是无论采用何种全过程工程咨询服务模式,各阶段的咨询服务并非简单、机械的叠加,而是基于现实情况与业主的实际需求,进行有机的整合,并需要以最终运营为导向,满足项目全生命周期的需求[99]。

全过程工程咨询基于管理集成的思想,对项目的信息、组织、过程进行有机集成,使项目咨询服务在统一的管理语言和规则以及集成化信息系统的支持下协调运转,从而最终实现项目的全生命周期目标[100]。

2.2.4 项目全生命周期管理理论

建设项目全生命周期是指从产生项目建设意图到废止项目的全过程,包括项目决策阶段、实施阶段(包含本篇 1.2.2 所描述的设计和准备、施工实施、竣工维保阶段)和运营阶段[101]。对于项目的所有者(业主单位)而言,每个阶段的相应管理分别是开发管理(Development Management,DM)、代表所有者的项目管理(Project Management,PM)和设施管理(Facility Management,FM)。传统的项目管控模式下,项目的参与方往往只关注实施阶段的成本、质量、安全等目标控制,而随着项目复杂性提升、外部商业环境的改变,致力于满足甚至超越项目全生命周期目标的项目全生命周期理论(Life-Cycle Project Management,LCPM)逐渐受到学者的重视,并在实践中显示出良好的绩效表现[102]。

Jaafari 等人[102-104]首先提出了项目生命周期管理的思想,将其扩展到工程项目管理领域,并提出了基于生命周期目标的通用项目管理模型,将整个项目进行了整合,并描述了工程项目全生命周期的基本原理和框架。Tatum 进一步强调建设项目一体化管理的重要性,他指出了项目建设专业分工带来的问题以及解决该问题的基本思路,并提出利用一体化结构技术和一体化管理技术解决传统项目管理弊端[105]。何清华等人在集成管理理论的基础上,提出了建设项目全生命周期集成管理模型(Life Cycle Integrated Management,LCIM),进一步完善了项目全生命周期管理理论[106]。随后,项目全生命周期管理理论有效指导了项目全生命周期成本管理(Life Cycle Cost,LCC)[107]、全生命周期信息管理(Building Lifecycle Management,BLM)[108]、全生命周期风险管理[108]等研究的开展,并取得了丰硕的成果。全生命周期管理理论的核心思想包括全生命管理、全过程管理、全方位管理等[110],与全过程工程咨询的相关理念有较高的一致性。

(1) 全生命管理

传统模式下,项目的 DM、PM、FM 相互独立,在实现专业化社会分工的基础上,也带来了诸多弊端[111]。全生命管理要求对工程项目投资决策、建设实施、运营阶段实现全要素的综合集成管理,其核心是在工程项目全生命周期实现管理理念、管理目标、管理方法的有机集成(非简单叠加),并最终提升项目价值[106]。虽然本篇根据现实情况和实践经验,暂未将运营期相关咨询服务纳入全过程工程咨询的范畴,但无论是政策文件还是理论研究,都强调全过程工程咨询应从项目的全生命周期角度,为业主提供以最终运营为导向的咨询服务[25]。并且可以预见,若经过一段时期的孵化和培育,我国将诞生一批同时具备投资决策咨询能力、工程建设相关咨询能力、设施管理咨询能力的全产业链综合型工程咨询企业,则全过程工程咨询服务的范围必将扩展至运营阶段,真正实现全生命周期一体化咨询。因此,全过程工程咨询符合全生命管理的相关原则和要求。

(2) 全过程管理

全过程管理是指从投资决策到竣工验收的全过程对工程项目的成本、质量、进度、经济、技术、信息、风险、安全等多目标进行全面的动态分析、集成管理和综合优化。这既符合本篇对全过程工程咨询服务范围的定义,也是当下全过程工程咨询所遵循的主要原则。

(3) 全方位管理

全方位管理要求工程各参与主体打破原有孤立的工作界面,组建联合班子,彼此协同合作,共同实现对工程全要素的管理[110]。全过程工程咨询对工程咨询子系统的组织结构和运作流程进行了重组和整合,完成了系统的重构,并通过各咨询团队间协同工作、信息共享构建了咨询视角下的项目生命周期管理体系。这种整合集成的咨询服务理念改善了项目上下游各咨询方的沟通状况,并能够帮助管理者从整体上控制项目各目标[112],符合全方位管理的相关要求。

以全生命周期管理理论研究成果为基础[110,112],同时整合集成管理理论相关理念,建立全过程工程咨询的三维结构模型。

如图 1.5 所示,全过程工程咨询整合了项目全生命管理理论与集成管理理论的相关理念,在项目建设的全过程对各专项咨询服务及团队进行系统集成,实现了对进度、成本、质量、经济效益等项目全生命周期目标的综合优化。值得注意的是,图 1.5 所示仅为一个概念模型,实际的系统集成方式是动态变化的,可以根据项目的现实情况进行动态调整,即实务中全过程工程咨询服务模式是多样的,应综合考虑不同的决策属性后,选择最合适的集成方式(服务模式)。

系统科学理论、整体性治理理论、集成管理理论、项目全生命周期管理理论构成了全过程工程咨询的理论基础。在认识到工程咨询系统性特征的基础上,要充分发挥咨询单位的作用,通过先进的整体性治理策略和集成管理理念实现工程项目的全生命周期目标。全过程工程咨询以系统科学理论为核心,整体性治理理论为依据,以集成管理理论为指导,以实现全生命周期管理为目标,是改善工程咨询行业供给方式,为业主提供优质咨询服务的良好范式。

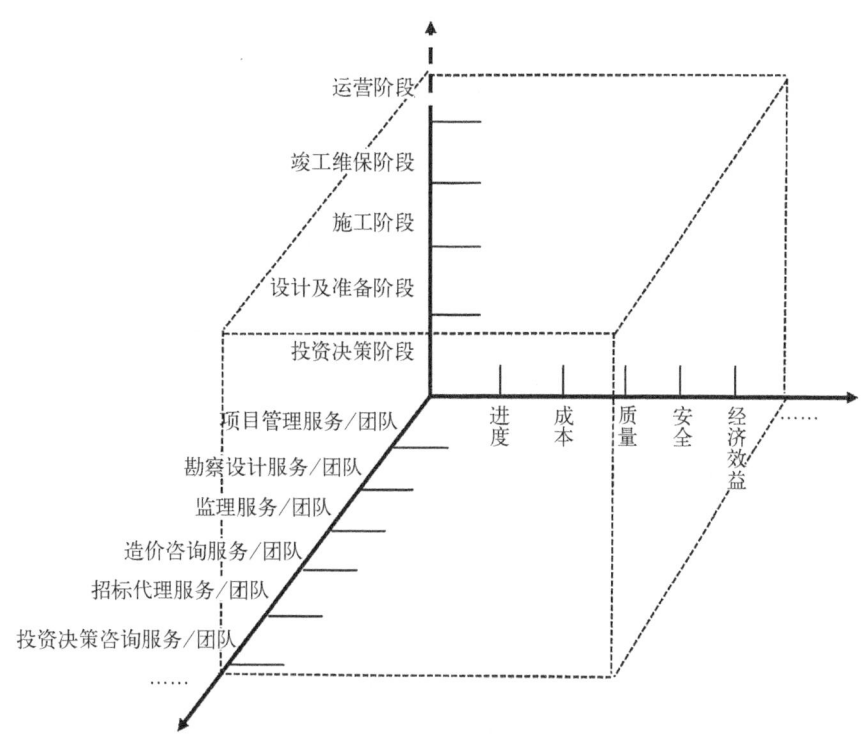

图 1.5　全过程工程咨询全生命周期集成管理概念模型

2.3　全过程工程咨询研究综述

2.3.1　国内研究现状

由于全过程工程咨询是一个相对较新的概念，相关研究尚处于起步阶段。总体而言，国内对全过程工程咨询的研究主要集中在宏观层面的政策分析、概念界定、咨询企业提升路径，微观实操层面的组织管理、取费模式、风险管理等。

（1）宏观层面。虽然《国务院办公厅关于促进建筑业持续健康发展的意见》出台前，已有学者提出了全过程工程咨询这一概念并做了相关研究[26,49]，但是其真正快速发展是基于若干政策文件的出台，因此全过程工程咨询政策分析是当前的重点研究方向之一。陆帅等在分析现有政策文件的基础上认为，全过程工程咨询的政策特点包括多样发展、试点先行、企业整合等，并从理论和技术两个层面提出了完善全过程工程咨询政策的建议[113]。马升军通过政策及案例分析，界定了全过程工程咨询的内涵和基本概念，并指出发展全过程工程咨询需创新服务模式，实现各咨询业务的整合。同时，他认为服务模式的取舍需要深入研究背后的理论依据和实际情况，与本篇观点相吻合[114]。

全过程工程咨询突破了传统的工程咨询服务碎片化供给方式，一方面对于以往只提供单一专项咨询服务的工程咨询单位提出了更高的要求，另一方面也为咨询企业提供了难得的转型升级契机。杨学英通过分析监理企业的优势，认为部分监理企业已经具备了提供项目管理服务的能力，可以在延伸工程监理服务范围、横向拓展其他咨询业务的基础上，发展全过程工程咨询服务，实现转型升级发展[35]。乔俊杰等从人才、创新、市场三个角度为造价咨询企业发展全过程工程咨询提供了建议[115]。周茂刚基于实践经验，认为设计企业可以在优化组织管理、提高服务意识、培育复合人才的基础上发展全过程工程咨询服务[116]。戈焌杰引入企业成熟度理论，从企业基础条件、服务交互能力、服务结果质量三个基本维度构建了全过程工程咨询企业成熟度评价模型，为合理评价全过程工程咨询企业的服务能力提供依据[117]。

（2）微观实操层面。基于宏观层面的研究成果，也有学者从微观层面对全过程工程咨询进行了更为深入的研究，以指导全过程工程咨询的实践落地。田立平针对目前全过程工程咨询组织管理的不足，提出了单一体、联合体、合作体三种组织模式，并对全过程工程咨询的组织结构进行了设计与优化[86]。张杰引入了虚拟组织理论，提出了基于社会网络分析法的虚拟组织伙伴选择模型[118]。张双甜等基于对全过程工程咨询逻辑和实施特点的分析，根据虚拟价值链理论探讨了项目信息、组织、目标、过程的集成方式[84]。任雅茹根据全过程工程咨询的各工作要素，建立了管理报酬模型，通过分析风险事件建立了风险报酬模型，以解决全过程工程咨询取费标准难以确定的问题[119]。

目前，已有部分学者展开了对全过程工程咨询服务模式分类的研究。傅峻将全过程工程咨询与国外工程咨询服务进行了对比。结果显示，全过程工程咨询与国际通行的工程咨询服务有一定的相似性，带有以 FIDIC 合同体系为代表的国际规则留下的烙印，但同时全过程工程咨询服务内容的组织方式有更强的灵活性和可兼容性，并不囿于某单一的服务模式[120]。王甦雅等介绍了"1+N"的全过程工程咨询服务模式，即全过程项目管理+专项咨询服务，并介绍了该模式的具体应用案例[17]。丁士昭通过对比美国与欧洲的全过程工程咨询服务模式差异，提出了"设计+项目控制与管理"整体签约的 A 模式、设计和项目控制与管理分别签约的 B 模式[121]。王宏海、邓晓梅等基于国外经验和惯例，提出了以设计为主导的全过程工程咨询服务模式，即"建筑师负责制"[122]。卢晓涛等认为全过程工程咨询可分为全阶段咨询和分阶段咨询两种模式，并提供管理和技术两类服务[123]。赵振宇等参考国际经验，将全过程工程咨询的服务模式分为全过程综合咨询、全过程管理咨询、全过程专项咨询和多阶段联合咨询四类[26]。严玲等在分析全过程工程咨询交易特征的基础上，基于主体维、业务维、知识维三个维度，提出了"项目总控+专项服务""项目总控+知识型服务""项目总控+专项服务+知识型服务"三类全过程工程咨询服务模式[27]。吴熙等人针对输变电项目，提出了在项目管理+监理主导基础上的六种全过程工程咨询服务模式，并以服务模式的有效性、简易性、发展性为基础指标，构建了服务模式选择的模糊综合评价模型[124]。并将应用情境限制在了输变电这一类项目，不具备普适性，且服务模式的分类过程和结果有待商榷，并未深入研究业主在选择服务模式时的关键影响因素，仅选用了较为简单的决策指标，有一定的改进空间。

2.3.2 国外研究现状

全过程工程咨询是在我国工程咨询服务碎片化、分散化的特殊背景下提出的一个具有中国特色的概念，在国外并没有与之严格对应的学术用词，相关研究主要以工程咨询（engineering consulting）或建筑专业服务（Construction Professional Services，CPS）为关键词开展[125]。CPS 是指专业人士围绕工程项目生产活动提供的多学科智力支持性服务[126]，服务内容包括设计、项目管理、财务咨询、信息化咨询、法律咨询等，服务涵盖了从前期规划到项目启用的工程项目全过程，与我国的全过程工程咨询的内涵颇为相似[127]。以"Engineering Consulting""Engineering Consultant""Construction Professional Services"等为关键词搜索国外文献，发现国外学者对于相关领域的研究主要围绕企业核心能力、知识管理、服务质量/绩效评价、招投标机制等方面展开。

（1）企业能力方面，Johnson 等人认为信息化手段可以显著提升咨询企业竞争力[128]；Lu 等人认为，通过整合设计等上下游咨询服务，积极拓展业务边界，可以有效提升中国咨询企业在国际的竞争力[129]；Jewell 等人通过实证研究，提出了影响国际工程咨询公司规模高质量增长的 8 个驱动因素[130]；Coviello 等人对 4 家新西兰中小工程咨询公司的国际化发展过程进行案例分析，并发现企业需具备资源网络搭建能力、战略管理能力、知识管理能力以及合理的人才结构以适应国际化发展的需要[131]。

（2）工程咨询是典型的知识密集型行业，过往项目知识经验的积累能够转化为企业的竞争优势[133]。因此,工程咨询企业知识管理的研究成为该领域的热点之一。Ho 等人设计了一种基于案例的推理系统,该系统具有更精确的检索技术,以帮助工程咨询企业在项目的全生命周期中积累相关的知识和经验[134];Wang 等人将工程咨询企业的知识细分为业务类知识、技术类知识和管理类知识,并指出良好的知识共享和管理水平可以有效提高工程咨询企业的新市场拓展能力、技术集成能力和新业务发展能力[135];Wu 等人为了改善传统知识管理方法解决问题的"滞后性",设计了一种集成式的主动知识管理模型(Integrated Proactive Knowledge Management Model,IPKMM),并通过案例研究证明该模型可以显著提高工程咨询企业解决问题的效率,增强其市场竞争力[136]。

(3) 在服务质量/绩效评价方面,Danny 等人对澳大利亚工程咨询行业的服务质量展开了研究,并发现工程咨询企业对于客户的服务质量期望存在较大的理解偏差,而咨询服务质量又能显著影响客户的选择行为,因此若能重视客户对服务质量的要求并努力提高项目绩效,将为工程咨询企业带来更大的竞争优势[137];Oakland 等人运用企业访谈和案例分析法,对工程咨询行业的服务质量作了详细的调查,并认为工程咨询企业必须通过业务能力拓展和组织管理的改善提升服务质量[138];Li 等人从成本、进度、质量三个基本维度出发,通过建立模糊综合评价模型,对工程咨询的服务绩效进行评价[139]。

(4) 在招投标模式方面,由于工程咨询服务的交付物不是有形的商品,且不同的条件下其服务模式差异较大[131],因此传统的招投标方式并不完全适用于工程咨询行业。Roodhooft 等人分析了公共部门的工程咨询服务采购模式,并与私人部门进行了对比,指出公共部门需要引入更先进的评标方法和竞争程序[140]。Stout[141]、Christodoulou[142]等人探讨了工程咨询服务适用的招标方式,介绍了《布鲁克斯法案》规定的基于资格的招投标模式(Qualifications-Based Selection,QBS),并就传统的最低价中标原则是否适用于工程咨询行业展开了讨论。Griffis 运用案例研究的方法介绍了 QBS 的具体操作流程[143];Manoliadis 等人运用多属性决策的相关理论,在研究关键决策因素的基础上,提出了基于模糊德尔菲法的 QBS 优化方法[144]。

2.3.3 对现有研究的评述

总体而言,国内外相关研究均取得了较多有意义的研究成果,对于全过程工程咨询的落地起到了积极的推动作用。然而,现有研究仍存在以下不足:

(1) 国外工程咨询行业发展较为成熟,市场化程度高,与我国的整体环境有所区别,因此国外研究成果并不完全适用于我国的工程实践。但国外的工程咨询实施方式与全过程工程咨询有相似之处,相关研究内容、研究方法对全过程工程咨询的后续研究有一定的借鉴意义。

(2) 国内研究深度相对不足。目前全过程工程咨询相关研究往往局限于概念性介绍或整体政策解读,对于理论层面、实施细节的研究较为欠缺,研究方法以定性分析为主,缺乏定量研究。

(3) 全过程工程咨询服务模式的研究结论差异较大。国内学者们基于各自视角提出了不同的全过程工程咨询服务模式,但观点较为分散,尚未形成统一的意见,也未有学者系统提出服务模式的决策影响因素,相关问题有待于进一步研究。

本篇将基于现有研究成果,深入研究全过程工程咨询的服务模式及其决策影响因素等关键性问题,促进全过程工程咨询的有效落地。

第3章 全过程工程咨询服务模式的分类研究

目前,各方对于全过程工程咨询服务模式的分类尚处于初步研究阶段,各种模式层出不穷,形成一种"模式丛林"现象,相关研究结果在一定程度上还存在着矛盾、冲突与含混。一方面,全过程工程咨询这一概念本身尚处于动态变化中,并融入了政策、产业、理论、实践等多方面的情境要素;另一方面,各级主管部门、建设单位、专家学者又根据自身理解及本单位的实际出发,提出了不同类型的全过程工程咨询服务模式,使其具备了多样性特征。因此,如果仅从单一视角和资料来源对全过程工程咨询服务模式进行分类,难以得到客观而全面的结论。为了保证研究的系统性、科学性、合理性,提升研究结论的可靠性,本章将采用归纳推理的研究方法,运用三角验证(Triangulation)的研究策略[145],从多个途径获取研究资料,并基于政策文件—专家观点—实践案例的三维视角,对全过程工程咨询的服务模式进行系统性梳理与总结,为后续决策影响因素的识别提供基础依据。

3.1 基于政策文件的全过程工程咨询服务模式分类分析

3.2.1 相关政策文件梳理

在中国,建筑行业的变革与发展是和政策导向密切相关的。2017年,《国务院办公厅关于促进建筑业持续健康发展的意见》提出大力推进全过程工程咨询服务以来,中央部委、各地方主管部门均密集出台了全过程工程咨询相关政策,指导全过程工程咨询的健康发展。通过浏览中央及各地方政府主管部门网站,以"全过程工程咨询"为关键词,搜索并整理得到33份相关政策文件。系统梳理政策文件原文中关于全过程工程咨询服务模式的规定或表述并提炼核心观点。

在中央部委层面,政策文件对于全过程工程咨询服务模式的规定较为宽泛,在肯定多样性的基础上,并未限定具体的类型。此外,部分政策文件提出了某一种可行的全过程工程咨询服务模式,如建筑师负责制等,虽然并未形成系统的分类体系,但是可以为本篇的研究提供参考和依据。国家层面政策文件的核心观点总结如表1.1所示。

表1.1 国家级政策文件整理

编号	政策文件名称	发布时间	发布机构	核心观点提炼
1	国务院办公厅关于促进建筑业持续健康发展的意见 (国办发〔2017〕19号)	2017.2	国务院办公厅	A1 提出全过程工程咨询包含投资咨询、勘察、设计、监理、招标代理、造价这6项服务内容
2	关于开展全过程工程咨询试点工作的通知 (建市〔2017〕101号)	2017.5	住房和城乡建设部	A2 试点企业分为24家设计单位和16家监理单位,并强调鼓励勘察设计、监理企业发展全过程工程咨询模式
3	住房建设部关于印发工程勘察设计行业发展"十三五"规划的通知 (建市〔2017〕102号)	2017.5	住房和城乡建设部	A3 强调了设计的重要性和特殊地位,提出了基于设计主导并结合其他专项服务的全过程工程咨询服务模式发展方向(可称之为建筑师负责制)
4	关于促进工程监理行业转型升级创新发展的意见 (建市〔2017〕145号)	2017.7	住房和城乡建设部	A4 监理企业要想发展全过程工程咨询,必须在原有基础施工监理服务的基础上提升项目管理能力,突出了项目管理的重要性
5	关于征求在民用建筑工程中推进建筑师负责制指导意见(征求意见稿)意见的函 (建市设函〔2017〕62号)	2017.12	住房和城乡建设部	A5 将建筑师负责制定义为设计+其他专项服务(监理+投资决策咨询+……)的组合(设计为牵头必选项) A6 设计牵头的建筑师负责制是一种全过程工程咨询服务模式
6	关于征求推进全过程工程咨询服务发展的指导意见(征求意见稿)和建设工程咨询服务合同示范文本(征求意见稿)意见的函 (建市监函〔2018〕9号)	2018.3	住房和城乡建设部	A7 设计属于全过程工程咨询的服务范围 A8 将全过程工程咨询的服务内容总结为建设可行性研究、项目实施总体策划、工程规划、工程勘察与设计、项目管理、工程监理、造价咨询

续 表

编号	政策文件名称	发布时间	发布机构	核心观点提炼
7	关于推进全过程工程咨询服务发展的指导意见（发改投规〔2019〕515号）	2019.3	国家发改委、住建部	A9 全过程工程咨询的主要服务内容为投资决策咨询、勘察、设计、监理、项目管理、招标代理、造价咨询7类 A10 全过程工程咨询的服务模式具有多样性，可以是跨阶段咨询服务或同一阶段不同咨询服务组合

与国家层面的政策文件相比，各省份对于全过程工程咨询服务模式的规定更为详尽、具体。例如，江苏明确提出以项目管理主导的全过程工程咨询服务模式和设计为龙头的全咨服务模式，云南提出了整体委托的一体化服务模式等。但上述服务模式分别出现于不同地区的政策文件，观点较为零散，没有形成系统的分类体系，需要进一步的整合梳理，并加以案例验证。各省份政策文件及核心观点如表1.2所示。

表1.2 各省份政策文件整理

省份	政 策 名 称	发布日期	发布单位	核心观点提炼
浙江省	浙江省全过程工程咨询试点工作方案（浙建发〔2017〕208号）	2017.6	浙江省住房和城乡建设厅	A11 全过程工程咨询的服务内容包括项目管理＋造价＋监理＋招标代理＋其他咨询服务，未将设计包含在内，仅包括了设计优化
	关于贯彻落实《国家发展改革委住房城乡建设部关于推进全过程工程咨询服务发展的指导意见》的实施意见（浙发改基综〔2019〕324号）	2019.7	浙江省发展改革委、浙江省住房和城乡建设厅	A12 重新将设计纳入全过程工程咨询的服务内容
四川省	四川省全过程工程咨询试点工作方案（川建发〔2017〕11号）	2017.7	四川省住房和城乡建设厅	A13 全过程工程咨询单位是项目管理的全权代表 A14 推进设计主导下的建筑师负责制
	四川省住房和城乡建设厅关于公布第一批全过程工程咨询试点企业名单的通知（川建发〔2017〕10号）	2017.5	四川省住房和城乡建设厅	A15 试点名单（共33家）中有10家设计单位、13家项目管理单位，体现设计服务和项目管理服务的重要地位和牵头作用

续　表

省份	政策名称	发布日期	发布单位	核心观点提炼
云南省	云南省人民政府办公厅关于促进建筑业持续健康发展的实施意见（云政办发〔2017〕85号）	2017.7	云南省人民政府办公厅	A16 提出了一体化的全过程工程咨询服务模式
广东省	广东省全过程工程咨询试点工作实施方案（粤建市〔2017〕167号）	2017.8	广东省住房和城乡建设厅	A17 全过程工程咨询主要服务内容包括设计、勘察、项目管理、投资咨询、造价咨询、招标代理、监理、其他服务 A18 建筑师负责制是全过程工程咨询的一种服务模式
广东省	广东省建设项目全过程工程咨询服务指引（粤建市商〔2018〕26号）	2018.4	广东省住房和城乡建设厅	A19 提出了项目管理＋N（包含设计）的服务模式
山西省	山西省人民政府办公厅关于促进建筑业持续健康发展的实施意见（晋政办发〔2017〕135号）	2017.1	山西省人民政府办公厅	A20 建筑师负责制是全过程工程咨询的服务模式之一
山西省	关于加快培育我省全过程工程咨询企业的通知（晋建市字〔2019〕73号）	2019.4	山西省住房和城乡建设厅	A21 全过程工程咨询具有多样化的服务模式
河北省	河北省人民政府办公厅关于促进建筑业持续健康发展的实施意见（冀政办字〔2017〕143号）	2017.11	河北省人民政府办公厅	A22 倡导将建筑师负责制作为全过程工程咨询的服务模式
湖南省	湖南省住房和城乡建设厅关于印发湖南省全过程工程咨询试点工作方案和第一批试点名单的通知（湘建设函〔2017〕446号）	2017.12	湖南省住房和城乡建设厅	A23 提出了一体化的全过程工程咨询服务模式
湖南省	湖南省住房和城乡建设厅关于印发全过程工程咨询工作试行文本的通知（湘建设〔2018〕17号）	2018.2	湖南省住房和城乡建设厅	A24 全过程工程咨询服务模式具有多样性，业主需要根据具体情况和自身需求，从清单中选择需要的服务内容和成果

续表

省份	政策名称	发布日期	发布单位	核心观点提炼
广西壮族自治区	广西全过程工程咨询试点工作方案（桂建发〔2018〕2号）	2018.2	广西壮族自治区住房和城乡建设厅	A25 提出了项目管理＋N（不含设计）模式
江苏省	江苏省住房和城乡建设厅关于公布全过程工程咨询试点企业和试点项目的通知（苏建科〔2018〕79号）	2018.2	江苏省住房和城乡建设厅	A26 投资决策咨询、工程设计、工程监理、造价咨询、招标代理、项目管理中的任意三种服务组合即为全过程工程咨询 A27 倡导开展以工程设计为龙头的全过程工程咨询业务
江苏省	关于推进工程建设全过程项目管理咨询服务的指导意见（建管〔2016〕730号）	2017.1	江苏省住房和城乡建设厅	A28 提出了项目管理＋N（不含设计）的服务模式
宁夏回族自治区	宁夏回族自治区住房和城乡建设厅关于印发《全过程工程咨询试点工作方案》的通知（宁建发〔2018〕31号）	2018.4	宁夏回族自治区住房和城乡建设厅	A29 实际上提出了设计牵头、监理（实质看重其项目管理能力）牵头的发展方向
吉林省	吉林省住房和城乡建设厅关于印发《关于推进全过程工程咨询服务发展的指导意见》的通知（吉建办〔2018〕28号）	2018.7	吉林省住房和城乡建设厅	A30 服务模式具有多样性，要与主体需求相适应
重庆市	重庆市人民政府办公厅关于进一步促进建筑业改革与持续健康发展的实施意见（渝府办发〔2018〕95号）	2018.7	重庆市人民政府	A31 倡导将建筑师负责制作为全过程工程咨询的服务模式
河南省	河南省全过程工程咨询试点工作方案（试行）（豫建设标〔2018〕44号）	2018.7	河南省住房和城乡建设厅	A32 确立了一体化委托和部分委托模式
安徽省	安徽省开展全过程工程咨询试点工作方案（建市〔2018〕138号）	2018.1	安徽省7部门	A33 确立了一体化委托和部分委托模式

续　表

省份	政策名称	发布日期	发布单位	核心观点提炼
陕西省	陕西省关于开展全过程工程咨询试点的通知（陕建发〔2018〕388号）	2018.1	陕西省住房和城乡建设厅	A34 明确全过程工程咨询的服务内容为投资决策咨询、招标代理、勘察、设计、监理、造价、项目管理的组合
陕西省	关于印发《陕西省全过程工程咨询服务导则（试行）》《陕西省全过程工程咨询服务合同示范文本（试行）》的通知（陕建发〔2019〕1007号）	2019.1	陕西省住房和城乡建设厅	A35 提出了项目管理＋N、一体化服务模式 A36 提出了建筑师负责制的服务模式
山东省	关于在房屋建筑和市政工程领域加快推行全过程工程咨询服务的指导意见（鲁建建管字〔2019〕19号）	2019.1	山东省住房和城乡建设厅 山东省发展和改革委员会	A37 明确全过程工程咨询的服务内容为投资决策咨询、招标代理、勘察、设计、监理、造价、项目管理
上海市	关于进一步加强本市建设工程项目管理服务的通知（沪建建管〔2017〕125号）	2017.2	上海市住房和城乡建设管理委员会	A38 形成了项目管理＋专项服务（不包含设计）的服务模式，符合全过程工程咨询的相关理念
上海市	关于在宝山区内建设项目规划土地管理实施建筑师负责制的试点方案（宝规土〔2018〕14号）	2018.2	宝山区规划和土地管理局	A39 形成了设计＋专项服务（通常不包含项目管理）的服务模式

如表 1.1、表 1.2 所示，对上述 33 份政策文件进行梳理与分析后，共提炼出 39 个关于全过程工程咨询服务模式的核心观点。将这 39 个核心观点进一步整合与分析，基于政策视角对全过程工程咨询的服务模式进行初步分析。

3.2.2　政策文件核心观点分析

通过对表 1.1、表 1.2 所提炼出的政策文件核心观点进行整合与分析，可以得到以下结论。

（1）全过程工程咨询由八项基本服务内容构成

全过程工程咨询服务模式的差异性源于不同的基本服务内容的组合方式。

因此，明确全过程工程咨询的基本服务内容是对全过程工程咨询服务模式进行分析与总结的前提条件。相关政策文件对全过程工程咨询服务内容的规定虽有差异，但在较高程度上存在内在一致性。例如 A9、A34、A37 均将基本服务内容规定为投资决策咨询、招标代理、勘察、设计、监理、造价、项目管理，A11、A17 又补充了其他咨询服务，综合上述核心观点，可以将全过程工程咨询的基本服务内容总结为以下八项：项目管理、设计、勘察、造价咨询、工程监理、投资决策咨询、招标代理、其他咨询服务。其中，投资决策咨询涵盖了可行性研究、前期策划、项目建议书等项目前期投资决策阶段的相关咨询服务，符合《关于推进全过程工程咨询服务发展的指导意见》相关规定，而其他咨询服务是指 BIM 咨询、绩效评价等创新型咨询服务。本篇后续对全过程工程咨询服务模式的总结将主要从这八项基本服务内容的组合方式展开。

(2) 设计和项目管理是主导性作用的两项基本服务内容

住建部《关于开展全过程工程咨询试点工作的通知》所列的第一批试点企业中，有 24 家设计单位和 16 家监理单位，四川、宁夏等地区试点方案中的企业构成也与之类似。这体现了由设计单位或者由监理单位牵头开展全过程工程咨询的政策导向（核心观点 A2、A15、A29）。值得注意的是，监理企业牵头背后所体现的实质上是项目管理的重要性。这是因为，监理企业长期处于向项目管理企业转型的进程中[146]。与其他咨询单位相比，项目管理企业有提供项目管理服务的天然优势，但仅就监理而言，它更多地服务于施工阶段，难以体现全过程工程咨询的牵头作用。而《关于促进工程监理行业转型升级创新发展的意见》也指出，监理企业要想发展全过程工程咨询，必须在原有基础性施工监理服务的基础上提升项目管理能力（核心观点 A4）。同时，江苏、广西、上海、陕西等地明确提出了项目管理主导的服务模式（核心观点 A19、A25、A35、A38）；同时也有大量的政策文件鼓励以设计为龙头的全过程工程咨询服务模式（A3、A5、A20、A27 等）。经过上述分析，不难发现全过程工程咨询开展的两种主要思路：设计主导或项目管理主导。

从内涵上看，设计对工程建设的全过程起到了先导和灵魂作用（核心观点 A3），是建筑产品能够按照业主要求高质量交付的前提条件和重要保障，并且其服务一般也会延伸至施工阶段（设计变更）；而项目管理则实现了对工程项目组织、技术、经济的整体统筹与管理，其服务阶段一般涉及项目建设的全过程。与其他服务内容相比，这两种服务对于项目影响是全局性的，且具有一定的特殊性和重要性。为突出二者的主导地位，可以进一步将上文总结的全过程工程咨询八项基本服务内容分为两大类：主导型基本服务（设计、项目管理）和专项型基本服务（勘察、造价咨询、工程监理、投资决策咨询、招标代理、其他咨询服务）。

（3）全过程咨询服务模式可由主导型基本服务＋专项型基本服务组合而成

在主导型基本服务（设计或项目管理）牵头的基础上，对其他专项型基本服务内容做适当延伸与整合，从而发展为多样的服务模式，这一思路可作为全过程工程咨询服务模式的后续分类与总结依据。

（4）政策文件对于全过程工程咨询服务模式的总结尚不完整、不充分

虽然，大多数政策文件都肯定了全过程工程咨询服务模式的多样性（核心观点 A24），但是尚无政策文件明确而完整地提出具体有哪些全过程工程咨询服务模式，仅有部分文件从单一视角提出了某一类可行的服务模式。例如，上文总结的项目管理＋专项服务模式（核心观点 A19、A25、A35、A38）；住建部以及部分地方的政策文件提出的设计＋专项服务的全过程工程咨询服务模式（A3、A5、A14、A27 等）；此外，各项咨询服务整体委托的一体化模式（核心观点 A16、A23）、专项咨询服务的组合委托模式也在部分政策文件中被提及。

上述政策文件所提出的服务模式虽然对后续研究有一定参考价值，但是尚未形成体系化的分类方式。此外，不能单纯依靠政策文件对全过程工程咨询服务模式进行分类与总结，有必要在政策分析的基础上，进一步整合专家观点和实践案例分析，得到更为系统化、体系化的研究结论。

3.2　基于专家观点的全过程工程咨询服务模式分类分析

3.2.1　专家观点收集

专家观点的收集主要采用两种方式：全过程工程咨询研修班讲师观点整合与学术文献。笔者深度参与了多期同济大学全过程工程咨询高端研修班，其讲师团队均为工程咨询产业界、学术界知名人士。本篇将上述讲师的授课 PPT、授课录像、授课记录中与全过程工程咨询服务模式相关的核心观点一一记录、整合，形成了本篇的专家观点来源之一。另外，本节所参考学术文献的作者也全部为建设工程研究领域知名教授，专家的权威性也保证结论的可靠性。各专家的基本信息如表 1.3 所示。

表 1.3 专家基本信息

编号	姓名	职务	观点来源
专家 1	丁士昭	同济大学建设管理与房地产系教授	学术文献
专家 2	邓晓梅	清华大学建设管理系副教授	学术文献
专家 3	尹贻林	天津理工大学管理学院教授	学术文献
专家 4	何清华	同济大学建设管理与房地产系教授	研修班授课内容整合
专家 5	杨卫东	上海同济工程咨询有限公司总经理	研修班授课内容整合
专家 6	龚花强	上海市建设工程监理咨询有限公司董事长兼总经理	研修班授课内容整合
专家 7	朱坚	上海第一测量师事务所有限公司总经理	研修班授课内容整合
专家 8	陈继良	同济大学建筑设计研究院有限公司副总裁	研修班授课内容整合

3.2.2 专家观点的整合与分析

对基于访谈和学术文献所得到的专家观点进行系统梳理与总结,结果如表 1.4 所示。

表 1.4 专家观点整合

专家姓名	核心观点
丁士昭	B1 工程咨询服务可分为两大类:与设计紧密相关的工程项目设计类服务;与管理紧密相关的工程项目控制与管理类[121]
	B2 全过程工程咨询服务模式可分为 A 模式、B 模式。A 模式可描述为设计＋项目管理＋(监理＋造价咨询＋……)、B 模式可描述为项目管理＋(监理＋造价咨询＋……)、设计另行委托[121]
	B3 应充分认识到设计的核心地位,发挥设计在全过程工程咨询中的引领作用[15]
邓晓梅	B4 全过程工程咨询须以设计为主导,向业主提供从建筑策划至设计全程(含策划、方案、扩初、招标图乃至施工图等)、招投标、造价、施工监理等"一条龙"的全过程工程咨询服务(建筑师负责制)[122]
	B5 具备项目管理服务能力的监理、项目管理企业充分发挥其全过程项目管理服务的专业化优势,提供以项目管理为主导的服务是发展全过程工程咨询的另一类重要模式[122]

续　表

专家姓名	核　心　观　点
尹贻林	B6 全过程工程咨询应当采用1+N模式,其中1为项目管理,N为其他服务[147]
	B7 全过程造价咨询也是全过程咨询的一种表现形式[46]
何清华	B8 工程咨询单位基于特定项目的特定情境,在明确自身工程咨询服务能力和整合能力的前提下,对工程咨询服务模式、内容和组织进行策划,向业主提出决策支持方案
	B9 投资者或建设单位基于特定项目的特定情境在明确自身管理团队组织策略的前提下,细化梳理工程咨询服务的需求和要求,明确工程咨询委托的组织模式和合同模式
	B10 项目交付产品的独特性、项目投融资模式的差异性、项目实施业主的多元性、业主组织模式的多样性、参建单位委托模式的丰富性,决定了全过程工程咨询服务模式的落地一定是百花齐放,多种模式并存
	B11 全过程工程咨询服务模式主要包括:专项型全过程工程咨询服务、组合型全过程工程咨询服务、特定投融资和发包模式下全过程工程咨询服务和创新型全过程工程咨询服务等
	B12 专项型全过程工程咨询服务是全过程工程咨询服务的基础,主要包括全过程项目管理、全过程QS咨询(含全过程造价咨询、全过程采购咨询等)、全过程BIM咨询、全过程设计咨询等
	B13 组合型全过程工程咨询服务包括全过程项目管理+工程监理、全过程项目管理+全过程BIM(管理)咨询+工程监理、全过程项目管理+全过程QS咨询或全过程造价咨询+招标代理(全过程采购咨询)+全过程BIM(管理)咨询、项目管理+工程监理+造价咨询+招标代理+BIM咨询+……等
	B14 特定投融资和发包模式下全过程工程咨询服务包括:PPP项目全生命周期管理咨询(投融资咨询+采购咨询+项目公司财务审计+绩效评价+……)、EPC/DB项目全过程管理咨询(项目管理+招标代理+工程监理+全过程造价咨询+……)等
	B15 体现全过程思想的"创新"工程咨询服务包括城市(园区、片区)综合开发总体项目管理、行业(品牌)设施群体工程项目管理
杨卫东	B16 目前工程监理服务以施工过程的质量安全监督管理为主,与原有的项目管理定位相偏离;监理企业若想发展全过程工程咨询服务,需要提升多元化服务能力,特别是基于自身优势发展项目管理能力,提供1(项目管理)+X的全过程工程咨询服务

续　表

专家姓名	核　心　观　点
龚花强	B17 项目管理牵头将成为全过程工咨询服务的主要服务模式之一
	B18 全过程工程咨询服务模式可以是项目管理＋(投资咨询＋施工监理＋招标代理＋造价咨询＋其他咨询)括号中任选一项或多项
	B19 以设计为龙头,开展全过程工程咨询,也是一种可行的服务模式。但是设计及工程总承包费用的人均产值远高于现场管理人均产值,所以设计型企业开展全过程工程咨询的意愿不高
	B20 将主要的全过程工程咨询服务内容两项及以上进行有效协同整合,就是一种全过程工程咨询服务模式
朱　坚	B21 国际工程咨询公司提供以设计为主体、包含项目管理及专项咨询的全咨服务,可作为国内全过程工程咨询服务模式的借鉴
陈继良	B22 建筑师负责制是以担任民用建筑工程项目设计主持人或设计总负责人的注册建筑师(以下称为建筑师)为核心,依托所在的设计企业为实施主体,以设计＋(施工监督、招标管理(代理)、投资决策)为主要服务内容,最终将符合建设单位要求的建筑产品和服务交付给建设单位的一种全过程工程咨询服务模式,是开展全过程工程咨询的有效形式

通过对 8 位专家的观点进行整合与分析,共得到 22 条专家核心观点。与政策文件相比,专家对于全过程工程咨询服务模式的阐述与分类更为清晰、直接,对基于政策文件得到的初步结论形成了有效的印证与补充。将专家观点与政策文件对比分析,可以得到以下结论。

(1) 设计与项目管理的主导地位得到进一步验证

尹贻林、杨卫东等人倡导以项目管理为主导的"项目管理＋N"全过程工程咨询服务模式(观点 B6、B16)。邓晓梅认为全过程工程咨询应当采用建筑师负责制,其服务内容为设计＋监理＋造价管理等(一般不包括项目管理);此外,具备项目管理服务能力的监理、项目管理企业充分发挥其全过程项目管理服务的专业化优势,提供以项目管理为主导的服务是发展全过程工程咨询的另一类重要模式(观点 B4、B5)。丁士昭将工程咨询服务内容分为工程项目设计类服务和工程项目控制与管理类服务,并特别强调了设计的重要性。同时参考美国和德国经验,将全过程工程咨询服务模式分为了 A、B 两类,A 模式可描述为设计＋项目管理＋专项咨询服务、B 模式可描述为项目管理＋专项咨询服务、设计另行委托(观点 B1、B2、B3)。陈继良、朱坚均认可设计主导的全过程工程咨询服务模式(B21、B22)。可以说,上述专家观点天然地分为了两个"流派",即以设计为主导的全过程工程咨询或以项目管理为主导的全过程工程咨询。这两种"流派"并非矛盾与冲突,而是互为支撑、互为补充,既符合政策文件的基本导向,也进一步确立了设计与项目管理的主导型地位。

(2) 对政策文件形成了有效补充

除了设计主导和项目管理主导两种思路外,部分专家还提出了其他全过程工程咨询服务模式,例如何清华提出的体现全过程思想的专项型、创新型服务模式,尹贻林提出的全过程造价咨询等(观点 B7)。龚花强则认为将八项全过程工程咨询服务内容中的两项及以上进行有效协同整合,就是可以称之为全过程工程咨询(观点 B20)。这些多元观点通常源自专家的自身知识经验与见解,既形成了对政策文件的有效补充,同时其可行性也需要实践案例的验证。因此,有必要广泛收集实践案例,对基于政策文件和专家观点得到的全过程工程咨询服务模式进行最终验证与整合。

3.3 基于实践案例的全过程工程咨询服务模式分类分析

3.3.1 实践案例收集

无论是何种全过程工程咨询服务模式,都应当符合工程项目和委托方的实际需求,有效服务于工程实践。自国务院办公厅发文以来,全过程工程咨询服务的试点招标在许多省份全面展开。本篇从全国公共资源交易平台网、全过程工程咨询试点省份的地方政府采购网站等多渠道,以"全过程工程咨询""全过程咨询"等为关键词,广泛收集 2017 年 3 月—2020 年 3 月全过程工程咨询项目招标文件。将各地招标文件进行汇总与筛选,并选取其中具有代表性的典型项目,最终共计得到 18 个省份的 132 个全过程工程咨询案例,每个案例所对应的招标文件都明确地提出了全过程工程的服务内容,结果详见附录 A。通过对服务内容进行梳理,运用 EXCEL 数据透视表分析,统计所有的全过程工程咨询服务内容的组合方式及其出现的频次,如表 1.5 所示。

表 1.5 全过程工程咨询服务内容组合方式分析

编号	服 务 内 容 组 合 方 式	频次
1	设计+项目管理+勘察+工程监理+造价咨询+招标代理	6
2	设计+项目管理+投资决策咨询+勘察+工程监理+造价咨询+招标代理	2

续 表

编号	服务内容组合方式	频次
3	设计＋项目管理＋勘察＋工程监理＋造价咨询	2
4	设计＋项目管理＋工程监理＋造价咨询	2
5	设计＋项目管理＋投资决策咨询＋工程监理＋造价咨询＋招标代理	1
6	设计＋项目管理＋勘察＋工程监理	1
7	设计＋项目管理＋工程监理＋造价咨询＋招标代理	1
	小　计	15
8	项目管理＋工程监理	21
9	项目管理＋工程监理＋造价咨询	19
10	项目管理＋工程监理＋造价咨询＋招标代理	18
11	项目管理＋投资决策咨询＋工程监理＋造价咨询＋招标代理	5
12	项目管理＋造价咨询＋招标代理	4
13	项目管理＋造价咨询	4
14	项目管理＋工程监理＋造价咨询＋招标代理＋其他专项咨询	4
15	项目管理＋投资决策咨询＋勘察＋工程监理＋造价咨询＋招标代理	3
16	项目管理＋投资决策咨询＋工程监理＋招标代理	2
17	项目管理＋工程监理＋招标代理＋其他专项咨询	2
18	项目管理＋工程监理＋招标代理	2
19	项目管理＋工程监理＋造价咨询＋其他专项咨询	2
20	项目管理＋造价咨询＋其他专项咨询	2
21	项目管理＋投资决策咨询＋造价咨询＋招标代理	1
22	项目管理＋投资决策咨询＋造价咨询	1
23	项目管理＋投资决策咨询＋工程监理＋造价咨询＋其他专项咨询	1
24	项目管理＋工程监理＋其他专项咨询	1
	小　计	92

续 表

编号	服 务 内 容 组 合 方 式	频次
25	设计＋工程监理＋造价咨询＋招标代理	2
26	设计＋投资决策咨询＋勘察＋工程监理＋造价咨询＋招标代理＋其他专项咨询	1
27	设计＋投资决策咨询＋勘察＋工程监理＋造价咨询	1
28	设计＋投资决策咨询＋工程监理＋造价咨询＋招标代理	1
29	设计＋勘察＋工程监理＋造价咨询	1
30	设计＋勘察＋工程监理＋招标代理＋造价咨询	1
31	设计＋工程监理＋招标代理	1
32	设计＋工程监理＋造价咨询	1
33	设计＋投资决策咨询＋工程监理	1
	小　　计	10
34	工程监理＋造价咨询＋招标代理	2
35	造价咨询＋招标代理	2
36	工程监理＋造价咨询	2
37	造价咨询＋招标代理＋其他专项咨询	1
38	工程监理＋勘察＋造价咨询＋招标代理	1
39	投资决策咨询＋工程监理＋招标代理	1
40	投资决策咨询＋工程监理＋造价咨询	1
	小　　计	10
41	造价咨询＋其他专项咨询	4
42	投资决策咨询＋造价咨询＋其他专项咨询	1
	小　　计	5
	总　　计	132

经统计,132 个全过程工程咨询项目出现了 42 种服务内容的组合方式。根据政策分析结论和专家观点,对这 42 种服务组合方式进一步分析与整合,可以对全过程工程咨询服务模式实现系统的分类与总结。

3.3.2 实践案例分析

参考政策文件及专家观点,考虑从设计主导、项目管理主导的角度对全过程工程咨询服务模式进行分类。首先,统计八项全过程工程咨询服务内容在 132 个项目中的出现频次,结果如图 1.6 所示。

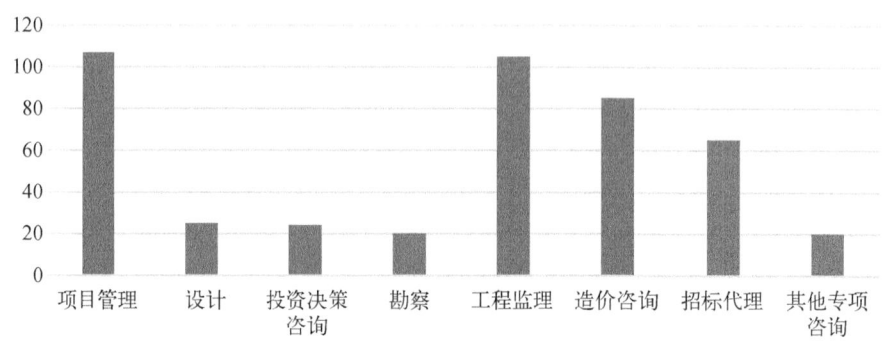

图 1.6　各项服务内容出现频次

结果显示,在这 132 个项目中,"项目管理"与"工程监理"的出现频次分别高达 107 次和 105 次,一方面凸显了项目管理的重要性,另一方面也证实了项目管理和工程监理的高度相关性。同时,观察到造价咨询和招标代理的出现频次虽然也较高,但是总是与项目管理或是工程设计同时出现,两类服务单独出现(不含设计和项目管理)的项目仅有 15 个,因此这两种服务具有较高的"跟随性"或"共现性",但不具备主导性,与上文研究结果并不矛盾。

在 107 个包含项目管理的全过程工程咨询项目中,有 92 个项目未包含设计服务,采用的是"项目管理+专项服务"的组合方式,这种模式与政策文件核心观点 A27、专家观点 B9 等具有内在一致性,这显然是一种重要的全过程工程咨询服务模式,本篇将其命名为"项目管理主导型"全过程工程咨询服务模式。

在 132 个项目中,有 15 个项目既包含了项目管理,又包含了设计,同时集成了监理、造价、招标代理等专项服务,呈现"项目管理+设计+专项服务"的组合方式。这种模式具有整体性、一体化的特点,与云南、湖南等地政策规定(核心观点 A16、A23)以及丁士昭等专家观点(专家观点 B2)相一致,本篇将其命名为"一体化"全过程工程咨询服务模式。

在剩余 25 个不包含项目管理的全过程工程咨询项目中,有 10 个项目都包含了设计服务,呈现"设计＋专项服务"的组合方式,且这 10 个项目的招标文件中大多规定了全过程工程咨询的总负责人/牵头方需为建筑师/设计单位,突出了设计的主导地位。这种模式符合政策核心观点 A5、专家观点 B4 的相关描述,本篇将其命名为"设计主导型"全过程工程咨询服务模式。

除此之外,还有 15 个全过程工程咨询项目既不包含设计服务,又不包含项目管理服务,主要为各专项服务之间的组合。其中,有 5 个项目采用造价咨询＋其他咨询服务的组合方式,而招标文件中所提及的其他咨询服务主要包括审计咨询、财务咨询等,属于广义造价咨询或 QS 咨询的范畴[97],实质上反映的是对项目全过程的造价控制。这种服务模式通常将某个单一的专项服务(如造价咨询、其他咨询服务中的 BIM 咨询等)在项目建设的各个阶段进行前后整合,与政策核心观点 A10 及专家观点 B7、B9,并且与全生命周期成本管理理论(LCC)相吻合,是一种符合全过程思想的专项型服务模式,本篇将其命名为"专项延伸型"全过程工程咨询服务模式。另外 10 个项目是不同类型的专项服务的组合,与政策核心观点 A26、讲师观点 B13 相吻合,本篇将其命名为"专项组合型"全过程工程咨询服务模式。

3.4 全过程工程咨询服务模式分类探讨

本篇运用三角验证的基本方法,通过多途径收集研究资料,从政策文件—专家观点—实践案例的三维视角对全过程工程咨询的服务模式进行了分类与总结。这种研究方式能够保证研究人员从多方位考察问题,并实现各方观点的相互印证,一定程度上解决了理论研究的构念效度问题,并使全过程工程咨询服务模式分类的研究结论在多维角度下实现了收敛[148]。最终结果显示,全过程工程咨询服务模式可分为 5 种基本类型,分别是"项目管理主导型""设计主导型""一体化""专项组合型""专项延伸型"。值得注意的是,何清华等提出,由于现实条件的复杂性,全过程工程咨询的服务内容涵盖范围极广、服务模式具有典型的多样化特征。本篇以综合性视角,将研究情境主要限于传统的项目类型和交付模式下,对于现有的全过程工程咨询服务模式进行了高度总结,暂时不考虑创新型、复杂交付和投融资模式下的全过程工程咨询服务模式。最终分类结果如表 1.6 所示。

表 1.6 全过程工程咨询服务模式分类结果

服务模式	典型子模式	政策核心观点	专家观点	实践案例
专项延伸型	全过程造价咨询 全过程 BIM 咨询 ……	A10	B7 B11 B12	洛阳伊水迎宾馆全过程造价咨询服务项目……
专项组合型	工程监理＋造价咨询＋招标代理＋投资决策咨询 工程监理＋造价咨询＋招标代理 ……	A26	B20	叙永新城 LNG 加气站项目全过程工程咨询服务……
设计主导型	设计＋工程监理 设计＋工程监理＋造价咨询 设计＋工程监理＋造价咨询＋招标代理 设计＋……	A3 A5 A20 A27	B3 B4 B19 B22	雄安商务服务中心项目全过程工程咨询服务……
项目管理主导型	项目管理＋工程监理 项目管理＋工程监理＋造价咨询 项目管理＋工程监理＋造价咨询＋招标代理 项目管理＋……	A19 A25 A35 A38	B5 B6 B13 B17 B18	马桥街道蔚蓝公寓项目全过程工程咨询服务……
一体化	设计＋项目管理＋勘察＋工程监理 设计＋项目管理＋勘察＋工程监理＋造价咨询 设计＋项目管理＋勘察＋工程监理＋造价咨询＋招标代理 设计＋项目管理＋……	A16 A23 A32 A33	B2 B21	中国电信陕西公司云计算（陕西）基地二期全过程工程咨询服务……

根据表 1.6 所示的分类结果，构建全过程工程咨询服务模式示意图，如图 1.7 所示。

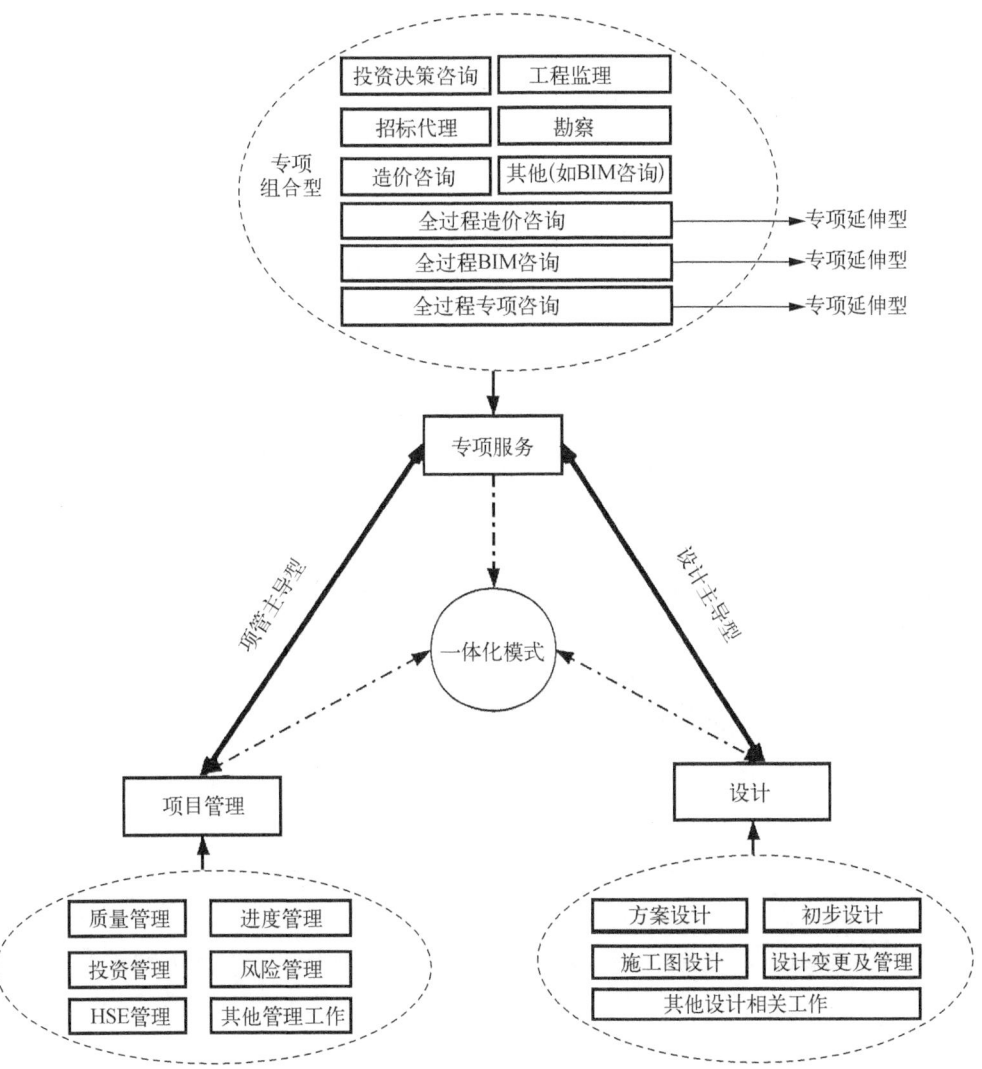

图 1.7　全过程工程咨询服务模式示意图

3.5　全过程工程咨询服务模式对比分析

上文将全过程工程咨询的服务模式分为专项延伸型、专项组合型、设计主导型、项目管理主导型、一体化五种基本类型。在实践中,工程情境和建设单位的需求都是多样化的,各种不同类型的全过程工程咨询模式都有其优缺点和情境适用性,需要通过进一步的对比分析,深入理解各个服务模式的基本内涵,为全过程工程咨询服务模式决策影响因素的识别提供参考。

3.5.1 分析视角的选择

全过程工程咨询的推广实施对工程咨询行业及其各方利益相关者的影响将是巨大而且深远的。站在不同利益立场,运用不同的研究视角,对各种实施模式的特征进行分析会有不同的结果。因此在开始各种模式的分析以前,有必要选择合适的研究视角以开展进一步探讨。

本篇力求运用一个相对宏观和客观的视角,结合国家有关全过程工程咨询政策文件,从顶层设计的初衷出发,结合专家访谈过程中收集到的对全过程工程咨询服务模式实施的有关意见,建立全过程工程咨询服务模式分析框架。

首先是建设单位管理集成能力、技术/设计能力提升的视角。全过程工程咨询模式提出的初衷,就是应对碎片化咨询服务模式下建设项目绩效低下的问题,期望通过咨询服务的整合,提升建设单位技术管理和综合集成能力,进而提升项目建设的绩效。因此能否提升建设单位技术管理和综合集成能力,应该成为全过程工程咨询服务模式相关研究的重要考量。

其次是促进工程咨询行业发展的视角。全过程工程咨询的另一个功能,是通过全过程工程咨询业务的实施的建设提升工程咨询行业的服务能力,培养一批具备高水平咨询能力和国际竞争力的工程咨询企业[21]。长期以来,我国建筑业施工承包企业的能力已经取得了重大的提升,已经有一批在全球范围内排名前列的工程施工企业走出国门参与国际市场的竞争,而且市场份额逐年提高,为我国"工程走出去"乃至"一带一路"倡议的实施作出巨大贡献,大大地提升了我国的国际地位和国家形象[149]。然而,在国际工程咨询市场,还缺少具备国际竞争力的国内咨询企业参与竞争,与此同时大型外资工程咨询企业反而逐渐占据我国重大工程的咨询市场[150]。在"一带一路"背景下,推行全过程工程咨询,培养一批具备高水平工程咨询服务能力和国际市场竞争能力的工程咨询企业,已经刻不容缓。

再次是工程咨询产业基础条件视角。全过程工程咨询在我国尚处于由试点专项推广的初期阶段,工程咨询产业链上是否具备足够多高质量的咨询企业、咨询团队人力资源,以支撑各种全过程工程咨询服务模式的全面展开,是产业界和学术界必须重视的问题。没有足够的资源支撑,就大范围开展全过程工程咨询服务结果就有可能是拔苗助长、涸泽而渔,难以保证工程建设绩效,并很可能进而陷入恶性循环,影响全过程工程咨询服务的发展。在我国连续40年大规模基本建设的培育下,工程咨询行业已经取得长足发展,集聚了一大批工程经验丰富、人力资源充沛、服务质量精良的咨询企业,但总体上对于高技术难度、高复杂性和高创意情境下的咨询能力仍显不足。从供给侧的角度看,工程咨询企业也应一方面结合自身资源禀赋探索适合本企业的全过程工程咨询服务模式,另一方面思考如何加强企业能力建设以应对更具挑战性的其他全过程工程咨询服务模式。

最后是项目治理结构的科学性视角。项目治理结构是指项目各参与方间权、责、利的相关制度安排[151],对项目的成功和绩效有重大影响[152]。通过项目治理结构的设置,项目各参与方间形成了一系列关系,并共同实现项目目标[153]。全过程工程咨询实现了对传统项目治理结构的重塑,且各服务模式之间所对应的项目治理结构也有所差异。全过程工程咨询情境下,项目业主方作为咨询服务的委托方,将在很大程度上通过咨询合同的委托将项目的控制权让渡给咨询单位。与传统的相对碎片化的咨询服务组织模式相比,全过程工程咨询的项目参建单位将变少,特别是对项目、业主方起到智力支持和知识贡献的咨询单位将大幅度减少。极端情况下,可能只有一家全过程工程咨询单位参与项目的咨询(一体化模式),客观上造成了业主方与全过程工程咨询单位的信息不对称地位,咨询单位的信息优势地位显著提高,有可能采取机会主义行为[154]。Homburg通过研究表明,随着咨询服务模式集成程度的提高,咨询方行为的可验证性将降低[155]。如果此时咨询单位采取一些逆向选择行为,由于信息不对称情况的加剧,业主方发现并采取治理措施的计划比较渺茫,甚至会出现咨询方道德风险问题。

从上述分析可知,不同全过程工程咨询服务模式带来项目治理结构变革而产生的影响是复杂的、各有利弊的。因此,本篇还将从项目治理结构角度出发,对各种全过程工程咨询服务模式进行简要分析。

3.5.2 专项延伸型服务模式特点分析

专项延伸型服务模式是一种仅对某专项咨询服务进行全过程委托的服务模式。考虑到本篇的分类已专门设置项目管理主导型、设计主导型等两种主流的服务模式进行专门探讨,专项延伸型服务模式中其他比较常见、典型的服务类型主要包括全过程造价咨询服务、全过程BIM咨询等,如知名工料测量顾问香港利比公司为上海中心大厦全过程造价咨询服务。在这种模式下,业主更加关注某一专业模块的全过程集成化管理并充分全过程、跨阶段、全生命周期目标控制的理念。

在建设项目既定委托某种专项咨询服务的前提下，将服务范围从工程建设的某一个阶段延伸至全过程，在绝大多数情况下能显著提升该专项服务的有效性[156]。工程建设的过程本身是一个系统工程，若咨询单位仅负责某一阶段的专项咨询服务，将无法实现咨询服务的系统性、完整性，进而影响服务效果。而在专项延伸型服务模式下，通过全过程的参与，拥有知识和信息优势的咨询单位更有可能发挥更大的作用，而且也更有利于咨询单位深入贯彻全生命周期目标控制的服务理念，有利于权责统一。

但是，这种模式对业主方整合能力的提升作用有限。以较为常见的全过程造价咨询、全过程BIM咨询为例，都是从某一目标控制维度或技术工具角度加强业主方的管控力量，但相较于项目管理主导型的服务模式，它们并不是以成建制、快速提升业主方的管理集成能力为服务导向。与其他四种服务模式相比，专项延伸型服务模式的管理集成化程度最低，各咨询单位之间的工作界面也较为复杂，对业主和项目管理单位的统筹协调能力提出了更高的要求。

对于提升业主方技术能力视角而言，专项型全过程咨询服务可以起到一定的积极作用。例如，有许多研究和实践案例都证明了全过程BIM咨询服务可以在很大程度上提升业主方的技术管理能力和项目的精细化管理水平[157]。对于项目技术难度较高的工程，业主方还会委托全过程设计管理咨询服务（因设计工作本身不包含在设计管理咨询服务包内，本篇将这种服务纳入专项延伸型模式），它是一种直接、快速提升业主方技术管理能力的服务类型。例如，上海中心项目聘请了上海某著名设计单位承担设计管理任务，上海环球金融中心项目聘请日本企业为主体的"设计监理"服务，都为工程建设提供了重要技术管理支撑。当然，不同的专项服务对业主方技术能力提升相互之间差异比较大，采用全过程造价咨询服务则难以起到和全过程设计管理服务、全过程BIM咨询服务相同的效果。

从咨询行业发展的促进角度看，专项延伸型咨询服务更加有利于企业做精做专，但难以培养具备国际竞争力的综合型咨询企业。当然，工程咨询行业的企业构成应该是多样化的，无论是"精而专"的专业型企业，还是"大而强"的综合型型企业，都是我国工程咨询行业的重要组成部分[158]。

从工程咨询产业基础条件视角看，专项延伸型全过程咨询服务的产业条件比较成熟，有一定的历史经验积累，适合大规模开展[46]。从传统专项咨询服务到专项延伸型咨询服务，其在核心咨询内容、控制目标以及人力资源需求等方面的变化相对其他模式而言更少，有利于原本就对专项服务比较熟悉的咨询企业快速开展服务。

从对项目组织结构的影响视角看,专项延伸型服务模式只是增强了"业主＋咨询"团队的力量,对整体项目组织结构没有发生变化,从组织结构角度诱发项目治理不良行为的可能性较小。

以全过程造价咨询、全过程BIM咨询、全过程设计管理咨询为代表的跨阶段延伸型服务模式符合全过程、跨阶段、全生命周期导向的管理理念,且在实践中得到了相对广泛的应用。从上述分析来看,这种模式是基于业主方结合自身某一方面的管控能力缺陷而对症下药式的咨询委托,它比较适合于业主具备较强的管理集成能力(或拟另行委托项目管理服务),而在技术管理或某项目标控制角度存在强烈需求的项目情境。

3.5.3 专项组合型服务模式特点分析

专项组合型服务模式是指全过程工程咨询合同包中既不包括项目管理服务、也不包括设计服务,仅将部分专项咨询服务根据业主需求进行有机整合的服务模式。这种模式下,业主单独委托设计服务,也可以再委托项目管理服务(有时项目管理工作由业主自行承担)。

与专项延伸型服务模式相类似,专项组合型服务模式对业主方整合能力的提升作用有限。以较为常见的造价咨询、工程监理、招标代理、BIM咨询等进行组合,可以从多个目标控制维度或技术工具角度加强业主方的管控力量,但相较于项目管理主导型的服务模式,专项组合型服务模式仍不是以成建制、快速提升业主方的管理集成能力为服务导向。业主方需要重视自身管理集成能力的建设,或委托项目管理服务。

对于提升业主方技术能力视角而言,专项组合型的全过程咨询服务是相对有效的服务模式,这和专项延伸型模式也是类似的。笔者认为,在对各专项服务进行组合的基础上,仍有必要将服务范围延伸至尽可能全的阶段,以体现全过程工程咨询服务的初衷。

从咨询行业发展的促进角度看,专项组合型服务模式赋予中小型咨询公司拓展全过程工程咨询业务的机会。一般而言,有能力提供一体化、设计主导型或项目管理主导型全过程工程咨询服务的企业均为大型设计院或综合型工程咨询企业,而不是目前我国建筑市场中存在着的大量中小规模的工程咨询企业。中小规模工程咨询企业一般不具备提供综合设计服务或项目管理服务的能力,但是在某些专项业务模块上有较强的实力。专项组合型服务模式能够赋予部分中小咨询企业参与全过程工程咨询项目的机会，并逐步提升其协调统筹和项目管理能力。因此，专项组合型服务模式更加有利于企业多元化发展，对于完善全过程工程咨询市场环境，提升工程咨询供应链企业整体水平具有积极的推动作用，在一定程度上能够促进培育"又大又强型"的具备国际竞争力优秀企业。

从工程咨询产业基础条件视角看，专项延伸型全过程咨询服务的产业条件也比较成熟，大规模开展的条件较好。经过数十年的发展，我国涌现出了一批具备多元化经营能力并具备工程监理、工程咨询、造价咨询、招标代理等多项咨询资质的工程咨询企业。这些企业多以一项专项咨询业务为主营业务，兼顾多项专项咨询业务的提供。采用这种服务模式，委托方具有相对比较充足的潜在合格供应商以供选择。

从项目治理结构的影响视角看，专项组合型服务模式增强了"业主＋咨询"团队的力量，相对提高了项目组织结构的整体性，但是从组织结构角度来看，引导治理项目不良行为的可能性仍然较小。

专项组合型服务模式是比较符合我国工程咨询行业现实环境和业主实际需求而出现的一类相对"中间阶段"的全过程工程咨询服务模式，具有重要的现实意义。由于各项专项服务本身就不在项目同一时间提供，专项之间开展组合就使得咨询单位在服务阶段上更加"全过程化"，从信息获取上更加多来源化，从控制目标的角度也更加系统化。从上述分析来看，这种模式是基于业主方结合自身某些方面的管控能力不足开展咨询委托，具有较强的灵活性，也比较适合业主虽然具备较强的管理集成能力（或拟另行委托项目管理服务），但是在技术管理或某项目标控制角度存在强烈需求的项目情境。

3.5.4　设计主导型服务模式特点分析

"设计主导型"是指以设计为主线，同时开展工程监理、造价咨询等专项咨询业务的全过程工程咨询服务模式。部分政策文件及专家学者也将这种模式称之为"建筑师负责制"。设计是工程项目的灵魂和载体，概念设计、方案设计、初步设计、施工图设计等各阶段的设计成果对项目策划、立项、施工、运行的全过程都起到了重要的引导作用。设计与施工的割裂被视为工程建设行业绩效低下的重要原因，设计主导型全过程工程咨询服务模式为解决设计与施工割裂的问题提供了新的途径和可能性。

设计主导型服务模式与"建筑师负责制"这一概念有相似之处。建筑师负责制源于国外，美国建筑师学会 AIA 合同体系中的 B141"业主与建筑师标准合同"以及 A201"施工合同通用条件"共同形成了建筑师负责制的合同基础。美国 AIA 合同体系清晰描述了建筑师的相关职责及建筑师负责制的服务内容：全过程设计及设计管理服务、施工监督服务、施工采购服务、评估与策划服务等。其中，施工监督服务包括审查和评估工程建设进程、核验及审批承包商报审文件、签发工程变更单和付款证明等，基本可以和我国工程实践中的工程监理业务相对应[159]。综上所述，设计主导型服务模式与建筑师负责制确实有高度的一致性。然而，在我国的工程实践中，建筑师负责制的概念得到了延伸和拓展，部分冠以"建筑师负责制"的工程项目也将项目管理服务整体委托给了咨询单位，在事实上形成了一体化的全过程工程咨询服务模式。因此，为防止混淆，提升概念界定的严谨性，本篇并未沿用"建筑师负责制"这一名词，仍将此模式命名为"设计主导型"全过程工程咨询服务模式。

由于本篇将包含工程设计、项目管理的全过程工程咨询服务归类为一体化服务模式，在设计主导型的模式下全过程工程咨询单位在设计服务的基础上整合了造价咨询、工程监理、招标代理等专项咨询服务，但不提供项目管理服务，因此对业主方管理集成能力的提升的强度仍弱于项目管理服务。这种服务模式下业主仍应重视自身的项目管理能力建设。

对于提升业主方技术能力而言，设计主导型的全过程工程咨询服务模式的作用是巨大的。基于设计服务本身的技术密集型特征，设计单位拥有工程咨询行业最充沛的技术储备，设计人员的技术在总体上是强于咨询人员的[122]。设计单位是产品初始设计意图的提出者，是产品品质的定义者。设计工作在项目实施过程中具有连续性，须确保设计理念、设计意图、技术指导在项目实施过程不间断落实，从而实现建设项目决策的初衷、提高建设品质。在工程采购、工程施工阶段，由设计单位提供专项的咨询服务，可以比较好地衔接设计与施工过程，使得设计意图在采购和施工阶段得到比较充分的落实。

从咨询行业发展的促进角度看，设计主导型咨询服务有利于培养"又大又强型"的具备国际竞争力优秀企业。国际上的优秀工程咨询企业，如 AECOM 等，多以设计业务为龙头主营业务。具备国际竞争力的工程咨询企业必须重视设计能力的建设[114]。采用设计主导型的全过程工程咨询服务，有利于在夯实大型设计单位技术服务能力的基础上，开展多元化经营，提升全方位的工程咨询能力，补齐短板。

从工程咨询产业基础条件视角看，设计主导型全过程咨询服务的产业条件也是比较成熟的，但业主方需要重视对设计单位提供专项服务能力的考察。设计行业处于工程咨询产业链的顶端,国内设计单位虽然也有开展多元化经营的趋势,但受到相关专项咨询服务附加值相对较低(监理等行业人均产值普遍低于设计行业)等方面的影响,设计单位开展全过程工程咨询的兴趣相对有限。这一点在前期专家访谈中得到了专家的印证和强调。

从对项目治理结构的影响视角看,设计主导型服务模式综合性较高,一定程度上增强了全过程工程咨询团队的信息优势,业主应重视自身项目管理集成能力建设。同时,重视对全过程工程咨询单位的协调、控制和激励,以促进合作,尽量避免投机行为的发生。

设计主导型的全过程工程咨询服务强化了设计单位在项目中的参与度和地位,可以在一定程度上更好地衔接设计和施工过程,带来工程建设绩效的提升,为设计单位开展多元化经营提供了更加广阔的市场。从上述分析来看,这种模式比较适合于业主具备较强的管理集成能力(或拟另行委托项目管理服务),同时在技术管理、项目品质控制角度存在强烈需求的项目情境。

3.5.5 项目管理主导型服务模式特点分析

"项目管理主导型"是以全过程项目管理服务为基础,整合造价咨询、招标代理、工程监理、BIM咨询等其他专项服务的全过程工程咨询服务模式。项目管理服务本身就具有"全过程"的特征,在项目的目标控制角度,项目管理服务也是从整体目标出发开展各项控制的,因此项目管理主导型服务模式天然地被视为全过程服务重要模式之一。从专家视角以及现有文献来看,多数专家都提出了"1+X"的全过程工程咨询组织模式,其中的"1"是指项目管理[33]。在推行全过程工程咨询服务之前,我国项目管理咨询服务已经得到一定程度上的应用,积累了很好的工程经验,市场接受度也比较高,这从本篇收集的74份近期公开招标的全过程工程咨询服务案例中可以看出。

项目管理服务是以通过整建制、快速化提升业主方管理集成能力为主要服务措施的一种专业化咨询服务。因此,项目管理主导型全过程工程咨询服务模式对业主方管理集成能力的提升是巨大的。项目管理的主要工作内容包括项目计划统筹及总体管理、前期工作管理、组织协调管理、设计优化及管理、进度管理、投资管理、质量安全管理、合同管理、风险管理、档案与信息管理、项目移交管理、风险管理等,基本覆盖了工程建设的所有领域,具有天然的统领作用和主导性地位。项目管理主导型的服务模式可以在项目推进过程中充分发挥项目管理的筹划、组织、管理和控制职能,并协调各专项服务的开展,以实现项目的建设目标。

从提升业主方技术能力的视角而言，项目管理主导型的作用与设计主导型相比相对有限。在该模式下，具体的设计任务往往单独委托给另一家设计单位（或由 EPC 总包负责），而全过程工程咨询方仅提供设计优化及管理服务。在项目推进过程中，客观存在的管理—设计界面有可能导致信息沟通不畅，从而不利于全过程工程咨询单位充分理解设计意图，最终导致设计—管理—施工的脱节，影响项目的最终交付品质。因此，委托方一方面应重视全过程工程咨询单位在技术管理能力方面的考察，在服务内容组合中也应考虑纳入 BIM 咨询等技术管理服务。

从咨询行业发展的促进角度看，项目管理主导型咨询服务也有利于培养大型的管理咨询型企业，但对促进"又大又强型"的具备国际竞争力优秀企业的培育存在明显的短板，即对企业设计能力的提升不利。设计服务是国内严格采用资质审批准入的行业，进入壁垒较高，通过企业自身开展设计团队的培养、设计资质的审批都需要很长时间。对于大量以项目管理为主营业务的工程咨询企业而言，应考虑通过兼并重组等途径快速提升设计和设计管理能力。这也是国家政策明文倡导的服务能力提升途径。

从工程咨询产业基础条件视角看，项目管理主导型全过程咨询服务的产业条件成熟。规模中等以上项目管理/监理企业，一般都拥有工程监理、造价咨询、招标代理、工程咨询等专项服务的资质，而且从访谈过程中作者也可以清晰地感受到项目管理企业、大型工程监理企业对于开展全过程工程咨询服务的热情高涨。项目管理主导型是目前使用次数最多、发展最为成熟的全过程工程咨询服务模式，相关的理论研究、配套制度较为齐全。即使在全过程工程咨询服务推广以前，项目管理服务也已经成为工程管理咨询市场的一种主流模式，有许多成功实施的案例。在实践中，咨询单位也逐渐摸索出了一套完整的实施流程以指导该服务的开展。

从对项目组织结构的影响视角看，项目管理服务的提供在很大程度上改善了业主＋管理咨询团队相对于设计团队和施工团队的信息劣势地位，非常有利于抑制项目建设主要参与单位投机行为。

项目管理主导型的全过程工程咨询服务强化了项目管理单位在项目中的参与度和地位，快速提升了业主方的管理集成能力和技术管理能力，改善了代表业主方利益的团队的信息劣势处境。总体而言，项目管理主导型的全过程工程咨询服务模式实用价值高、适用性较强。可以预见，在相当长的一段时间内，这一模式仍然将是主流的全过程工程咨询服务模式。当然，对于业主本身就具备较强的管理集成能力的项目,如房地产开发企业,这种模式起到的作用就没有那么明显。

3.5.6 一体化服务模式特点分析

一体化模式将设计、项目管理、专项服务打包在一个全过程工程咨询合同中,其中,设计和项目管理是必选项,其余的专项服务是可选项。有能力提供该服务的企业大多为大型设计院、综合型工程咨询公司或形成整合产业链资源的联合体。采用这种模式,全过程工程咨询单位既承担项目管理任务,又承担工程设计任务,成为工程建设过程中最重要的参建单位。这种模式目前实施的案例相对较少,但从笔者收集到的部分案例来看,这种模式运用妥当时可以对工程建设绩效起到巨大的促进作用。例如海南铺前跨海大桥工程,由具备全产业链整合能力的中国公路咨询集团公司提供包含设计和项目管理服务在内的全过程工程咨询服务,项目建设各项绩效指标优异。

一体化模式是整体性、集成化程度最高的全过程工程咨询服务模式。从集成管理理论的视角来看,一体化模式将原本由多家单位分别提供的设计、项目管理、监理、造价等服务委托给一家企业或联合体,简化了组织界面,实现了项目的组织集成;一体化模式下,全过程工程咨询服务方一般从项目立项或初步设计阶段就参与项目,为项目提供以最终运营为导向的全过程管理,实现了项目的过程集成;一体化模式下,提供设计、项目管理、监理等服务的咨询团队来自同一家企业或联合体,沟通成本较低,各阶段、各模块的咨询成果能够为下一阶段或其他模块的咨询服务提供依据,减少了信息孤岛现象,实现了项目的信息集成。一体化服务模式既有设计主导型服务模式对业主方技术管理能力提升的优势,又有相关主导型服务模式对业主方管理集成能力的优势,如果能够妥善地解决对全过程工程咨询单位的控制和激励问题,就是一种比较理想的服务外包模式。

从咨询行业发展的促进角度看,一体化服务模式最有利于促进"又大又强型"的具备国际竞争力优秀企业的培育。咨询企业可以通过众多项目机会的锻炼,在技术和管理以及两者集成方面获得长足的进步。

从工程咨询产业基础条件视角看,一体化服务模式的产业基础条件较为薄弱。前文结合设计主导型模式分析已阐述设计单位对全过程工程咨询服务的热情较低,一方面是因为相关服务牵涉设计人员的精力过多,另一方面原因是设计以外的其他咨询如监理、项目管理人均产值低,服务附加值低。从项目管理为主营业务的企业角度来看,前文结合项目管理主导型模式分析已阐述设计行业进入壁垒较高,项目管理企业参与一体化服务模式的竞争存在技术落差和"资质鸿沟"。当然,通过工程咨询产业内部各行业之间的兼并重组、资源整合,可能会成为探索供给侧改革提供一体化全过程工程咨询服务的一条捷径,但当前实施一体化全过程工程咨询服务的产业基础条件仍相对薄弱,需要进一步的行业提升与整合。

从对项目组织结构的影响视角看,一体化服务模式下项目形成了业主—承包商—全过程工程咨询企业的三方关系,项目整体组织结构发生一些变化,业主方相对于咨询方的信息劣势被无限放大。全过程工程咨询企业由于承担了项目管理、设计和专项咨询任务,因为它既是代理方,又承担了委托方的治理职能,所以从项目治理的角度而言存在着一定的道德风险问题。因此,业主方必须高度重视对包含设计、项目管理双重任务的全过程工程咨询单位的协调、控制和激励,建立超越合同关系的信任。

一体化服务模式是最大化包含工程咨询工作内容的一种全过程工程咨询服务模式,对工程建设绩效提升、工程咨询产业发展将起到巨大的促进作用。业主方采用这种模式,必须深入考察潜在合格供应商在技术和管理两方面的能力,并要充分地考虑治理机制的设置。

3.5.7 对比分析结果汇总

上文对 5 类全过程工程咨询服务模式进行了对比分析,将分析结果总结如表 1.7 所示。

表 1.7 各项服务模式对比分析结果汇总

服务模式	集成程度	业主能力提升	行业培育	产业基础	治理结构
专项延伸型	低	一般	培育"小而精"企业	成熟	对项目治理结构影响较小
专项组合型	较低	一般	促进小型咨询企业业务拓展	比较成熟	对项目治理结构影响较小
设计主导型	较高	技术能力提升	培育"大而强"的国际型企业	比较成熟	增强咨询团队信息优势,有发生投机行为风险

续表

服务模式	集成程度	业主能力提升	行业培育	产业基础	治理结构
项目管理主导型	较高	管理能力提升	培育大型的管理咨询型企业	比较薄弱	优化项目治理结构
一体化	高	综合能力提升	培育"大而强"的国际型企业	薄弱	治理结构相对简化,业主处于信息劣势,存在咨询方道德风险问题

3.6 国内外工程咨询服务模式对比

目前我国全过程工程咨询服务模式可分为专项延伸型、专项组合型、设计主导型、项目管理主导型、一体化五种基本模式,这种分类方式是基于我国工程咨询行业的基本现状得到的。在国外,虽然并没有提出过明确的全过程工程咨询相关概念,但是工程咨询行业的发展却更加成熟,咨询服务的供给方式与国内全过程工程咨询既有所区别,又有所联系。

具体而言,专项延伸型服务模式在国外工程咨询行业有着广泛的应用。例如,国外的工料测量(QS咨询)与我国以造价为核心的专项延伸型服务内涵基本一致。国际QS咨询服务以造价控制为核心,为业主提供从投资决策阶段到竣工结算阶段的全过程咨询服务。在国际工料测量模式下,业主仅需聘请一家咨询顾问完成相关工作,体现了专项服务全过程、集成化的特点[97]。由于我国工程咨询行业经历了较长时间的碎片化发展历程,各专项服务的门类较多、区分较细,因此衍生出了不含设计和项目管理,将其他专项服务按业主需求进行打包的专项组合型这种特定的服务模式需求,这类服务模式在国外相对较为少见。

设计主导型、项目管理主导型模式在国外较为常见、应用广泛。例如上文所提及的建筑师负责制基本对应设计主导型服务模式;而国外通常采用的项目管理与监理一体化[160]、丁士昭所阐述的B模式(项目管理+其他专项服务,不含设计)与项目管理主导型服务模式有一定的相似性。

最后,一体化模式是最符合全过程工程咨询理念、集成程度最高的服务模式,但由于咨询产业基础薄弱、咨询单位能力较低、配套政策不完善等原因,这种服务模式在我国的应用并不广泛,典型案例数量较少。然而,在国外,由于工程咨询行业发展较为成熟，咨询服务集成化、咨询企业综合化程度更高，工程咨询的服务范围和管理边界不断拓展，基本涵盖了工程项目的从前期决策到设施运维的全生命周期，所以一体化的工程咨询服务模式应用十分广泛。以法国德希尼布公司为例，经过60余年的发展，该公司已形成了贯穿项目建设全过程的咨询服务模式，能够为业主提供一体化的咨询服务，其基本服务内容如图1.8所示。

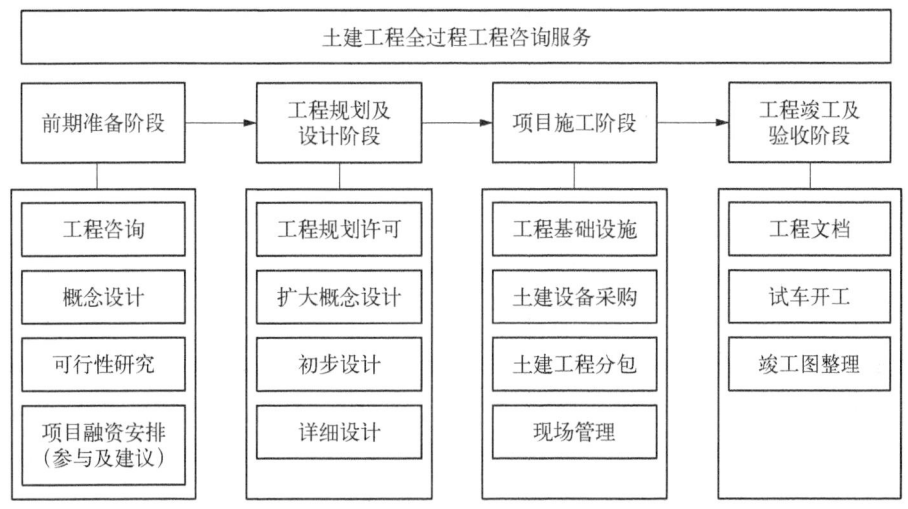

图 1.8　国外企业典型的一体化咨询服务模式

我国全过程工程咨询服务模式与国外咨询行业有一定的相似性，但是整体发展尚不完善，一体化模式的应用条件尚不成熟，需要通过政策扶持、企业培育、产业发展等手段进一步提高咨询企业提供集成化服务的能力。同时，在承认我国与国际工程咨询行业现实差异的基础上，根据我国实际情境，对各类全过程工程咨询服务模式进行细分，并研究业主在选择服务模式时应当考虑的影响因素，有一定的现实意义。

第 4 章　全过程工程咨询服务模式决策影响因素识别

4.1　基于扎根理论的全过程工程咨询服务模式决策影响因素识别

影响业主方全过程工程咨询服务模式选择决策的因素众多,而目前可参考的研究成果主要集中于工程交易模式的影响因素,尚无与本篇直接相关的高质量文献。因此,为尽量全面识别典型的影响因素,增强科学性和客观性,本节拟依据扎根理论,通过收集研究资料、专家深度访谈等方法,确定全过程工程咨询服务模式选择的影响因素。通过扎根理论建立影响因素模型是其他领域常用的研究方法之一[161-163]。

4.1.1　扎根理论

扎根理论是格拉斯和施特劳斯于 20 世纪 60 年代提出的一种质性研究方法。常应用于社会研究中,研究未知的、但据推测符合实际的情况,该方法基于系统化的流程,以实际经验和原始资料数据分析为基础构建理论[161]。扎根理论要求研究者不能预先给出理论假设,理论应当从社会现象和研究过程中获得[162]。经过学者对扎根理论的不断发展与完善,扎根理论已成为一套完整的方法论体系。

与量化实证研究的思路不同,扎根理论的研究思路为自下而上构建相关理论,遵循"理论构建源于经验"的基本观念[163]。扎根理论的研究体系规范,分析过程严谨科学,根植于原始经验与数据,并且能够被有效验证。扎根理论的研究过程保证了理论构建的科学性和严谨性,从而提高了此方法的解释力和信度。因此,扎根理论被公认为定性研究中最适合进行理论构建的方法论[164]。

根据扎根理论的基本方法,本章对全过程工程咨询服务模式决策影响因素的研究主要分为五个阶段,并在分析中不断比较理论框架和实际资料,形成了归纳演绎的过程。这五个阶段分别是数据资料收集、开放式编码、主轴编码、选择性编码、理论饱和度检验。数据资料收集,其中,数据资料主要通过访谈、案例等形式获得;开放式编码对收集到的数据资料进行深入分析和概念标注,并根据分析结果形成研究范畴;主轴编码阶段将更深入挖掘研究范畴之间的联系,从而形成主范畴;选择性编码聚焦于核心范畴,系统建立核心范畴与相关范畴之间的关系;最后,验证研究结果是否在理论上饱和。

4.1.2 数据资料收集

鉴于与本章直接相关的文献材料较少,基础资料主要来自访谈调研、案例、政策文件等。

其中,案例主要来自第三章所列资料(招标文件),并适度增加了"海文大桥全过程工程咨询案例""港珠澳大桥管理创新与实践案例""宁波市 110 kV 大河变迁扩建项目全过程工程咨询案例""长沙梅溪湖国际文化艺术中心管理咨询案例"等,案例内容较为详实,共整理得到 10 万余字的相关材料,并重点梳理分析案例中关于服务模式、服务内容选择影响因素的相关表述。政策文件主要为中央及各省份全过程工程咨询相关政策文件,重点梳理对模式选择的相关规定。

访谈以电话录音访谈为主,采用半结构化形式,研究者依照访谈大纲,提出与全过程工程咨询服务模式选择决策相关的一系列问题,由受访者根据自身经历与认知,对问题做出发散性的回答。问题包括:① 全过程工程咨询有哪些服务模式;② 在选择全过程工程咨询服务模式时应当考虑的主要因素;③ 其他开放性问题。在访谈过程中,需注重对受访者深入引导,以挖掘出真实而又有深度的观点。本章的访谈对象主要为全过程工程咨询研修班教师、部分高校学者等,共计 8 人。每次访谈时间大约 20~40 分钟,主要问题包括受访者个人信息、参与或了解的全过程工程咨询项目使用了何种服务模式、认为在选择全过程工程咨询服务模式时应当考虑哪些因素、是否参与过相关决策及决策过程,等等。除部分结构化问题外,还会根据受访者背景进行调整,给受访者充分的观点表达空间。访谈结束后,将访谈录音转化为文字,得到了共计 4 万余字的访谈材料。

案例、政策文件及专家访谈材料构成了扎根理论研究的基础资料。随机选择基础资料中 2/3 部分用于编码分析,剩余部分用于饱和度检验。

4.1.3 开放式编码

开放式编码的目的对原始资料中语句进行分解、重组与分析,归纳属性和特征相似的概念,提炼为不同的范畴[165]。从 2/3 基础资料中的语句中共分析整理得到 118 条原始语句和相应的初始概念。对初始概念进一步提炼与分析,最终得到 13 个范畴。开放式编码所得到的范畴提炼结果如表 1.8 所示,为节省篇幅,每个范畴仅展示 1~3 个代表性原始语句和对应的初始概念。

表 1.8 开放式编码结果(部分)

编号	范 畴	原始语句和初始概念
1	项目复杂性	该项目为全省第一座全地下变电站,技术复杂程度高(项目技术复杂性)
		海文大桥从项目本身、建设目标、组织结构、建设过程视角,都是一项复杂系统工程(项目目标、组织复杂性)
2	项目目标优先级及整体目标控制难度	国内高铁车站片区基础设施工程建设指挥部首次引入总体项目管理咨询团队,以进度为关键主线,强调战略性、系统性和前瞻性进度总体统筹、协调与控制(进度管理目标优先)
		设计主导模式下,设计和施工的数据可以完整地传递,通过完整的健康监测,可以随时知道桥梁的"健康情况"(质量管理目标优先)
		港珠澳大桥是国之重器,要打造为中国桥梁的名片,总体管理目标极高(项目整体管理目标难度)
3	市场中一体化综合性工程咨询企业的充沛度和胜任力	我们不会让轻易让人做包含所有的一体化全过程咨询,因为市场上比较缺乏真正具备综合能力的大型咨询公司,许多公司没有管理这种大开发项目的能力(综合型咨询公司充沛程度)
		通过多年积累和发展,中咨集团业已成为工程建设领域技术领先、实力雄厚的一流综合性服务提供商,业务横跨公路、能源、冶金、城建……覆盖建设全行业的一条龙全过程服务能力(综合型咨询公司胜任力)
4	业主方内部资源整合能力	业主方是重大基础设施工程的总集成者,在整个项目的组织、管理、控制、协调等方面具有最高的权力。但是一方面由于我国市场机制发展的不成熟,作为建设投资主体的业主方在重大工程内部资源整合能力方面存在一定的欠缺(内部项目资源整合能力不足)
		考虑到重大基础设施工程的业主一般为政府部门,在整合业主方管理团队方面存在一定的限制(内部人力资源整合能力不足)
5	项目投资主体	在民用建筑中,推荐采用建筑师负责制(民营投资项目)
		实际上,从目前全过程工程咨询的推行实践看,影响业主方决策的还有项目的投资主体,比如政府投资项目在采用一体化模式时,费用较高,需要额外付出全咨服务费,资金难以落实和计列(政府投资项目)

续 表

编号	范 畴	原始语句和初始概念
6	业主方是否存在项目管理类战略合作伙伴资源库	在昆明市综合交通国际枢纽项目的前期沟通中,项目团队多次强调项目管理的重要性,随着双方交流的深入及伙伴关系的形成,业主认识到了项目管理的重要性,并决定用这种模式展开招标(项目管理战略合作伙伴关系)
		在此期间,我们积极与大型央企、国企业主形成战略合作关系,顺利开展了项目管理主导型服务(项目管理战略合作关系)
7	项目类型	全过程工程咨询服务内容(模式)根据项目类型确定(项目类型)
		大科学技术问题已由专业的科研单位解决,但是建设项目管理难度大,需要项目管理主导下的全过程咨询服务进行统筹(大科学项目类型)
8	业主外部资源整合能力	海南海文大桥是政府提供的社会公共产品,具有重要社会影响,若仅仅依靠业主能力进行外部工程资源整合……不但需要经过长期磨合,更有可能导致管理效率、管理成本等问题,造成巨大的管理风险(业主外部整合能力不足)
		与业主相比,咨询服务承包商能够通过专业实力积极组织各项资源的集中投入,充分发挥自身的主办作用,提高资源配置效率(业主外部资源配置效率不足)
9	项目发包模式	当工程总承包已经含了设计的相关任务后,作为工程咨询只能做相应的设计优化,也就是无法选择设计主导型(承发包模式)
		不同的工程项目建设模式,造就了美国不同的全过程工程咨询服务的运作模式(项目建设模式)
10	市场中项目管理业务为核心的综合型咨询单位充沛度和胜任力	创立伊始,晨越建管即以项目管理为主营业务。如今,在"内强外拓"的思想指导下,晨越建管拥有多项专业资质,业务涵盖全过程工程咨询(项目管理企业胜任力)
		总的看来,较多具有丰富现场管理经验型企业更加渴望发展全过程工咨询。而目前采用服务模式项也是基本以项目管理为主导,因此管理类企业(包括监、项目)通过转型升级后将成为提供全过程工咨询服务的主力军(符合业主要求的项目管理型综合咨询企业数量和胜任力)
11	业主方对不同模式工程咨询费用总支出的理解和认识,以及其敏感性	比如单纯的专项组合型服务按各专项服务酬金叠加后还要再增加综合管理费,业主难以接受。业主认为不但不应收统筹管理费,还应按各专项服务酬金叠加后给他们一定的优惠,让他们省钱、省心,才能让他们对该模式有一定的接受度(业主对特定模式费用支出的理解)
		项目业主另行支付了占总造价约2.5%的全过程工程咨询协调费,但业主方最终却认为多花了钱却并没什么用,因而认为一体化服务模式不值得花过多的费用(业主费用敏感性)

续 表

编号	范畴	原始语句和初始概念
12	项目运维属性	地产公司需要将项目快速销售以促进回款,因此十分重视项目的进度管理,对项目管理型服务有一定的需求(交付后直接出售)
		因为这个项目后期由业主直接使用,对项目品质和品位要求极高,适合于建筑师负责制(后期运维业主自用)
13	业主方项目管理特定模块能力缺失情况	全过程造价咨询服务可以有效弥补业主投资管控能力的缺失,由咨询团队协助项目建设单位(业主)建立事前、事中和事后的工程造价控制工作体系(业主投资管控能力缺失)
		招标管理工作具有一定复杂性,全过程招标代理能够弥补业主招标能力的不足,由招标代理单位进行工作的开展与外部单位的联系与协调,并协助业主办理各类手续,是对业主自行招标模式的一种补充(业主招标管理能力不足)
14	业主单位性质	项目实施业主的多元性决定了服务模式的多样性(业主单位性质)
		如2019年雄安新区发布的招投标管理办法,明确提出使用业主单位为政府的项目应实行全过程工程咨询服务,从而带动了该模式在雄安新区的实施和应用(项目业主类型)
15	市场中设计为核心业务的综合性工程咨询企业沛充度和胜任力	据悉,业内知名的房地产企业,曾想把复合型工程设计及施工管理工作,委托给具有全过程工程咨询服务能力的工程顾问企业,但最终因没找到这样的咨询服务商而不了了之(符合业主要求的设计综合性咨询单位数量)
		虽然设计单位拥有大量的设计人才,也在向综合型方向发展,但要开展全过程工程咨询服务所需的具备综合能力的人才十分缺乏(综合设计企业人员胜任力)
16	项目规模	针对海南海文大桥规模宏大……的特点,决定对海文大桥采取"委托全过程、全方位项目管理模式"(建设规模)
		该项目整体投资额较大,对全过程造价咨询有较强的需求(投资规模)
17	业主方专项咨询类战略合作伙伴资源情况	造价咨询企业通过提升企业的品牌形象、形成与业主的战略合作关系,是在市场竞争获得成功、推进全过程造价咨询的重要策略(专项型服务战略合作关系)
		由于该项目的全过程BIM咨询服务取得了良好的效果,我们与业主形成了合作伙伴关系,在后续其他改扩建项目中,业主仍采用了该模式,并与我们继续合作(BIM咨询单位战略合作伙伴关系)

续　表

编号	范　畴	原始语句和初始概念
18	业主方设计类战略合作伙伴资源情况	鉴于公司与业主的历史合作情况,在该项目的启动阶段,业主方就邀请本公司参与项目的筹备和策划工作
19	业主方对不同服务模式的认知度和认可度	业主方最高决策者对特定全咨服务模式的认知很重要(业主决策者对特定服务模式的认知程度)
		永远记住,买卖,客户不想买,我们很难卖;永远记住,买卖,客户很想买,我们能够卖(客户/业主对特定服务的偏好和认可度)
20	业主方技术管理能力	若业主是专业技术能力不强的政府部门,而各家咨询公司实力都比较强,且工程本身各个模块互相之间划分较为清晰,可以按照流程顺利作业,则适合采用该种组合方式(业主专业技术能力)
		在我国,由于管理体制等问题,建筑师(设计院)只能被动根据业主方的设计任务书进行设计。然而,由于业主设计策划和设计管理能力较弱,往往无法充分考虑项目目标的全局性、方向性问题,所以导致后续施工过程不断地出现设计变更,损害了项目整体品质,因此全咨服务应当以设计为主导(业主设计管理能力不足)
21	业主方追求创新的主动意识和动力	以设计/技术为导向的全过程工程咨询服务,有利于设计人员参与现场收获的经验,也有利于后续工程设计的改进、创新,提升设计水平,使工程实践起到推动技术进步和技术创新的作用(技术创新动力和意识)
		港珠澳大桥追求建立HSE、信息系统、工业化生产等跨域创新管理机制(管理创新意识)
22	项目所在地政策对全过程工程咨询服务特定模式委托的支持和扶持程度	需要有相应的法律确保在项目执行过程中全过程工程咨询单位有话语权(法律环境支持程度)
		海南省交通厅作为重大基础设施建设海文大桥的业主方,也彰显了海南创新发展的一面,积极响应当前国家及行业政策方针,作为国家政策先行者率先探索全过程工程咨询服务机制、模式类型及实现途径(鼓励政策支持)
23	业主项目管理能力	业主人员配备、业主工程管理经验对于选择服务模式均有较大影响(业主人员能力和项目管理经验)
		业主在选择不同服务模式时应考虑自身项目管理能力(项目管理能力)

续 表

编号	范 畴	原始语句和初始概念
24	市场中工程监理或造价（QS）等专项咨询为核心业务的工程咨询企业充沛度和胜任力	目前，我国造价咨询企业普遍存在员工专业知识不足、自我学习意识较差，难以胜任目前大部分全过程造价咨询需求的现象（造价咨询企业胜任力不足）
		目前，我国工程监理企业数量表面呈现增长趋势，但仍存在行业吸引力低、队伍稳定性差、队伍综合素质较低等问题，亟需进一步转型升级，以具备提供全过程咨询服务的能力（监理企业数量和胜任力）
25	业主单位类型	对于开发商采用集成程度很高的一体化全过程工程咨询模式可能存在很大的阻碍，他们有自己的一套管理模式，并且应用熟悉，不一定会接受这种一体化模式，倒是有可能把几个专项咨询打包委托（业主单位具体类型为开发商）
		考虑到当前国网公司组织管理模式，近期主要应在电网基建工程建设实施阶段推行由业主委托专业化咨询公司提供专项组合型服务（业主单位为能源行业企业）
26	业主方践行企业社会责任的主动意识和动力	业主是否积极响应国家或当地政策，参与创新模式的试点，承担社会责任，也对选择结果产生影响（业主社会责任意识）
		港珠澳大桥已正式通车运营，将朝着"为用户提供优质服务、运营世界品牌、创造社会和经济价值"的营运目标昂首出发，为粤港澳大湾区的建设点燃融合发展的引擎（业主助推社会发展的意识）

4.1.4 主轴编码

主轴编码是对开放性编码得到的范畴进行进一步抽象与整合，发现各范畴之间的联系，并最终提取主范畴的过程[166]。通过研究开放式编码得到的26个范畴之间的内在联系，形成4个主范畴。分别是项目本体属性、项目交付属性、业主综合属性、政策和市场环境属性，如表1.9所示。

表1.9 主轴编码结果

编号	主范畴	相 应 范 畴
1	项目本体属性	项目投资主体
		项目类型

续　表

编号	主范畴	相　应　范　畴
1	项目本体属性	项目规模
		项目复杂性
2	项目交付属性	项目目标优先级及整体目标控制难度
		工程发包模式
		项目运维属性
3	业主综合属性	业主单位性质
		业主单位类型
		业主方项目管理能力
		业主方技术管理能力
		业主方项目管理特定模块能力缺失情况
		业主方内部资源整合能力
		业主方外部资源整合能力
		业主方设计类战略合作伙伴资源情况
		业主方项目管理类战略合作伙伴资源情况
		业主方专项咨询类战略合作伙伴资源情况
		业主方追求管理创新的主动意识和动力
		业主方践行企业社会责任的主动意识和动力
		业主方对不同服务模式的认知度和认可度
		业主方对不同模式工程咨询费用总支出的理解和认识，以及其敏感性
4	政策和市场环境属性	项目所在地方政府对全过程工程咨询服务特定模式委托的支持和扶持程度
		市场中一体化综合性工程咨询企业的充沛度和胜任力
		市场中设计为核心业务的综合性工程咨询企业的充沛度和胜任力
		市场中项目管理为核心业务的综合性工程咨询企业的充沛度和胜任力
		市场中工程监理或造价(QS)等专项咨询为核心业务的工程咨询企业的充沛度和胜任力

4.1.5 选择性编码

运用选择性编码进一步探究核心范畴与 4 个主范畴、相关范畴之间的关联关系。本篇的核心范畴为"全过程工程咨询服务模式的决策",主范畴的关系结构如表 1.10 所示。

表 1.10 选择性编码结果

典型关系结构	内　　涵
项目本体属性→全过程工程咨询服务模式的决策	项目投资主体、项目类型、项目规模以及项目复杂性,会对全过程工程咨询服务模式的选择决策产生影响
项目交付属性→全过程工程咨询服务模式的决策	项目目标实现的优先级排序、工程发包模式以及项目运维属性,会对全过程工程咨询服务模式的选择决策产生影响
业主综合属性→全过程工程咨询服务模式的决策	业主单位性质、业主单位类型、业主方项目管理能力、业主方技术管理能力、业主方项目管理特定模块能力缺失情况、业主方内部资源整合能力、业主方外部资源整合能力、业主方设计类战略合作伙伴资源情况、业主方项目管理类战略合作伙伴资源情况、业主方专项咨询类战略合作伙伴资源情况、业主方追求管理创新的主动意识和动力、业主方践行企业社会责任的主动意识和动力、业主方对不同服务模式的认知度和认可度、业主方对不同模式工程咨询费用总支出的理解和认识,其敏感性,会对全过程工程咨询服务模式的选择决策产生影响
政策和市场环境属性→全过程工程咨询服务模式的决策	项目所在地地方政府对全过程工程咨询服务特定模式委托的支持和扶持程度、市场中综合性工程咨询企业的充沛度和胜任力、市场中设计为核心业务的综合性工程咨询企业的充沛度和胜任力、市场中项目管理为核心业务的综合性工程咨询企业的充沛度和胜任力、市场中工程监理或造价(QS)等专项咨询为核心业务的工程咨询企业的充沛度和胜任力,会对全过程工程咨询服务模式的选择决策产生影响

选择性编码结果显示,"全过程工程咨询服务模式的决策"这一核心范畴受到项目本体属性、项目交付属性、业主综合属性、政策和市场环境属性这四个主范畴的影响。在实际案例中,根据这四个主范畴的基本情况,可以对比选择合适的全过程工程咨询服务模式。

将剩余的 1/3 基础资料用于理论饱和度检验。对资料进行重新编码,对比检验过程生成的范畴与上述形成的范畴，发现并没有产生新的范畴和关系，则进一步验证了核心范畴与主范畴之间的逻辑关系，说明理论研究已基本达到饱和。

4.2 全过程工程咨询服务模式决策影响因素的阐释

(1) 项目本体属性

项目自身属性对于全过程工程咨询服务模式的选择会产生较大的影响，根据扎根理论的结果，主要表现在项目复杂性、项目规模、项目类型、项目投资主体四个方面。

项目的复杂性由技术复杂性、环境复杂性、组织复杂性等影响因子构成[167]，而各类全过程工程咨询服务模式在不同的复杂性情境下也有不同的适用性。例如，专项延伸型服务模式侧重于通过特定方法分解和降解复杂性，以实现对于个别复杂性因素的解构和有效管理；而一体化模式倾向于通过整合各项服务，对项目的各类复杂性因素进行集成化管理[168]。

项目规模包括投资规模、建设规模等。当项目投资规模较大时，业主对投融资管理、全生命周期成本和绩效的要求更高，可能倾向于选择全过程造价咨询等专项延伸型服务模式[169]；当项目建设规模较大时，业主往往缺乏必要的管理手段和人力资源统筹协调整个项目，因此倾向于选择包含项目管理服务的项目管理主导型或一体化服务模式。

项目类型反映了项目所处的行业和基本的建筑形态。不同类型的项目，业主所关注的管理重点也有所差异。例如，在运用扎根理论研究过程中可以发现，大科学工程项目的技术问题往往已由专业单位解决，然而业主的管理能力极度不足，而这类项目的建设风险、成本投资巨大，亟需项目管理主导下的全过程工程咨询服务。

项目投资主体主要反映了项目的资金来源，对全咨服务模式的选择也会产生较大影响。例如，多部政策倡导在政府投资项目中试行全过程工程咨询服务，同时鼓励在民营项目中试点建筑师负责制（设计主导型）。此外，PPP等公私合营项目股权结构复杂、投资周期长、项目不确定性较高，业主对于灵活性较高的专项组合型模式有更高的倾向性。

(2) 项目交付属性

项目交付属性对全过程工程咨询服务模式的选择也会造成较大影响。项目交付属性主要包括项目目标情况、项目发包模式、项目运维属性等，是围绕项目建设交付过程而设置的一系列规划与安排。

项目目标的优先级顺序和整体控制难度，会显著影响全过程工程咨询服务模式的选择。例如，当项目的建造品质目标较高时，业主倾向于选择设计主导型服务模式；当项目对某一管理目标有特殊要求（例如有着较高的成本管理、信息管理目标等），业主可能会倾向于选择专项延伸型服务模式；当项目的整体管理目标要求较高时，业主会倾向于选择项目管理主导型或一体化模式。

项目的发包模式也会对全过程工程咨询服务模式的选择产生影响。例如，当项目采用EPC、DB等工程总承包模式时，设计工作一般由总承包单位负责，全咨服务合同一般不再包括具体的设计任务，设计主导型以及一体化模式将不再适用。

项目的运维属性是指项目交付后业主对项目的使用方式。一般包括自用、自持出租、直接出售几类。若项目采用直接出售方式，业主通常希望加快项目的建设进度以实现快速回款，因此对项目管理主导型服务有一定偏好；若项目为业主自用，则业主更加关系项目的交付品质，对于设计主导型服务会有更强的选择倾向。

（3）业主综合属性

本章的研究对象为业主在进行全过程工程咨询服务模式决策时所应当考虑的影响因素，因此对于业主综合属性的考量更加全面、多样。业主综合属性包括17个基本影响因素，又可细分为业主的基本情况、业主综合能力、业主的合作伙伴情况、业主的主观意识四类。其中，业主基本情况包括业主单位性质和类型，不同行业、不同性质的业主单位，对于全过程工程咨询服务模式的偏好也有所差异。业主综合能力包括管理能力、技术能力、内外部资源整合能力、特定能力缺失情况等。业主管理、技术或某些专项能力有所缺失时，会倾向于选择能够弥补能力缺失的全咨服务模式；而业主内外部整合能力的强弱，也对业主是否选择集成性更强的一体化模式产生影响。通常，进行长期多次开发的"大业主"会在项目的开发过程中积累一定的供应商合作资源。若业主基于历史合作情况，拥有了特定的设计/管理/专项类工程咨询战略合作单位，则在进行新项目的全咨服务模式决策时会倾向于选择该战略合作单位所擅长的特定服务模式。例如，若业主有设计类战略合作单位，则基于对该合作单位的信任，在同等情况下会优先考虑设计主导型或一体化服务模式。由于全过程工程咨询属于相对较新的概念，业主在采取该服务，特别是集成程度较高的服务模式时可能会承担额外的风险（如咨询费变高、咨询方道德风险等），因此业主是否具备足够的创新意识、是否有推动政策实践落地的企业和社会责任意识、是否对咨询费用敏感、是否对特定模式有所了解与偏好，都将会影响业主最终的选择。若业主较为保守，则可能会采取运用已较为成熟、风险较低的专项延伸型模式,若业主具备一定的创新精神、主动响应政策倡议、能够接受相对更高的咨询费用,则有可能倾向于采用集成化程度更高的一体化模式。

(4) 项目政策和市场环境属性

全过程工程咨询具有强烈的政策导向型特征,因此外部政策环境对业主决策会产生较大影响;同时,从上文对各服务模式的分析可知,市场环境、产业链成熟度对于服务模式的选择也会有较为直接的影响。从政策视角来看,设计主导型、项目管理主导型、一体化模式均有相关政策从宏观角度加以倡导和支持,但是项目所在地各服务模式具体的取费机制设计、标准示范合同文本、是否有简化审批的优待政策,均不尽相同。因此,基于项目所在地政策环境、政策支持力度、配套政策完善程度的差异性,业主会对不同的服务模式有所偏好。例如,上海市自贸区出台了鼓励建筑师负责制(设计主导型服务模式)的一系列政策措施,简化了相关项目的审批流程,缩短了项目进度,取得了较好的效果[170]。业主在后续进行服务模式决策时,也会倾向于选择有较大政策优惠力度设计主导型模式。

在市场环境层面,由于全过程工程咨询对于咨询企业的整体能力、资质、产业链成熟度要求较高,因此相关服务模式的选择也取决于工程咨询供应链企业的整体发展情况。不同的全过程工程咨询服务模式所适用的咨询企业类型有所区别,而在市场环境中不同类型咨询企业的整体情况,会对相应服务模式的选择产生影响。例如,若项目所处市场环境中,以项目管理为核心业务的工程咨询企业数量、质量和胜任力均处于较高水平,则业主会倾向于优先考虑项目管理主导型服务模式;若项目所处市场中,设计型综合咨询企业的数量较少,开展全过程工程咨询服务的能力有限,则业主在选择设计主导型或一体化模式时会有所顾虑。

根据上述分析结果及扎根理论相关方法,将全过程工程咨询服务模式决策影响因素及各因素的内涵总结如表 1.11 所示。

表 1.11　全过程工程咨询服务模式决策影响因素说明

维度	决策影响因素	决策影响因素说明
项目本体属性	项目投资主体	项目资金来源,如政府(国有企业)投资项目、民营(私人)投资项目、公私合营(PPP)项目等
	项目类型	项目具体类型,如房屋建筑、工业建筑、基础设施等

续 表

维度	决策影响因素	决策影响因素说明
项目本体属性	项目规模	项目的投资规模和建设规模,如超大型工程、大型工程、中等规模工程、小型工程等
	项目复杂性	综合项目技术复杂性、管理复杂性、组织复杂性、环境复杂性和任务复杂性等共同作用下所导致的项目整体复杂性,如极端复杂工程、复杂工程、常规工程、简单工程等
项目交付属性	项目目标优先级及整体目标控制难度	项目进度目标、质量/品质目标、投资目标、社会责任目标等单项目标的优先级顺序以及总体目标控制难度
	工程发包模式	工程项目的拟采用的承发包模式,如平行发包模式、施工总承包模式、工程总承包模式等
	项目运维属性	项目竣工移交后的运维属性,如自用、自持出租、销售等
业主综合属性	业主单位性质	业主单位的具体性质,如政府或事业单位、国有企业、民营企业、外资企业等
	业主单位类型	业主单位的具体类型,如工程建设指挥部、政府平台公司、开发商、其他行业企业(如制造业企业基本建设投资)
	业主方项目管理能力	业主对工程质量、进度、投资、风险、职业健康安全和环境(HSE)等目标策划和控制的综合能力,以及构建胜任项目管理团队的可能性和可行性
	业主方技术管理能力	业主在前期、设计、招标采购、施工、竣工移交等各阶段技术统筹管理的能力,特别是设计管理能力,以及构建胜任技术管理团队的可能性和可行性
	业主方项目管理特定模块能力缺失情况	业主方在某一或某些专项项目管理能力上存在明显缺失或劣势,如投资控制能力、进度控制能力、采购合约管理能力等
	业主方内部资源整合能力	业主集成内部资源,协商上游关联资源,协同下游关联资源的能力
	业主方外部资源整合能力	业主整合项目实施各类外部资源(参建各方资源)的能力
	业主方设计类战略合作伙伴资源情况	业主是否有较为固定和稳定的设计类战略合作伙伴资源库,以及与该类合作伙伴的合作年限、合作频次和合作满意度
	业主方项目管理类战略合作伙伴资源情况	业主是否有较为固定和稳定的项目管理类战略合作伙伴资源库,以及与该类合作伙伴的合作年限、合作频次和合作满意度

续　表

维度	决策影响因素	决策影响因素说明
业主综合属性	业主方专项咨询类战略合作伙伴资源情况	业主是否有较为固定和稳定的主要专项咨询类战略合作伙伴资源库，包括工程监理、造价（QS）咨询、招标代理、BIM咨询等，以及与该类合作伙伴的合作年限、合作频次和合作满意度
	业主方追求管理创新的主动意识和动力	业主方是否具备积极尝试和探索不同全过程工程咨询服务模式的创新思维和创新意识，并付诸实践
	业主方践行企业社会责任的主动意识和动力	业主方主动承担社会责任，响应中央和地方政府最新政策，积极探索不同模式全过程工程咨询服务组织模式
	业主方对不同服务模式的认知度和认可度	业主基于过往经验，对不同全过程工程咨询服务模式的理解、认可和信任程度
	业主方对不同模式工程咨询费用总支出的理解和认识，以及其敏感性	业主方对全过程工程咨询服务不同模式下具体费用体系的理解和认识程度，以及对工程咨询费用总支出的敏感性和关注度
政策和市场环境属性	项目所在地地方政府对全过程工程咨询服务特定模式委托的支持和扶持程度	项目所在地地方政府对全过程工程咨询服务宏观政策导向和特定模式落地的可能性和可行性程度，如技术标准、合同示范文本、服务酬金计取方式等相关鼓励支持政策的出台，试点企业和试点项目的确定实施跟踪和反馈提升等
	市场中一体化综合性工程咨询企业的充沛度和胜任力	项目所处市场环境中，是否存在符合项目和业主需求的一体化综合性工程咨询企业，对充沛程度和胜任力的评估
	市场中设计为核心业务的综合性工程咨询企业的充沛度和胜任力	项目所处市场环境中，是否存在符合项目和业主需求的设计为核心业务的综合性工程咨询企业，对充沛程度和胜任力的评估
	市场中项目管理为核心业务的综合性工程咨询企业的充沛度和胜任力	项目所处市场环境中，是否存在符合项目和业主需求的项目管理为核心业务的综合性工程咨询企业，对充沛程度和胜任力的评估
	市场中工程监理或造价（QS）等专项咨询为核心业务的工程咨询企业的充沛度和胜任力	项目所处市场环境中，是否存在符合项目和业主需求的工程监理或造价（QS）咨询为核心业务的工程咨询企业，对充沛程度和胜任力的评估

第 5 章　全过程工程咨询服务模式决策影响因素的分析

本章运用扎根理论,通过数据资料收集、开放式编码、主轴编码、选择性编码、理论饱和度检验等标准步骤,得到了全过程工程咨询服务模式选择决策的影响因素模型。根据主轴编码的结果,将全过程工程咨询服务模式决策分为四个主维度,即项目本体属性、项目交付属性、业主综合属性、政策和市场环境属性,同时,这四个主维度共由 26 个影响因素构成。为了进一步验证基于扎根理论所得到的影响因素的合理性,提高研究结果的简洁性、科学性,本章建立了影响因素的测量量表,采用问卷调查的方法收集与分析数据,对初始影响因素做适当修正,并加以分析。

5.1　问卷设计及发放

5.1.1　问卷的设计

本章通过问卷调查的方式收集数据,以对扎根理论得到的全过程工程咨询服务模式决策影响因素进行进一步研究。主要研究目的有以下三个:① 全咨服务模式决策影响因素结论合理性的判断。根据问卷结果,将部分重要性程度很低或与其他因素相重复的影响因素适当删除,以实现对全过程工程咨询服务模式决策影响因素的进一步优化,提升研究结论的科学性。② 研究不同调查群体对各影响因素认可程度的差异性。③ 通过部分高质量样本数据,对全过程工程咨询服务模式决策影响因素的权重进行研究。

为了实现上述的研究目的,本章设计了简明准确的调查问卷,并在问卷设计过程遵循了以下七个原则,以保证问卷的信度和效度[172]:① 控制问卷的总长度,为避免受访者花费过长的时间填写问卷,每份问卷的长度都控制在正常情况下 15 分钟内能完成;② 问卷中的问题与研究目的直接相关;③ 简单易懂,包含的问题概念明确;④ 条款用词保持中性,避免对受访者形成诱导;⑤ 问题对于受访者容易回答;⑥ 不涉及个人隐私等敏感问题;⑦ 答案与问题协调一致。

本篇问卷共分为三部分：第一部分是对个人基本信息的调查，为受访者的年龄、性别、学历、工程实践经验、职位、所在单位性质等。第二部分内容是对全过程工程咨询服务模式决策影响因素的调查，题项全部来自扎根理论所得到的影响因素，同时量表的设计均采用李克特五点量表法，每一个测量项均采用李克特五点计分，分数从 1 分到 5 分。问卷填写人员根据其个人理解对每一项指标打分，分数越高，表明该指标对于全过程工程咨询服务模式决策的影响程度更大，该指标的重要性越高。第三部分为问卷填写人员对于全过程工程咨询服务模式决策影响因素的个人见解与补充建议，为选填项。

5.1.2　问卷的发放与收集

由于本章的专业性较强，且全过程工程咨询属于相对较新的概念，需要寻找具备相关专业知识和实践背景的受访者作为问卷的调查对象。因此，本次问卷的发放对象以建筑工程领域的从业者为主。笔者曾参与了多次全过程工程咨询高端研修班的筹划工作，该研修班吸引 270 余名来自建筑行业的中高层管理人员参与（主要来自工程咨询单位，少数来自业主单位），学员主要分布于 20 余个省份，是问卷调查的核心群体之一。同时，笔者联系了工程咨询行业内的八家标杆性企业，向八家企业核心管理人员、业务骨干等定向发放了问卷。通过合理选择调查样本，本章在保证样本广泛性、全面性的同时，也提升了结果的可靠性。

问卷以电子问卷形式为主，并在设计时充分考虑了题目的可答性、界面的友好性。问卷调查在 2020 年 2 月至 2020 年 3 月进行，共发放 550 份问卷，回收 469 份。问卷收集后，对回收问卷进行编号，筛选剔除不符合要求的问卷。剔除问卷的标准包括：① 检查受访者是否为应付式填写问卷，若整个问卷均为一个选项或呈明显规律性排列，可推断其填写时是应付心态，则将该问卷视为无效问卷；② 剔除问卷中填答不完整、漏填者。由于问卷主要为定向发放，受访者整体素质较高、填写较为认真，故仅有 17 份无效问卷，剔除全部无效问卷后，最终得到 452 份有效问卷，有效回收率为 82.2%。

5.2　问卷基本信息

5.2.1　描述性统计分析

收集问卷后，对受访者样本进行描述性统计分析。样本描述性统计分析显示,452份有效问卷的受访者中81%为男性,19%为女性,这一比例也符合建筑行业的性别分布特征。受访者集中于31~50岁,80%以上受访者具有本科及以上学历,职位以企业中高层管理人员为主,70%以上的受访者在建筑行业从业时间超过10年,显示出受访者样本普遍具有丰富的实践经验和专业知识。受本章主题和发放企业选择的影响,问卷受访者大多数来自工程咨询企业,占比90%以上,另有少部分受访对象来自高校/科研单位、业主单位施工企业等。相关工程咨询企业主要开展工程设计、项目管理、投资决策咨询、造价/QS咨询(含跟踪审计、决算审计)、工程监理、BIM咨询、招标代理中的一项或多项业务。受访者基本信息如表1.12所示。

表1.12 受访者基本信息

分析项目	类 别	样本数	所占百分比
性 别	男	85	18.8%
	女	367	81.2%
年 龄	≤30岁	51	11.3%
	31~40岁	181	40.0%
	41~50岁	148	32.8%
	51~60岁	71	15.7%
	>60岁	1	0.2%
学 历	大专及以下	82	18.1%
	本科	289	63.9%
	研究生(含硕士和博士)	81	17.9%
从业时长	≤10年	29	18.7%
	11~20年	42	27.1%
	21~30年	70	45.2%
	>30年	14	9.0%

续 表

分析项目	类　　别	样本数	所占百分比
职务及岗位	公司高管（副总裁/副总经理、总工程师及以上）	104	23.0%
	总经理助理、部门经理、事业部经理	118	26.1%
	项目经理/项目负责人	156	34.5%
	专业工程师	43	9.5%
	其他	31	6.9%
单位类型	高校/科研单位	5	1.1%
	工程咨询(不含设计)企业	408	90.2%
	建设单位/业主	6	1.3%
	设计企业	20	4.4%
	施工企业	2	0.4%
	其他(会计师事务所、监理协会)	11	2.4%

5.2.2　问卷信度和效度分析

(1) 信度分析

信度(Reliability)是指采用同样的方法对同一对象重复测量时所得检验结果的一致性程度，信度与测量结果正确与否无关，主要目的是检验测量本身是否稳定。信度可以衡量出问卷的可靠性、稳定程度与结果一致性。问卷的信度越高，表明问卷测量结果越可信。信度的检验方法主要有复本相关法、再测法、折半法、Cronbach α系数法等，本章主要采用Cronbach α系数法，这也是信度检测最常用的方法，一般认为，Cronbach's Alpha系数大于0.6时，量表的信度可以接受。本章运用SPSS 23.0软件，对问卷的整体信度及四个主维度信度进行分析。

表 1.13　可靠性统计资料

维　度	Cronbach's Alpha 系数	项　数
项目本体属性	0.724	4
项目交付属性	0.787	3
业主综合属性	0.855	14
政策和市场环境属性	0.813	5
总　体	0.913	26

根据表 1.13 可知,问卷的整体 Cronbach's Alpha 系数达 0.913,信度很高,此外,四个主维度的信度也均符合要求,量表的内部一致性较好,本次调查问卷数据符合后续分析的要求。

(2) 效度分析

效度(Validity)是指问卷能够正确测得所欲测量构想的程度,可以解释为观察值之间的差异所反映的物体之间被测特性的真实差异程度。效度反映了测验的有效性和正确性。效度主要从两个方面来检验,即内容效度和建构效度。量表的内容效度是通过准确的理论研究等方法保证的,本章运用了扎根理论的研究方法,通过专家访谈、案例、文献等多渠道获取研究资料,对全过程工程咨询服务模式决策影响因素进行识别与分析,研究结果也通过了理论饱和度检验。因此,本篇数据资料来源、质量及研究过程均符合相关要求,可以较好地保证内容效度。而建构效度的检验方法是进行取样适切性量数(Kaiser-Meyer-Olkin,KMO)计算和 Bartlett 球形检验,一般认为 KMO 的值大于 0.7 则问卷的建构效度较好,Bartlett 球形检验值一般达到显著性水平即可($P<0.05$)。本章量表的 KMO 与 Bartlett 球形检验值计算结果如表 1.14 所示。

表 1.14　KMO 与 Bartlett 球形检验值

KMO 取样适切性量数		0.868
Bartlett 球形度检验	近似卡方	4 345.014
	自由度	325
	显著性	0.000

问卷的 KMO 值为 0.868,P 值<0.05,满足效度相关要求,可以进行后续数据分析。

5.3 全过程工程咨询服务模式决策影响因素的筛选

本篇第 4 章在对海量研究资料进行收集与整理的基础上,运用扎根理论的方法总结出 4 大维度、26 项全过程工程咨询服务模式决策影响因素。本节将根据问卷数据,综合运用重要程度指数、相关性分析等研究方法,对 26 个影响因素进行评价与筛选,并适当剔除部分合理性或重要性较弱的影响因素,以提升研究结论的有效性。

5.3.1 基于重要程度指数的影响因素筛选

业主在选择适用于项目特定情境的全过程工程咨询服务模式时,需要考虑多样的影响因素。然而,各个因素对业主决策结果的影响程度是不一样的,同时本篇问卷的每个受访者对于各影响因素重要性的感知也有所差异。为此,部分学者引入重要程度指数这一指标,用来研究各影响因素的相对重要性程度[173-174]。重要程度指数越高,代表该影响因素对业主决策的影响力越大;而指数越低,则代表受访者普遍认为业主在决策时不会过多考虑该因素,可以酌情删除。该指数既可以体现较大样本受访者的主观想法,又是各影响因素本质属性的客观反映,可以有效指导影响因素的筛选和删减。

各影响因素的重要程度指数 RII 的计算方式如下[173]:

$$RII_i = 100 \times \frac{N_{i1} \times 1 + N_{i2} \times 2 + N_{i3} \times 3 + N_{i4} \times 4 + N_{i5} \times 5}{5N}$$

式(5.1)

式 5.1 中:

RII_i 表示第 i 个影响因素的重要程度指数;

N_{ij} 表示对第 i 个影响因素评分为"j"的受访者人数,$j=1$、2、3、4、5。

同时,引入数据变异程度指标,形成对重要程度指数的补充。变异程度表示各影响因素数据的离散程度,数值越大,表明各受访者对于该影响因素的意见差异性较大,变异程度过大的影响因素可以考虑删除。变异程度指标 δ 的计算公示如下:

$$\delta = \frac{\sigma}{\mu}$$

式(5.2)

式 5.2 中，δ 和 μ 分别表示各影响因素调查数据的标准差和平均值。

根据上述计算方式，各影响因素的重要程度指数和变异程度的计算结果如表 1.15 所示。

表 1.15 基于重要性指数的影响因素评价调查结果

主维度	影响因素	均值 μ	标准差 σ	δ	RII
项目本体属性	项目投资主体	4.2	0.80	0.19	84.38
	项目类型	3.5	0.86	0.25	69.38
	项目规模	3.9	0.93	0.24	78.58
	项目复杂性	4.3	0.76	0.18	85.00
项目交付属性	项目目标优先级及整体目标控制难度	3.8	0.99	0.26	76.24
	工程发包模式	3.7	0.89	0.24	74.70
	项目运维属性	2.8	0.91	0.32	56.42
业主综合属性	业主单位性质	3.9	0.93	0.24	77.39
	业主单位类型	4.0	0.95	0.24	80.71
	业主方项目管理能力	4.1	0.92	0.23	81.55
	业主方技术管理能力	3.9	0.97	0.25	78.63
	业主方项目管理特定模块能力缺失情况	3.9	0.89	0.23	78.14
	业主方内部资源整合能力	3.8	0.96	0.25	75.18
	业主方外部资源整合能力	3.8	0.97	0.26	75.97
	业主方设计类战略合作伙伴资源情况	3.8	0.86	0.23	75.87
	业主方项目管理类战略合作伙伴资源情况	3.6	0.83	0.23	72.65
	业主方专项咨询类战略合作伙伴资源情况	3.6	0.90	0.25	72.96
	业主方追求管理创新的主动意识和动力	3.9	0.88	0.23	77.96
	业主方践行企业社会责任的主动意识和动力	3.2	0.97	0.30	64.12

续表

主维度	影响因素	均值 μ	标准差 σ	δ	RII
业主综合属性	业主方对不同服务模式的认知度和认可度	4.1	0.77	0.19	82.35
	业主方对不同模式工程咨询费用总支出的理解和认识,以及其敏感性	4.0	0.91	0.23	79.47
政策和市场环境属性	项目所在地地方政府对全过程工程咨询服务特定模式委托的支持和扶持程度	4.2	0.88	0.21	84.78
	市场中一体化综合性工程咨询企业的充沛度和胜任力	3.9	0.88	0.22	78.14
	市场中设计为核心业务的综合性工程咨询企业的充沛度和胜任力	3.7	0.96	0.26	74.69
	市场中项目管理为核心业务的综合性工程咨询企业的充沛度和胜任力	3.9	0.90	0.23	77.83
	市场中工程监理或造价(QS)等专项咨询为核心业务的工程咨询企业的充沛度和胜任力	3.3	1.10	0.33	66.20

可根据各主维度内各影响因素的重要程度指数及变异程度进行影响因素的优化和筛选。

在项目本体属性中,各项影响因素的重要程度指数均较高,最低的项目类型也接近 70 分,且《江苏省全过程工程咨询服务导则》中明确提出项目类型是业主进行服务模式选择时需考虑的影响因素之一,因此对项目本体属性的各影响因素不做删除处理。

在项目交付属性中,项目运维属性的 RII 值极低,不足 60 分,变异系数较高。在工程实践中,无论是何种全过程工程咨询服务模式,都需要以项目全生命周期的运营为导向,因此只要保证服务质量,各类服务模式都能有效实现项目的后续运维目标。业主无论是计划自用、出租还是出售,都会致力于呈现更好的建筑产品,获得项目成功,因此很难根据运维计划的差异性而选择不同的全过程工程咨询服务模式。综合上述分析,删除项目运维属性这一影响因素。

在业主综合属性中,业主方践行企业社会责任的主动意识和动力 RII 值较低、变异系数较高,可考虑删除。一方面,一体化、项目管理主导型等集成程度较高的全过程工程服务模式通常费用较高、政策配套尚不完善,其实际绩效表现如何仍未得到市场的长期检验,因此业主采取这类服务模式确实有一定的风险。因此,具有更强企业责任意识的业主才会积极响应政策,尝试集成程度较高的服务模式,为行业提供借鉴经验。但是,业主在选择具体的服务模式时,仍然会主要考虑该模式是否真正适用于项目情境、是否能够提升项目整体绩效,而企业社会责任对其决策影响相对有限。并且,无论采用何种服务模式,都是企业(特别是业主方)践行社会责任,促进行业发展的积极探索。综合上述分析,删除业主方践行企业社会责任的主动意识和动力这一影响因素。

在政策和市场环境属性中,市场中工程监理或造价(QS)等专项咨询为核心业务的工程咨询企业的充沛度和胜任力 RII 值较低、变异系数较高,可考虑删除。我国工程咨询行业经过长期发展,已积累一批具备较强监理、造价咨询等专项服务能力的工程咨询企业。一般而言,市场上监理或造价(QS)等专项咨询为核心业务的工程咨询企业的充沛度和胜任力均能满足项目要求,该影响因素的区分度较差,可以删除。

5.3.2 基于相关性分析的影响因素筛选

上文根据重要程度指数,对影响因素进行了初步筛选,保留了 24 个重要程度相对较高的影响因素。为了减少影响因素之间的重叠性和专家意见的主观性,本章将建立影响因素相关系数矩阵,同时运用相关性筛选的方法,识别同一主维度下相关性较高的影响因素,在不影响完整性的前提下考虑用重要程度更高的因素代替重要程度相对较低的因素,以实现对影响因素的进一步优化与精简[175]。

利用 SPSS 23.0 软件,分别得到四个主维度下的影响因素相关系数矩阵,结果如表 1.16 至表 1.19 所示。

表 1.16 项目本体属性下的影响因素相关系数矩阵

		项目投资主体	项目规模	项目复杂性
相关性	项目投资主体	1.000	0.206	0.214
	项目规模	0.206	1.000	0.620
	项目复杂性	0.214	0.620	1.000

表 1.17　项目交付属性下的影响因素相关系数矩阵

		项目目标优先级及整体目标控制难度	工程发包模式
相关性	项目目标优先级及整体目标控制难度	1.000	0.232
	工程发包模式	0.232	1.000

表 1.18　政策和市场环境属性下的影响因素相关系数矩阵

		项目所在地地方政府对全过程工程咨询服务特定模式委托的支持和扶持程度	市场中一体化综合性工程咨询企业的充沛度和胜任力	市场中设计为核心业务的综合性工程咨询企业的充沛度和胜任力	市场中项目管理为核心业务的综合性工程咨询企业的充沛度和胜任力
相关性	项目所在地地方政府对全过程工程咨询服务特定模式委托的支持和扶持程度	1.000	0.312	0.385	0.363
	市场中一体化综合性工程咨询企业的充沛度和胜任力	0.312	1.000	0.600	0.577
	市场中设计为核心业务的综合性工程咨询企业的充沛度和胜任力	0.385	0.600	1.000	0.577
	市场中项目管理为核心业务的综合性工程咨询企业的充沛度和胜任力	0.363	0.577	0.577	1.000

各主维度下影响因素的相关系数矩阵如表 1.16～表 1.19 所示，可根据相关性筛选原理对影响因素进行筛选。

如表 1.16 所示，在项目本体属性维度下，项目规模和项目复杂性的相关性达到了 0.62（高于 0.6），符合相关性筛选的阈值要求[176]。一方面，项目复杂性的重要程度指数高于项目规模；另一方面，根据现有研究成果，Vidal[177]、Xia[178] 等学者均认为项目规模是项目复杂性的度量指标，项目复杂性对项目规模有替代作用，因此将项目规模进行删除并不会显著影响结论的完整性。基于相关性筛选的基本原理，删除项目规模这一影响因素。

表 1.19 业主综合属性下的影响因素相关系数矩阵

		业主单位性质	业主单位类型	业主项目管理能力	业主技术管理能力	业主项目管理特定模块能力是否存在明显缺失或短板	业主内部资源整合能力	业主外部资源整合能力	业主设计类战略合作伙伴资源情况	业主项目管理战略合作伙伴资源情况	业主专项咨询战略合作伙伴资源情况	业主追求管理创新的主动意识和动力	业主对不同服务模式的认知和认可度	业主对不同模式咨询费用总支出的理解和认识,以及其敏感性
相关性	业主单位性质	1.000	0.678	0.274	0.249	0.181	0.220	0.157	0.081	0.139	0.191	0.187	0.251	0.221
	业主单位类型	0.678	1.000	0.286	0.170	0.206	0.246	0.149	0.113	0.164	0.231	0.215	0.239	0.216
	业主项目管理能力	0.274	0.286	1.000	0.452	0.440	0.488	0.367	0.257	0.244	0.301	0.249	0.291	0.302
	业主技术管理能力	0.249	0.170	0.452	1.000	0.422	0.407	0.360	0.269	0.300	0.354	0.255	0.259	0.329
	业主项目管理特定模块能力缺失情况	0.181	0.206	0.440	0.422	1.000	0.443	0.311	0.309	0.273	0.261	0.240	0.253	0.278
	业主内部资源整合能力	0.220	0.246	0.488	0.407	0.443	1.000	0.537	0.334	0.277	0.348	0.372	0.292	0.288
	业主外部资源整合能力	0.157	0.149	0.367	0.360	0.311	0.537	1.000	0.369	0.348	0.340	0.238	0.187	0.207
	业主设计类战略合作伙伴资源情况	0.081	0.113	0.257	0.269	0.309	0.334	0.369	1.000	0.692	0.597	0.309	0.257	0.257
	业主项目管理类战略合作伙伴资源情况	0.139	0.164	0.244	0.300	0.273	0.277	0.348	0.692	1.000	0.721	0.320	0.218	0.223
	业主专项咨询类战略合作伙伴资源情况	0.191	0.231	0.301	0.354	0.261	0.348	0.340	0.597	0.721	1.000	0.368	0.283	0.253
	业主追求管理创新的主动意识和动力	0.187	0.215	0.249	0.255	0.240	0.372	0.238	0.309	0.320	0.368	1.000	0.411	0.382
	业主对不同服务模式的认知和认可度	0.251	0.239	0.291	0.259	0.253	0.292	0.187	0.257	0.218	0.283	0.411	1.000	0.324
	业主对不同模式咨询费用总支出的理解和认识,以及其敏感性	0.221	0.216	0.302	0.329	0.278	0.288	0.207	0.257	0.223	0.253	0.382	0.324	1.000

表 1.17 中,项目交付属性下两个影响因素间的相关性较低,不做删除处理。

表 1.18 中市场中一体化综合性工程咨询企业的充沛度和胜任力、市场中设计为核心业务的综合性工程咨询企业的充沛度和胜任力、市场中项目管理为核心业务的综合性工程咨询企业的充沛度和胜任力三个因素之间的相关性较高。从三个影响因素的具体内涵来看,它们均反映了市场中特定类型咨询企业的能力与数量,对特定服务模式的选择会产生较大影响。业主在决策是否采用某种服务模式时,需首先考虑实施该模式的可行性,即对于特定服务模式市场上是否有足够的优质企业供业主选择并招标。然而,这三项影响因素对应的是不同类型的服务模式,业主在进行决策时,不同影响因素的评价值将显著影响决策结果,简单地删除任何一项都将影响结果的完整性。因此,这三项影响因素相关性较高有其内在逻辑,但是出于保证研究结果完整性的目的,不做删减处理。

表 1.19 中,业主单位性质和业主单位类型的相关系数较高,符合相关性筛选的要求。一方面,业主单位性质和业主单位类型在文字表述上意思较为相近,部分被调查者可能将二者相混淆,导致填写问卷时打分一致性程度较高,进而导致相关系数较高;另一方面,业主单位类型的范围更广,与业主单位性质呈包含关系,例如,业主单位性质是政府的,其单位类型必然是政府平台公司。同时,项目本体属性中的投资主体也一定程度上反映了业主单位性质,且业主单位类型比业主单位性质的重要程度指数更高,因此删除业主单位性质,保留业主单位类型这一影响因素。

值得注意的是,在表 1.19 中,体现业主战略合作伙伴情况的业主设计类战略合作伙伴资源情况、业主项目管理类战略合作伙伴资源情况、业主专项咨询类战略合作伙伴资源情况这三个影响因素两两间的相关系数较高。与表 1.18 中反映三类企业的胜任力和充沛度情况的影响因素相类似,这三个影响因素的内涵相近,但是单独删除其中任何一项都将影响结论的完整性,不做删除处理。

5.3.3 全过程工程咨询服务模式决策影响因素模型

本章基于问卷数据,综合运用重要程度指数、相关性分析等方法,对第 4 章扎根理论所提出的全过程工程咨询服务模式决策影响因素进行了优化与精简。具体而言,根据重要程度指数,删除了项目运维属性、业主方践行企业社会责任的主动意识和动力、市场中工程监理或造价(QS)等专项咨询为核心业务的工程咨询企业的充沛度和胜任力这 3 个影响因素;根据相关性分析,删除了项目规模、业主单位性质两个影响因素。最终,本篇根据扎根理论,同时运用问卷调查的方法，梳理出了 4 大维度、21 项全过程工程咨询服务模式决策影响因素，并最终得到了全过程工程咨询服务模式决策影响因素模型，如图 1.9 所示。

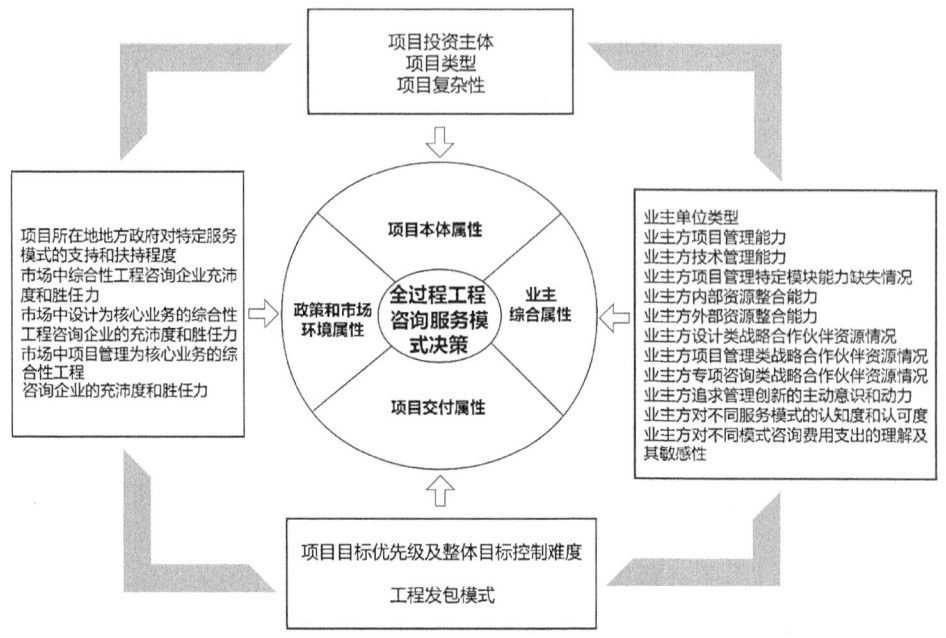

图 1.9　全过程工程咨询服务模式决策影响因素模型

5.4　影响因素的差异性特征分析

本章经过对问卷数据的综合分析后，最终得出了涵盖 4 大维度、21 项的全过程工程咨询服务模式决策影响因素模型。然而，来自不同组别的受访对象，可能对于各影响因素的认知存在差异[179]。特别是，当被调查对象来自不同类型的咨询企业，因为其实践中所接触到的项目类型、所提供的服务模式本就有所差异，因而其对于全过程工程咨询服务模式决策影响因素重要性程度的感知也有所不同。因此，有必要对来自典型企业的受访者进行差异特征对比分析，了解不同环境背景下从业者的认知差异，这有助于深刻理解 21 项因素对于业主决策的实际影响情况。

在本章所说的 452 份有效回收问卷中，被调查者大多数来自工程咨询企业，其中部分来自项目管理/监理、造价咨询/QS 等国内大型工程咨询机构。这类企业资质较为齐全，是各自业务领域的龙头企业，能够为业主提供多样化的全过程工程咨询项目服务，同时有较有优势的专业模块服务。具体而言，在此次被调查的各家企业中，有 8 家业内知名工程咨询单位，分别是以项目管理/监理等综合管理类业务为主营的上海市建设工程监理咨询有限公司、浙江五洲工程项目管理有限公司、重庆赛迪工程咨询有限公司、上海科瑞真诚建设项目管理有限公司、晨越建设项目管理集团股份有限公司，以及以造价咨询/QS 等专业服务类业务为主营的四川开元工程项目管理咨询有限公司、万邦工程管理咨询有限公司、云南云岭工程造价咨询有限公司。这 8 家企业均为地方龙头企业，均展开了业务全国化布局，企业员工的知识背景、实践经验均属于行业上游水平，同时这两类企业又有鲜明的业务区分特征（项目管理/监理、造价咨询/QS），适合展开样本差异性特征分析。因此，本篇以上述 8 家企业为典型样本，将其分为管理类、造价咨询类两类企业，研究来自这两类企业的受访者对于全咨服务模式决策影响因素的认知差异。八家企业的基本信息如表 1.20 所示。

表 1.20 典型样本企业基本情况

类别	企 业 名 称	样本数量	企 业 特 点
造价咨询/QS	四川开元工程项目管理咨询有限公司	59	2018 全国造价咨询业收入第 15 名
	云南云岭工程造价咨询有限公司	26	2018 全国造价咨询业收入第 36 名
	万邦工程管理咨询有限公司	10	2018 全国造价咨询业收入第 10 名
项目管理/监理	浙江五洲工程项目管理有限公司	98	从监理业务起步，已成长为综合型咨询公司，具备全过程工程咨询/总承包服务能力
	晨越建设项目管理集团股份有限公司	53	综合型咨询管理公司，新三板上市企业
	上海科瑞真诚建设项目管理有限公司	24	知名项目管理公司
	上海市建设工程监理咨询有限公司	24	上海市龙头监理企业
	重庆赛迪工程咨询有限公司	9	工程监理综合资质，首批全过程工程咨询试点企业

本章将上述典型咨询企业样本分为了项目管理/监理和造价咨询/QS 两类，通过样本数据分析，探究不同组别对各影响因素的评价均值是否存在显著性差异。均值的显著性差异检验的方法有很多，包括单一样本 T 检验、独立样本 T 检验、两配对样本 T 检验、单因素方差分析法、Mann-Whitney U 检验法等。不同的检验工具适用于不同的样本数据，本篇将典型企业分为两个基本组别，因此采用独立样本 T 检验的方法，验证两个组别间的均值差异。两个组别中，项目管理/监理类样本量为 208，造价咨询/QS 样本量为 95，样本量较大，对于独立样本 T 检验有较高的适用性[180]。

独立样本 T 检验的适用前提是：① 每一个总体均服从正态分布；② 每个总体的方差相等，满足方差齐性；③ 每个总体的样本相互独立。在进行独立样本 T 检验之前，可以通过 SPSS 软件中的相关操作进行数据检验。其中"每个总体样本相互独立"这一前提已在研究问卷设计中得以保证，因此主要进行组别数据正态分布检验和方差齐性检验。

(1) 正态分布检验

一般而言，适用于独立样本 T 检验的数据需满足正态分布[181]。因此，需要首先对两组样本数据进行正态性检验。正态分布的检验有多样化的方法，包括正态 Q-Q 图分析、Shapiro-Wilk 检验、偏度峰度分析等。一般而言，样本数据很难符合严格的正态分布，Kline 认为，当数据的偏度绝对值小于 3，峰度绝对值小于 10，即可认为该组数据符合近似正态分布，可以进行独立样本 T 检验[182]。运用 SPSS 软件，分别计算项目管理/监理组别和造价咨询/QS 组别的样本偏度和峰度，结果如表 1.21 所示。

表 1.21　数据偏度与峰度检验

影　响　因　素	项目管理/监理		造价咨询/QS	
	偏度	峰度	偏度	峰度
项目投资主体	−1.529	1.868	−1.205	1.090
项目类型	−0.241	−0.248	−0.330	−0.427
项目复杂性	−0.895	0.230	−0.545	−0.577
项目目标优先级及整体目标控制难度	−0.499	0.079	−0.345	−0.112

续 表

影 响 因 素	项目管理/监理		造价咨询/QS	
	偏度	峰度	偏度	峰度
工程发包模式	−0.374	−0.517	−0.470	−0.409
业主单位类型	−1.070	1.751	−0.722	0.071
业主方项目管理能力	−0.723	0.176	−1.180	1.967
业主方技术管理能力	−0.422	−0.318	−1.091	1.998
业主方项目管理特定模块能力缺失情况	−0.518	−0.103	−0.662	0.705
业主方内部资源整合能力	−0.290	−0.589	−0.534	0.076
业主方外部资源整合能力	−0.419	0.054	−0.819	0.540
业主方设计类战略合作伙伴资源情况	−0.377	−0.196	−0.495	−0.118
业主方项目管理类战略合作伙伴资源情况	−0.441	0.082	−0.452	−0.206
业主方专项咨询类战略合作伙伴资源情况	−0.523	0.315	−0.631	0.134
业主方追求管理创新的主动意识和动力	−0.572	−0.037	−0.436	−0.562
业主方对不同服务模式的认知度和认可度	−0.912	0.709	−0.793	0.588
业主方对不同模式工程咨询费用总支出的理解和认识,以及其敏感性	−0.685	0.335	−0.348	−0.652
项目所在地地方政府对全过程工程咨询服务特定模式委托的支持和扶持程度	−0.860	0.052	−0.639	−0.627
市场中一体化综合性工程咨询企业的充沛度和胜任力	−0.240	−0.529	−0.446	−0.548
市场中设计为核心业务的综合性工程咨询企业的充沛度和胜任力	−0.268	−0.486	−0.283	−0.158
市场中项目管理为核心业务的综合性工程咨询企业的充沛度和胜任力	−0.265	−0.405	−0.599	0.125

如表1.21所示,两组样本的数据偏度的绝对值均小于3,峰度的绝对值均小于10,因此可以视为符合正态分布,能够进行独立样本T检验。

(2) 独立样本 T 检验

运用 SPSS 23.0 软件,对两组样本进行独立样本 T 检验,以研究影响因素打分均值的组间差异。其中,方差齐次性检验可以与独立样本 T 检验同步进行,检验结果如表 1.22 所示。

表 1.22　均值差异性 T 检验

		莱文方差等同性检验		平均值等同性 T 检验		
		F	显著性	T	显著性	平均值差值
项目投资主体	假定等方差	1.615	0.205	0.812	0.417	0.101
	不假定等方差			0.840	0.402	0.101
项目类型	假定等方差	1.434	0.232	1.664	0.097	0.207
	不假定等方差			1.594	0.113	0.207
项目复杂性	假定等方差	0.025	0.875	1.131	0.259	0.106
	不假定等方差			1.127	0.261	0.106
项目目标优先级及整体目标控制难度	假定等方差	1.294	0.256	1.867	0.063	0.202
	不假定等方差			1.843	0.067	0.202
工程发包模式	假定等方差	1.846	0.175	1.643	0.101	0.210
	不假定等方差			1.578	0.116	0.210
业主单位类型	假定等方差	1.757	0.212	1.691	0.098	0.102
	不假定等方差			1.484	0.114	0.102
业主方项目管理能力	假定等方差	0.010	0.919	−1.212	0.227	−0.134
	不假定等方差			−1.221	0.223	−0.134
业主方技术管理能力	假定等方差	0.869	0.352	−1.778	0.076	−0.193
	不假定等方差			−1.796	0.074	−0.193

续 表

		莱文方差等同性检验		平均值等同性 T 检验		
		F	显著性	T	显著性	平均值差值
业主方项目管理特定模块能力缺失情况	假定等方差	1.823	0.178	−2.623	0.009	−0.294
	不假定等方差			−2.733	0.007	−0.294
业主方内部资源整合能力	假定等方差	0.202	0.654	0.324	0.746	0.035
	不假定等方差			0.317	0.752	0.035
业主方外部资源整合能力	假定等方差	1.372	0.242	0.612	0.541	0.068
	不假定等方差			0.582	0.562	0.068
业主方设计类战略合作伙伴资源情况	假定等方差	0.843	0.359	1.677	0.095	0.198
	不假定等方差			1.635	0.104	0.198
业主方项目管理类战略合作伙伴资源情况	假定等方差	1.091	0.297	−1.422	0.156	−0.173
	不假定等方差			−1.462	0.145	−0.173
业主方专项咨询类战略合作伙伴资源情况	假定等方差	1.440	0.231	−1.630	0.104	−0.191
	不假定等方差			−1.665	0.098	−0.191
业主方追求管理创新的主动意识和动力	假定等方差	0.346	0.557	−0.496	0.621	−0.055
	不假定等方差			−0.504	0.615	−0.055
业主方对不同服务模式的认知度和认可度	假定等方差	0.058	0.811	0.461	0.645	0.049
	不假定等方差			0.462	0.645	0.049
业主方对不同模式工程咨询费用总支出的理解和认识,以及其敏感性	假定等方差	0.144	0.705	−0.451	0.653	−0.048
	不假定等方差			−0.461	0.645	−0.048
项目所在地地方政府对全过程工程咨询服务特定模式委托的支持和扶持程度	假定等方差	1.817	0.222	1.079	0.063	0.205
	不假定等方差			1.942	0.058	0.205

续　表

		莱文方差等同性检验		平均值等同性 T 检验		
		F	显著性	T	显著性	平均值差值
市场中一体化综合性工程咨询企业的充沛度和胜任力	假定等方差	7.573	0.006	1.386	0.167	0.139
	不假定等方差			1.291	0.199	0.139
市场中设计为核心业务的综合性工程咨询企业的充沛度和胜任力	假定等方差	3.054	0.082	2.258	0.025	0.235
	不假定等方差			2.186	0.030	0.235
市场中项目管理为核心业务的综合性工程咨询企业的充沛度和胜任力	假定等方差	3.785	0.053	0.643	0.521	0.065
	不假定等方差			0.604	0.547	0.065

独立样本 T 检验的结果如表 1.22 所示，当方差检验的显著性小于 0.05 时，则认为不满足方差齐性，对应的独立样本 T 检验显著性值为不假定等方差行所示数值，否则对应假定等方差行所示数值。

以 0.05 为显著性判断标准，若显著性水平低于 0.05，则认为两组对于某影响因素的均值评分存在明显差异，即两类企业受访人员对于该影响因素的重要程度感知有明显差异。根据表 1.22，来自两类企业的受访者对于业主方项目管理特定模块能力缺失情况、市场中设计为核心业务的综合性工程咨询企业的充沛度和胜任力这两个影响因素的认知存在明显差异，其中项目管理/监理型企业受访者认为市场中设计为核心业务的综合性工程咨询企业的充沛度和胜任力的重要程度更高（表 1.22 中平均值差异大于 0），而造价咨询/QS 企业受访者认为业主方项目管理特定模块能力缺失情况重要程度更高（表 1.22 中平均值差异小于 0）。

(1) 市场中设计为核心业务的综合性工程咨询企业的充沛度和胜任力

项目管理/监理型企业和造价咨询/QS 企业对于市场中设计为核心业务的综合性工程咨询企业的充沛度和胜任力这一影响的认知水平存在显著性差异，且来自项目管理/监理型企业的受访者对该影响因素的评价均值更高。这一结果说明项目管理/监理类企业面对设计型企业的市场竞争压力更大。从政策和市场的视角来看，我国的全过程工程咨询试点单位以设计、管理两类公司为主导,这两类企业也是当前全过程工程咨询服务的主要供给方;从服务模式的视角来看,集成程度较高的设计主导型、项目管理主导型两种服务模式形式较为相似,呈互斥状态,而这两类服务模式的主要提供商为设计和管理两类企业。当业主想要选择集成程度较高、同时又能充分制衡全过程工程咨询单位权利(非一体化模式)的全咨服务模式时,设计和管理类企业将会面对直接的竞争,当市场中设计类企业的数量和胜任力不能满足业主和项目需求时,业主将有极大概率选择项目管理主导型服务模式。因此,项目管理/监理类企业能够明显感知到这一影响因素对于业主方服务模式决策结果的影响。同时,造价咨询/QS类企业主要提供专项组合、专项延伸型服务,与设计类企业通常不构成直接的竞争关系,对于该影响因素的感知较弱。因此,项目管理/监理类企业和造价咨询/QS类企业对于市场中设计为核心业务的综合性工程咨询企业的充沛度和胜任力这一影响因素的重要性认知存在明显差异。

(2)业主方项目管理特定模块能力缺失情况

根据独立样本T检验的结果,造价咨询/QS单位对业主方项目管理特定模块能力缺失情况这一影响因素的评价均值显著高于项目管理/监理单位。一般而言,专业的工程咨询企业通常倾向于以某一专项服务为切入口,为业主提供专项组合或延伸型的全过程工程咨询服务模式;同时,当业主的某一项目特定能力模块存在明显的缺失与不足时,选择针对性、专业性更强的专项组合/延伸型服务模式的概率相对较高。对于造价咨询/QS企业而言,这类企业所提供的全咨服务模式主要以全过程造价咨询等专项延伸型或造价咨询+招标代理+投资决策咨询等造价相关的专项组合型服务为主,即业主造价管理这一专项模块的能力有明显缺失时,造价咨询/QS企业获取全过程工程咨询业务的概率相对较高,而此时项目管理/监理类企业的介入机会通常较为有限。因此,造价咨询/QS企业对于业主方项目管理特定模块能力缺失情况的感知较为明显,对该影响因素的评价于项目管理/监理单位相比存在显著性差异。

根据上述分析可知,本章所归纳的全过程工程咨询服务模式决策影响因素,有一定的针对性和区分度。不同类型的企业基于自身的经验及市场感知,对于特定的影响因素存在符合逻辑的显著性认知差异,进一步验证了研究结论的有效性。

5.5　受访者个人建议汇总及分析

在本次问卷调查的第三部分,部分受访者从自身经验和知识见解角度提出了对于全过程工程咨询服务模式决策影响因素的理解，将被调查者的有效观点进行汇总、筛选与整合后，得到以下补充观点，如表1.23所示。

表1.23 受访者补充观点汇总

补充影响因素（整合后）	频 数
业主方最高决策者对特定模式的认知及支持力度	4
国家政策及对于该项服务模式的支持导向	4
特定服务模式是否物有所值	3
项目地域	2
业主对服务提供商的信任	2
资金来源	2
市场各个层次、专业结构能力的人才匹配程度	1
业主方内部的组织结构及责权界面	1
咨询企业内部管理能力的提升水平与自我驱动意愿	1
企业是否有相应的资质	1
特定服务模式对于降低管理风险、提升管理水平、更好地实现项目目标的有效性	1
完备的合同文本以明确义务与权利	1
业主自身专业化程度	1
市场上特定服务模式实施的效果和客户满意度	1
特定模式对业主方的服务增值情况	1

如上表所示，将受访者的有效观点进行一定程度汇总，并将近似观点合并后，得到了15个影响因素。从总体上看，具备较丰富实务经验的受访者群体更多关注特定模式的实际效果/价值、业主方的支持力度、政策支持力度、咨询企业自身情况等对于业主最终决策的影响。

具体而言，上述影响因素与本篇所总结的21个影响因素虽然在语言表述上有所差异，但内涵有相似之处。例如，业主方最高决策者对特定模式的认知及支持力度这一影响因素与业主方对不同服务模式的认知度和认可度较为相似。前者突出了业主方最高决策者的作用，后者将业主方抽象为一个整体的决策机构，本质上并无明显差异。政策支持程度/合同完备性等与项目所在地地方政府对全过程工程咨询服务特定模式委托的支持和扶持程度较为类似，且后者的含义相对更为丰富。市场中人才匹配程度、企业资质等与关于本章所总结的各类企业胜任力和充沛度相关影响因素较为相似。而特定服务模式的有效性、市场上特定服务模式实施的效果和客户满意度、特定模式的服务增值情况也取决于业主的自身感知和判断，可用业主方对不同服务模式的认知度和认可度代替。

同时，部分观点形成了对本章所提出的影响因素模型的补充。例如，部分受访者深入思考了业主内部组织架构对于服务模式决策的影响，并认为业主方内部的组织结构及责权界面会影响最终决策结果。而本章所提出的业主单位类型（建设指挥部、政府平台公司、开发商、其他行业企业）虽然也包含组织架构层面的区别，但是从文字表述上仍然较为宏观，不够细化。而业主方内部的组织结构及责权界面则形成了对与业主单位类型这一影响因素的细化阐述与补充，业主在进行服务模式决策时，确实要考虑内部的组织架构和团队配置，若业主及项目团队的组织架构完整，权责清晰，一般对一体化服务模式的需求会相对较弱。与之类似的还有咨询企业内部管理能力的提升水平与自我驱动意愿，一方面，这是咨询企业胜任力的重要组成部分；另一方面，面对不同服务模式所带来的风险、不确定性的差异，咨询企业是否具有自我提升意识，从传统咨询服务向专项组合/延伸性服务再向项目管理/设计主导性、一体化模式转变，也是业主方考虑的重要因素。可以对相关影响因素形成补充。

总体而言，受访者所提出的补充性观点与本章已有的影响因素重叠性、包含性较高，部分观点实质上是对现有影响因素的细化阐述，对于我们深入理解各影响因素的含义有较好的辅助作用。

第 6 章 结论与展望

6.1 研究结论

本篇在对全过程工程咨询的进行政策、理论和研究现状分析的基础上,综合运用研究文献、政策文本、专家观点、实践案例等资料对全过程工程咨询服务模式的分类进行系统研究,并对各类服务模式的特点进行分析。在此基础上,运用扎根理论对全过程工程咨询服务模式的决策影响因素进行了梳理与总结,并基于调查问卷收集相关数据,对上述影响因素进行了精简与优化、差异特征分析等。通过本篇的研究,主要得到了以下的成果和结论:

(1) 本篇针对现有研究的不足,对全过程工程咨询的政策文件、相关理论基础进行了较为深入的阐述与分析。结果显示,全过程工程咨询具有深刻的政策背景;系统科学理论、整体性治理理论、集成管理理论、项目全生命周期管理理论构成了全过程工程咨询的核心理论基础。当前阶段,关于全过程工程咨询服务模式的研究尚不充分,有必要进行更为深入的研究。

(2) 本篇运用三角验证的基本思想,从政策文本、专家观点、实践案例中梳理核心支撑观点,并结合全过程工程咨询理论基础研究,提出了全过程工程咨询服务模式的分类体系。结果显示,现有主流全过程工程咨询服务模式可分为 5 个基本类型:专项延伸型全过程工程咨询服务模式、专项组合型全过程工程咨询服务模式、设计主导型全过程工程咨询服务模式、项目管理主导型全过程工程咨询服务模式、一体化全过程工程咨询服务模式。这五类服务模式的集成化程度、治理结构、产业基础、对咨询行业的促进作用均有所分殊,有着不同的适用条件。因此,需要对业主方进行服务模式选择决策时的影响因素进行深入分析,以指导业主方、咨询服务供给方合理选择使用的服务模式。

(3) 在对全过程工程咨询服务模式进行了合理分类的基础上,本篇基于扎根理论的质性研究方法,通过专家访谈、案例研究等方法收集研究资料,对海量资料进行深入分析,并初步总结出了 4 大类、26 项全过程工程咨询服务模式决策影响因素。

（4）在扎根理论相关研究成果的基础上，运用问卷调查的研究方法，对全过程工程咨询服务模式决策影响因素进行筛选、优化与分析。运用重要程度指数、相关性分析的筛选方法，将5个重要性程度较弱或与其他影响因素相关性较强的影响因素合理删除，并最终得到涵盖4大维度、21项因素的全过程工程咨询服务模式决策影响因素模型。结果显示，业主方在进行服务模式选择时，应当综合考虑项目本体属性、项目交付属性、业主综合属性、政策和市场环境属性这四个维度，从而选择与特定项目情境相适应的全过程工程咨询服务模式，从而真正发挥全过程工程咨询的优势，以提升项目绩效。同时，本篇从问卷样本中挑选8家典型工程咨询企业，并将其分为项目管理/监理和造价咨询/QS两个基本类型，并运用独立样本T检验对来自这两类企业的受访者样本数据进行差异性特征分析。结果显示，来自不同类型企业的受访者对市场中以设计为核心业务的综合性工程咨询企业的充沛度和胜任力、业主方项目管理特定模块能力缺失情况这两个影响因素的认知存在显著性差异，对于其余影响因素的感知不存在显著性差异。其中，来自项目管理/监理类企业的受访者对于市场中以设计为核心业务的综合性工程咨询企业的充沛度和胜任力这一影响因素的认知高于造价咨询/QS类企业，而造价咨询/QS类企业对于业主方项目管理特定模块能力缺失情况这一影响因素的认知显著高于项目管理/监理类企业。

6.2 研究不足与展望

受限于笔者的理论水平、实践经验，加上目前学术界的现有理论研究基础较为薄弱、产业界的全过程工程咨询实践开展尚不充分，本篇的研究还存在诸多的偏颇、遗漏，取得的成果也有待进一步实践证明。

（1）目前，学术界和产业界对于全过程工程咨询有哪些服务模式以及具体分类方式仍存在争议，并且随着实践和理论研究的开展，全过程工程咨询服务模式也可能呈现不断动态变化的状态。本篇基于现有研究资料，在对全过程工程咨询服务模式进行分类时，资料获取的完备性仍有待加强，具体的研究过程也存在一定的主观性，而笔者自身知识结构和实践经历的不足也可能导致分类结果的不准确。本篇所总结的5种服务模式是否符合市场和实践的实际情况，是否能得到业内认可，仍有待进一步的研究和确认。

（2）本篇运用扎根理论和数据验证的方法，对全过程工程咨询服务模式决策影响因素作了总结与分析。然而，相关分析所依据的样本容量是有限的，分析取得的 21 个影响因素是否完整、充分，是否能够真正有效指导业主选择恰当的全过程工程咨询服务模式，也仍有待后续开展进一步的实证研究。

（3）由于本篇选题专业性、实践性较强，问卷调查样本的收集时间有限，最终收集到的样本以工程咨询行业从业人员为主，业主方、施工单位的样本量较少。受访者单位类型的局限性对于影响因素的筛选及独立样本 T 检验的结果可能存在一定的影响。

针对本篇的研究局限及全过程工程咨询的实践情况，未来可以进行如下的探索性研究：

（1）待各类全过程工程咨询服务模式均有一定的实践基础及数据积累，可以重新优化问卷，进一步实证研究。例如，运用结构方程模型、多元回归等方法，分析各项决策影响因素对服务模式选择的影响机理以及服务模式选择与项目绩效的关系等。

（2）可根据本篇总结出的 21 项决策影响因素及案例数据，建立全过程工程咨询服务模式的决策支持系统，以进一步指导业主们合理选择恰当的服务模式。

参 考 文 献

[1] KLOTZ L, HORMAN M, BODENSCHATZ M. A lean modeling protocol for evaluating green project delivery[J]. Lean Construction Journal, 2007, 3(1): 1-18.

[2] NASIR H, AHMED H. An analysis of construction productivity differences between Canada and the United States[J]. Construction Management & Economics, 2014, 32(32): 595-607.

[3] ILOZOR B D, KELLY D J. Building information modeling and integrated project delivery in the commercial construction industry: a conceptual study[J]. Journal of Engineering, 2012, 2(1): 23-36.

[4] 盛昭瀚,游庆仲.综合集成管理:方法论与范式——苏通大桥工程管理理论的探索[J].复杂系统与复杂性科学,2007(2):1-9.

[5] André Monteiro, Pedro Mêda, João Poças Martins. Framework for the coordinated application of two different integrated project delivery platforms[J]. Automation in Construction, 2014(38): 87-99.

[6] KATHERINE LEPAGE. Building information modeling with revit architecture and acoustical coordination[J]. Journal of the Acoustical Society of America, 2010, 127(3): 2001.

[7] 王俊,赵基达,胡宗羽.我国建筑工业化发展现状与思考[J].土木工程学报,2016,49(5):1-8.

[8] 张庆民.我国工程咨询管理与创新研究[D].天津:天津大学,2009.

[9] 国务院.国务院办公厅关于促进建筑业持续健康发展的意见[Z].国办发〔2017〕19号,2017.

[10] 住建部.住房城乡建设部关于开展全过程工程咨询试点工作的通知[Z].建市〔2017〕101号,2017.

[11] 发改委,住建部.关于推进全过程工程咨询服务发展的指导意见[Z].发改投资规〔2019〕515号,2019.

[12] 阮明华,贺晓东.全过程工程咨询的实践研究[J].建筑经济,2019,40(10):9-12.

[13] 徐贝贝.基于PPP的工程咨询服务模式研究[D].南京:东南大学,2018.

[14] 慧杰.中国工程咨询业群落企业共生研究[D].天津:天津大学,2012.

[15] 丁士昭.全过程工程咨询概念和核心理念[J].建筑知识,2018(9):20-21.

[16] 吴佐民.工程咨询企业如何转型升级[J].招标采购管理,2018(11):15-16.

[17] 王甦雅,钟晖.基于"1+N"项目管理思维的全过程工程咨询分析[J].建筑经济,2019,40(3):5-8.
[18] AKINCI B. Situational awareness in construction and facility management[J]. Frontiers of Engineering Management, 2015, 1(3): 283.
[19] 曹吉鸣,缪莉莉.我国设施管理的实施现状和制约因素分析[J].建筑经济,2008(3):100-103.
[20] 徐小张.关于全过程工程咨询试点工作的思考[J].建设监理,2018(1):35-37.
[21] 王小玲,王晓宇.全过程工程咨询创新实践及应用建议研究[J].建筑经济,2019,40(8):5-9.
[22] 郭建淼.以"投资管控"为核心的全过程工程咨询 承德市奥体中心项目全过程工程咨询案例分析[J].项目管理评论,2019(5):72-77.
[23] 杨志明.国外全过程工程咨询服务模式研究[J].建设监理,2018(7):9-11+27.
[24] 董然,尹贻林,王翔,等.基于工作要素权重的全过程工程咨询管理报酬模型研究[J].项目管理技术,2019,17(7):52-58.
[25] 张丽萍.全过程工程咨询实施要点初探[J].工程经济,2019,29(9):65-68.
[26] 赵振宇,高磊.推行全过程工程咨询面临的问题与对策[J].建筑经济,2019,40(12):5-10.
[27] 严玲,张思睿.基于交易特征的全过程工程咨询合同研究[J].建筑经济,2019,40(8):48-53.
[28] 白润山,王利文.关于我国工程咨询业发展的思考[J].建筑经济,2006(9):31-33.
[29] 阙梦秋.工程监理企业发展项目管理服务的转型研究[D].南京:东南大学,2015.
[30] 郑大为.全过程工程咨询理论应用与服务实践探析[J].建设监理,2018(5):5-10.
[31] 吴红梅.推进全过程工程咨询的思考与建议[J].中国工程咨询,2019(5):23-25.
[32] 周倍立.全过程工程咨询发展的分析和建议[J].建筑经济,2019,40(1):5-8.
[33] 杨卫东.推行全过程工程咨询的思考和认识[J].工程管理年刊,2017(7):45-54.
[34] 吴佐民.工程咨询企业如何转型升级[J].招标采购管理,2018(11):15-16.
[35] 杨学英.监理企业发展全过程工程咨询服务的策略研究[J].建筑经济,2018,39(3):9-12.
[36] 焦春丽.系统科学方法与思维方式的变革[D].桂林:广西师范大学,2008.
[37] 董家广.基于系统科学思想的EPC工程总承包项目质量管理[D].天津:天津大学,2007.
[38] 于景元.钱学森系统科学思想和系统科学体系[J].科学决策,2014(12):2-22.
[39] 吴绍艳.基于复杂系统理论的工程项目管理协同机制与方法研究[D].天津:天津大学,2006.
[40] POLLACK J. The changing paradigms of project management[J]. International Journal of Project Management, 2007, 25(3): 266-274.
[41] 成思危.复杂科学与系统工程[J].管理科学学报,1999(2):3-9.
[42] 吴绍艳.工程项目的复杂性探讨[J].建筑经济,2009(6):22-25.
[43] REN Z, ANUMBA C J. Multi-agent systems in construction-state of the art and prospects[J]. Automation in Construction, 2004, 13(3): 421-434.

[44] 谢维全.全过程工程咨询的发展与咨询要点分析[J].绿色环保建材,2019(12):178-179+182.

[45] 孙道银,李东.供应链管理中的系统科学思想[J].经济与管理,2008(1):77-82.

[46] 尹贻林,张勇毅.中国工程咨询业的发展与演进[J].土木工程学报,2005(10):133-137.

[47] LOCATELLI G, MANCINI M, ROMANO E. Systems engineering to improve the governance in complex project environments[J]. International Journal of Project Management, 2014, 32(8): 1395-1410.

[48] 赵轲.基于BIM的全过程工程咨询集成管理研究[D].天津:天津理工大学,2019.

[49] 吴中波.建设项目组织系统集成管理研究[D].武汉:武汉理工大学,2007.

[50] 于景元.系统科学和系统工程的发展与应用[J].科学决策,2017(12):1-18.

[51] 王红卫,孙长银,沈轶,等.系统科学与系统工程学科发展战略研究[J].中国科学基金,2009,23(2):70-77.

[52] 盛昭瀚,薛小龙,安实.构建中国特色重大工程管理理论体系与话语体系[J].管理世界,2019,35(4):2-16+51+195.

[53] 竺乾威.从新公共管理到整体性治理[J].中国行政管理,2008(10):52-58.

[54] DARLOW A, PERCY-SMITH J, WELLS P. Community strategies: are they delivering joined up governance?[J]. Local Government Studies, 2007, 33(1): 117-129.

[55] CAREY G, HARRIS P. Developing management practices to support joined-up governance[J]. Australian Journal of Public Administration, 2016, 75(1): 112-118.

[56] 曾凡军,定明捷.迈向整体性治理的我国公共服务型财政研究[J].经济研究参考,2010(65):43-46+50.

[57] DUNLEAVY P, MARGETTS H, BASTOW S, et al. New public management is dead—long live digital-era governance[J]. Journal of Public Administration Research and Theory, 2006, 16(3): 467-494.

[58] PERRI. Joined-up government in the western world in comparative perspective: a preliminary literature review and exploration[J]. Journal of Public Administration Research and Theory, 2004, 14(1): 103-138.

[59] 史云贵,周荃.整体性治理:梳理、反思与趋势[J].天津行政学院学报,2014,16(5):3-8.

[60] GAO X, SONG Y, ZHU X. Integration and coordination: advancing China's fragmented e-government to holistic governance[J]. Government Information Quarterly, 2013, 30(2): 173-181.

[61] DUNLEAVY P, MARGETTS H, BASTOW S, et al. Digital era governance: IT corporations, the state, and e-government[M]. Oxford University Press, 2008.

[62] 崔会敏.整体性治理:超越新公共管理的治理理论[J].辽宁行政学院学报,2011,13(7):20-22.

[63] 张杰.全过程工程咨询虚拟组织构建及运行机制研究[D].济南:山东建筑大学,2019.

[64] 陈勇强.大型工程建设项目集成管理[J].天津大学学报(社会科学版),2008(3):202-205.

[65] 海峰,李必强,向佐春.管理集成论[J].中国软科学,1999(3):87-88+95.

[66] KOUFTEROS X, VONDEREMBSE M, DOLL W. Concurrent engineering and its consequences[J]. Journal of Operations Management, 2001, 19(1): 97-115.

[67] HOLWEG M. The genealogy of lean production[J]. Journal of Operations Management, 2007, 25(2): 420-437.

[68] LINNANEN L. Life cycle management: Integrated approach towards corporate environmental issues[J]. Business Strategy and the Environment, 1995, 4(3): 117-127.

[69] 吴育华,王初,赵强.CIMS在非制造业的应用分析[J].中国软科学,2003(2):140-142.

[70] 钱学森.一个科学新领域——开放的复杂巨系统及其方法论[J].上海理工大学学报,2011,33(6):526-532.

[71] 于景元,刘毅,马昌超.关于复杂性研究[J].系统仿真学报,2002(11):1417-1424+1446.

[72] 麦强,盛昭瀚,安实,高星林.重大工程管理决策复杂性及复杂性降解原理[J].管理科学学报,2019,22(08):17-32.

[73] 梁茹,盛昭瀚.基于综合集成的重大工程复杂问题决策模式[J].中国软科学,2015(11):123-135.

[74] 邱大灿,程书萍,葛秋东.大型工程前期决策综合集成管理模式研究——港珠澳大桥建设管理理论思考[J].建筑经济,2011(8):44-47.

[75] 盛昭瀚,游庆仲,李迁.大型复杂工程管理的方法论和方法:综合集成管理——以苏通大桥为例[J].科技进步与对策,2008(10):193-197.

[76] 盛昭瀚,游庆仲.综合集成管理:方法论与范式——苏通大桥工程管理理论的探索[J].复杂系统与复杂性科学,2007(2):1-9.

[77] 万冬君.基于全寿命期的建设工程项目集成化管理模式研究[J].土木工程学报,2012,45(2):267-271.

[78] 何清华,陈发标.建设项目全寿命周期集成化管理模式的研究[J].重庆建筑大学学报,2001(4):75-80.

[79] 齐二石,姜琳.大型工程项目的复杂性及其集成化管理[J].科技管理研究,2008(8):191-193.

[80] 祁超,卢辉,王红卫,等.重大工程工厂化建造管理创新:集成化管理和供应商培育[J].管理世界,2019,35(4):39-51.

[81] 任志涛,王士伟.建设工程项目集成管理和过程集成管理[J].建筑,2010(16):61-62.

[82] CALDAS C H, SOIBELMAN L. Automating hierarchical document classification for construction management information systems[J]. Automation in Construction, 2003, 12(4): 395-406.

[83] 潘多忠,程嘉,余渊.基于大数据架构的全过程工程咨询项目管理平台[J].土木建筑工程信息技术,2019,11(6):27-35.

[84] 张双甜,郎颢川.基于流程再造的全过程咨询之挑战应对[J].工程管理学报,2019,33(1):17-22.

[85] 徐武明,徐玖平.大型工程建设项目组织综合集成模式[J].管理学报,2012,9(1):132-138.

[86] 田立平.过程工程咨询组织管理研究[D].哈尔滨:哈尔滨工业大学,2019.
[87] GARNETT N, PICKRELL S. Benchmarking for construction: theory and practice [J]. Construction Management and Economics, 2000, 18(1): 55-63.
[88] 何清华,罗岚,李永奎,等.工程项目组织集成对项目绩效的影响路径[J].同济大学学报(自然科学版),2014,42(1):151-158.
[89] MURPHY D J, HEBERLING M E. A framework for purchasing and integrated product teams[J]. International Journal of Purchasing and Materials Management, 1996, 32(3): 11-19.
[90] 徐玖平,李姣.大型水利水电工程建设项目动态联盟组织模式的结构集成[J].系统工程理论与实践,2012,32(11):2447-2458.
[91] LIN Z, YANG H, DEMIRKAN I. The performance consequences of ambidexterity in strategic alliance formations: empirical investigation and computational theorizing [J]. Management Science, 2007, 53(10): 1645-1658.
[92] ZHANG X, WANG Y, WANG G F. The research of virtual organization for intelligent sharing based on open grid service architecture[C]. International Symposium on Intelligence Computation & Applications. Springer Berlin Heidelberg, 2010.
[93] 何清华.虚拟组织在建筑业中的应用——虚拟建设[J].建筑,2000(1):29-30.
[94] 郑磊.虚拟建设及其实施的理论问题研究[D].南京:东南大学,2005.
[95] 荆琦,王慧敏,徐晓飞.动态联盟项目组织模式及协同管理方法研究[J].哈尔滨工业大学学报,2004(8):995-1000.
[96] 任志涛,王士伟.建设工程项目集成管理和过程集成管理[J].建筑,2010(16):61-62.
[97] 王雪梅.国际工料测量与我国造价控制方法的对比分析[J].建设监理,2019(5):30-32+90.
[98] 姜琳.基于复杂性思想的大型工程建设项目集成化管理研究[D].天津:天津大学,2006.
[99] 刘伊生.建设工程项目管理的发展趋势——集成化[J].建筑经济,2008(1):13-16.
[100] 章胜平,丁烈云.大型建设项目全寿命周期动态联盟模式研究[J].华中科技大学学报(城市科学版),2005(1):112-115.
[101] 丁士昭.工程项目管理[M].北京:中国建筑工业出版社,2006.
[102] JAAFARI A, MANIVONG K. The need for life-cycle integration of project processes [J]. Engineering, Construction and Architectural Management, 1999, 6(3): 235-255.
[103] JAAFARI A. Concurrent construction and life-cycle project management[J]. Journal of Construction Engineering and Management, 1997(4): 427-436.
[104] JAAFARI A, MANIVONG K. Synthesis of model for life-cycle project management [J]. Computer Aided Civil and Infrastructure Engineering, 2000, 15(1): 26-38.
[105] C. TATUM. Management-driven integration[J]. Journal of Management in Engineering, 2000, 16(1): 48-58.
[106] 何清华,陈发标,芦勇.全寿命周期集成化管理模式的思想和组织[J].基建优化,2001(2):38-40.

[107] MACEK D, SNÍEK, VÁCLAV. Innovation in bridge life-cycle cost assessment[J]. Procedia Engineering, 2017(196): 441-446.

[108] 李永奎.建设工程生命周期信息管理(BLM)的理论与实现方法研究[D].上海: 同济大学, 2007.

[109] ZOU P X W, WANG S, FANG D. A life-cycle risk management framework for PPP infrastructure projects[J]. Journal of Financial Management of Property and Construction, 2008, 13(2): 123-142.

[110] 万冬君.基于全寿命期的建设工程项目集成化管理模式研究[J].土木工程学报, 2012, 45(2): 267-271.

[111] 何曙光,齐二石,汪洋,等.面向工程建设的现代集成管理系统研究[J].计算机集成制造系统-CIMS, 2002(4): 330-332.

[112] J WANG, Y SU, J TIAN. Study on the construction project life-cycle integrated management system [C]. International Conference on Management Science and Engineering, Moscow, 2009: 1976-1981.

[113] 陆帅,吴洪樾,宁延.全过程工程咨询政策分析及推行建议[J].建筑经济, 2017, 38(11): 19-22.

[114] 马升军.全过程工程咨询的实施策略分析[J].中国工程咨询, 2017(9): 17-19.

[115] 乔俊杰,钟炜,尹贻林,等.工程造价咨询企业发展全过程工程咨询的策略研究[J].项目管理技术, 2019, 17(7): 59-63.

[116] 周茂刚.建筑设计企业开展全过程工程咨询业务的思考[J].上海建设科技, 2018(6): 68-71+74.

[117] 戈焌杰.全过程工程咨询企业服务能力成熟度研究[D].扬州: 扬州大学, 2019.

[118] 张杰.全过程工程咨询虚拟组织构建及运行机制研究[D].济南: 山东建筑大学, 2019.

[119] 任雅茹.基于风险分担的全过程工程咨询服务报酬模型研究[D].天津: 天津理工大学, 2019.

[120] 傅峻.关于国内外全过程工程咨询异同的探讨[J].决策探索(中), 2019(6): 48-49.

[121] 丁士昭.用国际化视野推进全过程工程咨询[J].中国勘察设计, 2019(5): 32-37.

[122] 王宏海,邓晓梅,申长均.全过程工程咨询须以设计为主导、建筑策划先行[J].建筑设计管理, 2017, 34(10): 20-25.

[123] 卢晓涛,宋元涛.全过程工程咨询管理模式探讨[J].建设监理, 2018(9): 55-57.

[124] 吴熙,顾杰峰,屠月海.输变电工程全过程工程咨询业务组合模式研究[J].项目管理技术, 2020, 18(2): 57-62.

[125] 杨成瑶.我国工程造价咨询企业"走出去"发展战略研究[D].重庆: 重庆大学, 2017.

[126] JOHN D MADSEN. Professional construction management services[J]. Journal of the Construction Division, 1979, 105(2): 139-156.

[127] LU W, YE K, FLANAGAN R, et al. Developing construction professional services in the international market: SWOT analysis of China[J]. Journal of Management in Engineering, 2013, 29(3): 302-313.

[128] JOHNSON R, CLAYTON M, XIA G, et al. The strategic implications of E-commerce

for the design and construction industry[J]. Engineering Construction & Architectural Management., 2002,9(3): 241-248.
[129] LU, SHU-LING, SEXTON M. Innovation in small construction knowledge-intensive professional service firms: a case study of an architectural practice[J]. Construction Management and Economics, 2006, 24(12): 1269-1282.
[130] JEWELL C, FLANAGAN R, Lu W. The dilemma of scope and scale for construction professional service firms[J]. Construction Management and Economics, 2014, 32(5): 473-486.
[131] COVIELLO N E, MARTIN A M. Internationalization of service SMEs: an integrated perspective from, the engineering consulting sector [J]. Journal of International Marketing, 1999, 7(4): 42-66.
[132] JEWELL C, FLANAGAN R. Measuring construction professional services exports: a case for change[J]. Building Research and Information, 2012, 40(3): 1-11.
[133] J J J KASVI, M VARTIAINEN, M HAILIKARI. Managing knowledge and knowledge competencies in projects and project organizations[J]. International Journal of Project Management, 2003(21): 571-582.
[134] HO C, CHEN J J. The case-based reasoning system for knowledge management of engineering consulting projects [C]. International Conference on Computational Intelligence for Modelling, Control and Automation, Sydney, 2006: 234.
[135] WANG Z, ZHOU H, DING Y. Knowledge sharing and new business development in engineering consulting firms[C]. International Conference on Information Science & Engineering. IEEE, 2010.
[136] WU J W, TSENG J C R, YU W D, et al. An integrated proactive knowledge management model for enhancing engineering services[J]. Automation in Construction, 2012(24): 81-88.
[137] SAMSON D, PARKER R. Service quality: the gap in the australian consulting engineering industry[J]. International Journal of Quality & Reliability Management, 1994, 11(7): 60-76.
[138] OAKLAND J S, ALDRIDGE A J. Quality management in civil and structural engineering consulting[J]. International Journal of Quality & Reliability Management, 1995, 12(3): 32-48.
[139] LI J. Evaluation for the performance of engineering consulting service facing project management[C], 2011 International Conference on Management and Service Science, Wuhan, 2011: 1-4.
[140] ROODHOOFT F, ABBEELE A V D. Public procurement of consulting services evidence and comparison with private companies[J]. International Journal of Public Sector Management, 2006, 19(5): 490-512.
[141] STOUT, BRUCE L. Is competitive price bidding for professional services ethical? another view[J]. Journal of Professional Issues in Engineering Education and Practice,

1995，121(4)：256-258.

[142] CHRISTODOULOU S, GRIFFIS F H, Barrett L, et al. Qualifications-based selection of professional A/E services[J]. Journal of Management in Engineering, 2004, 20(2), 34-41.

[143] GRIFFIS F. In pursuit of catalysts for new technology-case for qualifications-based selection (QBS) of professional A/E services[C]. Architectural Engineering. ASCE, 2014.

[144] MANOLIADIS O G, PANTOUVAKIS, JOHN-PARIS, et al. Improving qualifications-based selection by use of the fuzzy Delphi method[J]. Construction Management and Economics, 2009, 27(4): 373-384.

[145] 李会军,葛京,席酉民.理解商业模式：基于哲学三角验证的探讨[J].管理学报,2016,13(11)：1587-1596.

[146] 赵玉香.工程监理企业向工程项目管理企业转变的研究[D].北京：北京交通大学,2012.

[147] 尹贻林,解文雯,杨先贺,等.建设项目全过程工程咨询收费机制研究[J].项目管理技术,2019,17(11)：7-11.

[148] THURMOND V A. The point of triangulation[J]. Journal of Nursing Scholarship, 2001, 33(3): 253-258.

[149] 陆宁,郭颖,陈乔,等.2006～2011年入围ENR225强的中国国际承包商总体概况分析[J].建筑经济,2013(2)：20-23.

[150] 崔璨.我国工程咨询业资质管理制度市场化的改革研究[D].赣州：江西理工大学,2017.

[151] 王华,尹贻林.基于委托—代理的工程项目治理结构及其优化[J].中国软科学,2004(11)：93-96.

[152] JOSLIN R, MÜLLER, RALF. The relationship between project governance and project success[J]. International Journal of Project Management, 2016, 34(4): 613-626.

[153] TURNER J R. Towards a theory of project management: the nature of the project governance and project management[J]. International Journal of Project Management, 2006, 24 (2): 93-95.

[154] MARTIN C R, HORNE D A, CHAN W S. A perspective on client productivity in business-to-business consulting services[J]. International Journal of Service Industry Management, 2001, 12(2): 137-158.

[155] HOMBURG C, STEBEL P. Determinants of contract terms for professional services[J]. Management Accounting Research, 2009, 20(2): 0-145.

[156] 陶萍,罗刚.工程咨询公司全过程造价控制研究[J].工程管理学报,2010,24(6)：704-708.

[157] 潘多忠.BIM技术在工程全过程精细化项目管理中的应用[J].土木建筑工程信息技术,2014,6(4)：49-54.

[158] 邹建文.工程监理走向全过程工程咨询刍议[J].建设监理,2017(12):26-29.
[159] 邓晓梅,王圣龙,马长捷.DBB模式下建筑师负责制与我国工程监理制的效果比较[J].建筑经济,2017,38(8):5-11.
[160] 王瑞.国内工程咨询行业发展瓶颈及前景定格探析[J].建设监理,2017(11):20-23.
[161] 赵红丹,彭正龙.基于扎根理论的强制性公民行为影响因素研究[J].管理评论,2012,24(3):132-139.
[162] 姚双.船舶制造业企业绿色产能投资决策体系与方法研究[D].哈尔滨:哈尔滨工程大学,2018.
[163] 刘畅.社会资本视角下政府投资项目交易方式选择研究[D].天津:天津理工大学,2015.
[164] DENZIN N K, LINCOLN Y S. Handbook of qualitative research[J]. Bms Bulletin of Sociological Methodology, 1994, 16(44):113-114.
[165] 冯生尧,谢瑶妮.扎根理论:一种新颖的质化研究方法[J].现代教育论丛,2001(6):51-53.
[166] ANSELM S, JULIET C. Basics of qualitative research: grounded theory procedures and techniques[J]. Modern Language Journal, 1990, 77(2).
[167] HE Q, LUO L, HU Y, et al. Measuring the complexity of mega construction projects in China—a fuzzy analytic network process analysis[J]. International Journal of Project Management, 2015, 33(3):549-563.
[168] 李慧,杨乃定,郭晓.复杂项目系统复杂性构成研究[J].软科学,2009,23(2):75-79.
[169] 尹贻林.中国工程造价咨询业发展战略研究[J].工程造价管理,2011(1):10-19.
[170] 谭震寰.上海自贸区保税区域建筑师负责制试点工作评估及探索[J].建筑知识,2018(9):42-45.
[171] 王宏海.全过程工程咨询如何提升业主方项目管理(一)[J].建筑设计管理,2019,36(3):45-50.
[172] 林武平.市场调查中问卷设计的几个基本原则[J].科技信息(学术研究),2006(5):40-41.
[173] 甘琳,申立银,傅鸿源.基于可持续发展的基础设施项目评价指标体系的研究[J].土木工程学报,2009,42(11):133-138.
[174] 田飞.钢筋混凝土结构改造施工中加固方法优选研究[D].西安:西安建筑科技大学,2015.
[175] 柯洪,周付彦.工程项目交易方式选择的影响因素指标体系构建研究[J].工程管理学报,2012,26(2):55-59.
[176] 贾佳.工程项目交易模式影响因素及决策研究[D].重庆:重庆大学,2013.
[177] VIDAL, LUDOVIC-ALEXANDRE, MARLE F. Understanding project complexity: implications on project management[J]. Kybernetes, 2008, 37(8):1094-1110.
[178] XIA B, CHAN A P C. Measuring complexity for building projects: a Delphi study [J]. Engineering, Construction and Architectural Management, 2012, 19(1):7-24.
[179] 陈海波,朱华丽.居民文化消费满意度影响因素分析[J].统计与决策,2014(14):

104-107.
[180] ZIMMERMAN D W. Comparative power of Student T Test and Mann-Whitney U Test for unequal sample sizes and variances[J]. The Journal of Experimental Education, 2014, 55(3): 171-174.
[181] 陈银梦,詹倩.运用双样本 t 检验的若干误区与正确条件[J].统计与管理,2019(2): 40-42.
[182] KLINE R B. Principles and practice of structural equation modeling: fourth edition [M]. New York: The Guilford Press, 2015.

附录 A 实践案例(招标文件)收集情况

编号	省份	项目名称	服务内容
C1	重庆	空港 I7-7 地块学校项目全过程工程咨询服务	设计＋投资决策咨询＋勘察＋工程监理＋造价咨询
C2	重庆	重庆工商大学茶园校区建设项目全过程工程咨询服务	设计＋投资决策咨询＋勘察＋工程监理＋造价咨询＋招标代理＋其他专项咨询
C3	重庆	垫江县东部片区新型城镇化 PPP 项目全过程工程咨询服务	项目管理＋造价咨询＋其他专项咨询
C4	浙江	温州经济技术开发区滨海新城核心区市政基础设施 EPC 工程全过程工程咨询服务	工程监理＋造价咨询＋招标代理
C5	浙江	中共湖州市委党校西校区改扩建工程全过程工程咨询服务	项目管理＋工程监理＋造价咨询＋招标代理
C6	浙江	吴兴区人民法院司法警察训练用房及停车场建设工程全过程工程咨询服务	项目管理＋工程监理＋招标代理
C7	浙江	衢州市文化艺术中心和便民服务中心项目全过程工程咨询服务	项目管理＋工程监理＋造价咨询＋招标代理
C8	浙江	台州蔬菜新品种新技术研究基地建设项目全过程工程咨询服务	项目管理＋投资决策咨询＋造价咨询
C9	浙江	浙江省公安厅全过程工程咨询服务	设计＋投资决策咨询＋工程监理＋造价咨询＋招标代理
C10	浙江	长兴太湖图影山湖花园二期及公共设施 PPP 全过程工程咨询服务	项目管理＋工程监理
C11	浙江	衢州市文化艺术中心和便民服务中心项目全过程工程咨询服务	项目管理＋工程监理＋造价咨询＋招标代理

续 表

编号	省份	项目名称	服务内容
C12	浙江	磐安县安文小学安文初中迁建工程全过程工程咨询服务	项目管理＋工程监理＋造价咨询＋招标代理＋其他专项咨询
C13	浙江	黄隘地块安置房项目全过程工程咨询服务	项目管理＋工程监理＋造价咨询
C14	浙江	马桥街道蔚蓝公寓项目全过程工程咨询服务	项目管理＋投资决策咨询＋工程监理＋造价咨询＋招标代理
C15	浙江	宁波市妇女儿童医院南部院区3号住院楼维修工程全过程工程咨询服务	项目管理＋工程监理＋招标代理
C16	浙江	中泰街道南湖小镇安置农居点市政基础配套设施工程全过程工程咨询服务	项目管理＋工程监理＋造价咨询
C17	浙江	嘉兴市中医医院医疗综合楼工程全过程工程咨询服务	项目管理＋工程监理
C18	浙江	永康市五金技师学院（一期工程）全过程工程咨询服务	项目管理＋工程监理＋造价咨询＋招标代理
C19	浙江	慈溪市文化商务区夜景提升项目全过程工程咨询服务	项目管理＋工程监理＋造价咨询
C20	浙江	姚江新区综合管廊一期工程全过程咨询服务	造价咨询＋其他专项咨询
C21	浙江	台州东部新区2018年度市政道路基础设施工程全过程工程咨询服务	项目管理＋工程监理＋造价咨询
C22	浙江	杭州萧山国际机场三期项目新建航站楼及陆侧交通中心工程全过程工程咨询Ⅰ标段全过程工程咨询Ⅰ标段	项目管理＋工程监理
C23	浙江	杭州萧山国际机场三期项目新建航站楼及陆侧交通中心工程全过程工程咨询Ⅱ标段全过程工程咨询Ⅱ标段	项目管理＋工程监理＋其他专项咨询
C24	浙江	白云街道沙王村棚户区改造工程全过程工程咨询服务	工程监理＋造价咨询
C25	浙江	余姚市公共文化中心PPP项目全过程工程咨询服务	项目管理＋工程监理

续 表

编号	省份	项目名称	服务内容
C26	浙江	浙江省之江文化中心全过程工程咨询全过程工程咨询服务	项目管理＋工程监理＋造价咨询＋招标代理
C27	浙江	超重力离心模拟与实验装置国家重大科技基础设施全过程工程咨询全过程工程咨询服务	工程监理＋造价咨询＋招标代理
C28	浙江	幸福苑社区老旧小区改造工程全过程工程咨询服务	项目管理＋工程监理＋造价咨询＋招标代理
C29	浙江	龙游花海项目配套工程全过程工程咨询服务	造价咨询＋其他专项咨询
C30	浙江	台州国际博览中心项目全过程工程咨询服务	项目管理＋工程监理＋造价咨询＋招标代理
C31	浙江	浙江省之江文化中心全过程工程咨询服务	项目管理＋工程监理
C32	浙江	余政储出【2018】21号地块建设项目全过程工程咨询服务	项目管理＋造价咨询
C33	浙江	东钱湖新城旅游交通集散中心工程全过程工程咨询服务	造价咨询＋其他专项咨询
C34	浙江	宁波诺丁汉大学国际创新创业孵化园项目全过程工程咨询	项目管理＋工程监理＋造价咨询＋招标代理＋其他专项咨询
C35	浙江	飞龙山庄项目全过程工程咨询服务	项目管理＋工程监理＋造价咨询
C36	浙江	宋诏桥中学扩建工程全过程工程咨询服务	项目管理＋工程监理＋造价咨询＋招标代理
C37	云南	瑞丽市喊撒大沟治理工程全过程工程咨询服务	项目管理＋工程监理＋造价咨询＋招标代理
C38	云南	梁河县人居环境治理工程全过程工程咨询服务	项目管理＋工程监理＋造价咨询
C39	四川	叙永新城LNG加气站项目全过程工程咨询服务	工程监理＋造价咨询
C40	四川	自贡市富荣产城融合带基础设施建设项目(C、D段)工程全过程工程咨询服务	项目管理＋工程监理＋造价咨询

续表

编号	省份	项目名称	服务内容
C41	四川	民航飞行学院天府校区建设工程全过程工程咨询服务	项目管理+工程监理
C42	上海	前滩25-1地块全过程工程咨询项目	设计+工程监理+招标代理
C43	陕西	中国电信陕西公司云计算(陕西)基地二期全过程工程咨询服务	设计+项目管理+勘察+工程监理+造价咨询
C44	山西	太焦高铁长治南站站前广场及配套附属设施建设项目全过程工程咨询服务	项目管理+造价咨询
C45	山东	聊城市新动能中心项目(一期)全过程工程咨询服务	项目管理+工程监理+造价咨询+招标代理
C46	山东	红色胶东干部学院改造项目全过程工程咨询服务	项目管理+工程监理
C47	山东	山东大学第二医院东侧片区及教学科研楼扩建工程全过程工程咨询服务	项目管理+投资决策咨询+工程监理+造价咨询+招标代理
C48	山东	枣庄科教创新示范园(一期)A区全过程工程咨询服务	项目管理+工程监理
C49	内蒙古	乌梁素海流域山水林田湖草生态保护修复试点工程项目 全过程工程咨询服务	项目管理+投资决策咨询+工程监理+造价咨询+招标代理
C50	江西	吉安市高铁新区五指峰建筑群及会展中心等项目全过程工程咨询服务	项目管理+工程监理+造价咨询+其他专项咨询
C51	江苏	江苏省人民医院河西分院全过程工程咨询服务	设计+项目管理+工程监理+造价咨询
C52	江苏	宜兴茶圣家园安置房全过程工程咨询服务	设计+项目管理+勘察+工程监理+造价咨询+招标代理
C53	江苏	永宁美丽乡村建设全过程工程咨询服务	项目管理+造价咨询+招标代理
C54	江苏	碧水雅居二期工程全过程工程咨询服务	项目管理+工程监理+造价咨询+招标代理
C55	江苏	锁石社区美丽乡村提档升级项目(一期)全过程工程咨询全过程工程咨询服务	项目管理+投资决策咨询+勘察+工程监理+造价咨询+招标代理
C56	江苏	海门市体育中心项目全过程工程咨询服务	项目管理+工程监理+造价咨询

续 表

编号	省份	项目名称	服务内容
C57	江苏	海门市长海商务大厦项目全过程工程咨询服务	项目管理＋工程监理＋造价咨询
C58	江苏	2019年浦口区桥林街道农村人居环境整治提升工程全过程工程咨询服务	项目管理＋工程监理＋造价咨询
C59	江苏	金盾科技大厦装修项目全过程工程咨询服务	设计＋工程监理＋造价咨询
C60	江苏	上秦淮青年创客公寓项目全过程工程咨询服务	设计＋工程监理＋造价咨询＋招标代理
C61	江苏	浦口区秋韵路地下人防工程全过程工程咨询服务	项目管理＋工程监理＋造价咨询＋招标代理
C62	江苏	钟山风景名胜区旅游服务中心项目全过程工程咨询服务	工程监理＋造价咨询＋招标代理
C63	江苏	南京市清水亭学校改扩建项目全过程咨询服务	项目管理＋投资决策咨询＋勘察＋工程监理＋造价咨询＋招标代理
C64	江苏	江苏园博园（一期）项目（园区基础设施建设、场地平整工程除外）全过程工程咨询服务	工程监理＋勘察＋造价咨询＋招标代理
C65	江苏	IC集成电路研创园全过程工程咨询服务	项目管理＋工程监理＋造价咨询
C66	江苏	南通市西北片引江区域供水三期水厂扩建及深度处理工程全过程工程咨询服务	工程监理＋造价咨询
C67	江苏	上秦淮文化旅游项目上秦淮国际文化交流中心（展示中心、会议中心、配套酒店）全过程工程咨询服务	工程监理＋造价咨询＋招标代理
C68	江苏	云台山河以南区域基础设施工程项目（秦县路、汉侯路、宋邑路、玉麟街、凤仪街、天禧路、望远路、上秦淮大街新建工程）全过程工程咨询服务	工程监理＋造价咨询＋招标代理
C69	江苏	横溪大岘生态区大岘水库驿站项目全过程工程咨询服务	项目管理＋投资决策咨询＋工程监理＋造价咨询＋招标代理

续表

编号	省份	项目名称	服务内容
C70	江苏	南京市江宁实验小学整体改扩建工程项目全过程工程咨询服务	项目管理+投资决策咨询+勘察+工程监理+造价咨询+招标代理
C71	江苏	黄龙岘茶文化小镇一期岘下精品民宿村项目全过程工程咨询服务	项目管理+投资决策咨询+工程监理+造价咨询+招标代理
C72	江苏	南京外国语学校太平北路校区配套设施工程项目全过程工程咨询服务	项目管理+造价咨询+招标代理
C73	江苏	南京溪田田园综合体建设项目全过程工程咨询服务	设计+项目管理+工程监理+造价咨询+招标代理
C74	江苏	汤泉街道2019年农村人居环境整治提升工程全过程工程咨询服务	设计+项目管理+投资决策咨询+勘察+工程监理+造价咨询+招标代理
C75	江苏	秣陵新市镇文化活动中心项目全过程工程咨询服务(装配式)	设计+工程监理+造价咨询+招标代理
C76	江苏	2019年浦口区桥林街道农村人居环境整治提升工程全过程工程咨询服务	项目管理+工程监理+造价咨询
C77	江苏	山水文苑项目全过程工程咨询服务	设计+项目管理+投资决策咨询+工程监理+造价咨询+招标代理
C78	江苏	泰州市华东数据湖产业园及智慧姜堰PPP项目全过程工程咨询服务	工程监理+造价咨询+招标代理
C79	江苏	宜兴健康产业园全过程工程咨询服务	项目管理+投资决策咨询+造价咨询+招标代理
C80	湖南	芒果马栏山广场项目一期全过程工程咨询服务	设计+项目管理+工程监理+造价咨询
C81	湖南	邵东市灵官殿芙蓉学校建设项目全过程工程咨询服务	设计+项目管理+勘察+工程监理+造价咨询+招标代理
C82	湖南	常德市公安局监管中心(一期)建设项目全过程工程咨询服务	设计+项目管理+勘察+工程监理+造价咨询+招标代理
C83	湖南	曙光电子集团总部基地搬迁项目全过程工程咨询服务	设计+项目管理+勘察+工程监理+造价咨询

续表

编号	省份	项目名称	服务内容
C84	湖南	邵阳县芙蓉学校建设项目全过程工程咨询服务	设计＋项目管理＋投资决策咨询＋勘察＋工程监理＋造价咨询＋招标代理
C85	河南	宁陵县人民公园建设项目全过程工程咨询服务	项目管理＋造价咨询
C86	河南	郸城县城市管理局招第三方项目全过程工程咨询服务	项目管理＋造价咨询＋招标代理
C87	河南	河南省高级人民法院办公用房改造和审判法庭建设项目全过程工程咨询服务	项目管理＋工程监理＋造价咨询
C88	河南	洛阳伊水迎宾馆全过程造价咨询服务	投资决策咨询＋造价咨询＋其他专项咨询
C89	河南	长垣市湿地治理项目全过程工程咨询服务	项目管理＋工程监理＋造价咨询＋招标代理＋其他专项咨询
C90	河北	雄县环白洋淀七个村庄综合治理暨"一源四措"项目全过程工程咨询服务	项目管理＋工程监理＋造价咨询
C91	河北	安新县瀑河综合治理工程全过程工程咨询服务	项目管理＋造价咨询
C92	河北	雄安商务服务中心项目全过程工程咨询服务	设计＋工程监理＋投资决策咨询
C93	河北	容城县萍河生态治理工程全过程工程咨询服务	项目管理＋工程监理
C94	海南	三亚市诉调对接服务中心项目全过程工程咨询服务	设计＋项目管理＋勘察＋工程监理＋造价咨询＋招标代理
C95	广西	南宁凤岭综合客运枢纽站二期、高铁时代广场工程全过程工程咨询服务	项目管理＋工程监理＋造价咨询
C96	广西	广西壮族自治区药用植物园中医药传承创新工程全过程工程咨询服务	项目管理＋工程监理＋造价咨询＋其他专项咨询
C97	广西	那平江污水处理厂工程全过程工程咨询服务	项目管理＋工程监理＋造价咨询
C98	广西	广西壮族自治区博物馆改扩建项目全过程工程咨询服务	工程监理＋造价咨询

续 表

编号	省份	项目名称	服务内容
C99	广西	广西医科大学附属五象新区医院全过程工程咨询服务	项目管理＋工程监理＋造价咨询＋招标代理＋其他专项咨询
C100	广西	自治区体育局江南训练基地场馆扩建项目全过程工程咨询服务	项目管理＋造价咨询＋招标代理
C101	广西	广西壮族自治区南溪山医院住院八号综合楼全过程工程咨询服务	项目管理＋工程监理＋造价咨询
C102	广西	广西幼儿师范高等专科学校武鸣校区项目（一期）工程全过程工程咨询服务	项目管理＋工程监理
C103	广西	广西医科大学附属五象新区医院全过程工程咨询服务	项目管理＋工程监理＋造价咨询＋招标代理
C104	广西	崇左市环城北路PPP工程项目全过程造价咨询服务	造价咨询＋其他专项咨询
C105	广西	广西现代渔业种业示范园（核心区）建设项目全过程工程咨询服务	设计＋项目管理＋勘察＋工程监理＋造价咨询＋招标代理
C106	广东	深圳市青少年足球训练基地项目全过程工程咨询服务	项目管理＋工程监理
C107	广东	深圳市罗田水库—铁岗水库输水隧洞工程全过程工程咨询服务	项目管理＋投资决策咨询＋工程监理＋招标代理
C108	广东	坪山区人民医院迁址重建项目全过程工程咨询服务	项目管理＋工程监理
C109	广东	新华保险大厦全过程工程咨询服务	投资决策咨询＋工程监理＋招标代理
C110	广东	鹅颈水生态公园全过程工程咨询服务	项目管理＋投资决策咨询＋工程监理＋造价咨询＋其他专项咨询
C111	广东	中国证券期货业南方信息技术中心二期建设项目全过程工程咨询服务	项目管理＋工程监理
C112	广东	深汕特别合作区深汕湾机器人小镇市政道路和水系整治建设工程全过程工程咨询服务	投资决策咨询＋工程监理＋造价咨询

续 表

编号	省份	项目名称	服务内容
C113	广东	深圳市公明水库—清林径水库连通工程全过程工程咨询服务	项目管理＋工程监理＋招标代理＋其他专项咨询
C114	广东	深圳市罗田水库—铁岗水库输水隧洞工程全过程工程咨询服务	项目管理＋工程监理＋招标代理＋其他专项咨询
C115	广东	坪山区正本清源工程全过程造价咨询服务	造价咨询＋其他专项咨询
C116	广东	坪山区第三人民医院项目管理与工程监理一体化全过程工程咨询服务	项目管理＋工程监理
C117	广东	光明区全面消除黑臭水体治理工程(公明核心片区及白花社区)全过程工程咨询服务	项目管理＋工程监理
C118	广东	光明区全面消除黑臭水体治理工程(光明水质净化厂服务范围)全过程工程咨询服务	项目管理＋工程监理
C119	广东	深圳市公明水库—清林径水库连通工程全过程工程咨询服务	项目管理＋投资决策咨询＋工程监理＋招标代理
C120	广东	汕粮广澳粮库(军粮供应区域配送中心)项目一期全过程工程咨询服务	设计＋项目管理＋勘察＋工程监理＋造价咨询
C121	广东	惠州市代建项目管理局惠州市救助管理站和"三个中心"项目采购全过程工程咨询服务	设计＋勘察＋工程监理＋招标代理＋造价咨询
C122	广东	广东雷州市建成区黑臭水体(第三支沟)综合整治项目全过程工程咨询服务	项目管理＋工程监理＋造价咨询＋招标代理
C123	广东	广州市供电局档案中心项目全过程工程咨询服务	设计＋项目管理＋勘察＋工程监理
C124	广东	深圳市公安局第三代指挥中心项目主体建筑等项目全过程工程咨询服务	项目管理＋工程监理
C125	广东	深圳市质子肿瘤治疗中心项目全过程工程咨询服务	项目管理＋工程监理

续表

编号	省份	项目名称	服务内容
C126	广东	新港东路2519号广东工艺美术产业园升级改造全过程工程咨询服务	工程监理＋造价咨询＋招标代理＋其他专项咨询
C127	广东	科高拜仁足球学校建设工程全过程工程咨询	项目管理＋工程监理
C128	甘肃	天水开放大学家属院经济适用房（天水开放大学家属院片区棚改安置房）全过程工程咨询服务	项目管理＋工程监理＋造价咨询＋招标代理
C129	甘肃	火柴厂片区保障性住房小区全过程工程咨询服务	项目管理＋工程监理＋造价咨询＋招标代理
C130	福建	福建工贸学校架空田径场及学生宿舍二（南楼）项目全过程工程咨询项目	设计＋项目管理＋勘察＋工程监理＋造价咨询＋招标代理
C131	福建	硬质合金工业园（一期）高性能工具基体生产线建设项目全过程工程咨询	项目管理＋工程监理
C132	北京	高新大厦办公环境升级改造工程（一至三层内装修）全过程工程咨询服务	项目管理＋工程监理

附录 B 访 谈 大 纲

尊敬的受访者您好：

我是来自同济大学经济与管理学院建设管理与房地产系的硕士研究生李含章，正在作关于全过程工程咨询服务模式及其决策影响因素的研究。您有丰富的全过程工程咨询项目经验，与您的访谈是本次研究的核心内容。出于研究需要，访谈内容可能会电话录音，但访谈内容将严格保密。如您没有异议，我们将开始本次访谈。

1. 本次研究将全过程工程咨询服务模式分为 5 个基本类型，分别为专项延伸型、专项组合型、设计主导型、项目管理主导型、一体化模式。请问您是否认可上述分类方式？您是否参与过其中采用上述服务模式的项目？

2. 请问采用该模式的项目具体情况是怎么样的？业主决定采用该服务模式时，主要考虑了哪些因素？您认为该项目为什么会采用该服务模式，服务模式的选择是否合适？

3. 您认为业主方在对全过程工程咨询服务模式进行决策时，应当考虑哪些影响因素？

4. 其他开放性问题。

附录 C 调 查 问 卷

各位亲爱的受访者：

  同济大学复杂工程管理研究院正在开展全过程工程咨询系列课题研究，本期问卷重点围绕全过程工程咨询服务模式决策影响因素主题展开，希望能得到您对问卷涉及问题的观点。我们回收问卷后，会按照学术研究的范式，对问卷进行汇总和分析，并期待能有一些发现，推动全过程工程咨询服务在国内的进一步发展。

  本问卷问题回答无对错之分，请您根据自身工作实践和体会，真实填写您本人和所在企业的想法和情况。所有问卷反馈资料只用于学术研究，并在任何时候，不会公开相关信息；同时我们承诺所得数据不会用于其他商业用途。

  您的观点对完善课题研究成果非常重要，问卷涉及内容和题项较多，恳请您的支持和耐心填写！预祝您身体健康，生活愉快！

第一部分 访谈对象个人及服务企业基本信息

您的姓名

———————

您所供职单位名称

———————

您的联系方式（电话或邮箱，选填）

———————

您的性别？
- ☐ 男
- ☐ 女

您的年龄？
- ☐ 30 岁以下（含 30 岁）
- ☐ 31～40 岁
- ☐ 41～50 岁
- ☐ 51～60 岁
- ☐ 60 岁以上（不含 60 岁）

6. 您的最高学历？
- □ 大专及以下　　□ 本科　　□ 研究生（含硕士和博士）

7. 您从事建筑业相关工作年限？
- □ 10 年以下（含 10 年）　　□ 11～20 年
- □ 21～30 年　　□ 30 年以上（不含 30 年）

8. 您所在单位的类型？
- □ 工程咨询（不含设计）企业　　□ 建设单位/业主
- □ 设计企业　　□ 施工企业
- □ 高校/科研单位
- □ 其他（请注明）_____（如律师事务所、会计事务所等）

9. 您目前的职务或工作岗位？
- □ 公司高管（副总裁/副总经理、总工程师及以上）
- □ 总经理助理、部门经理（负责人）/事业部经理（负责人）
- □ 项目经理/项目负责人
- □ 专业工程师
- □ 您的职务或工作岗位（请注明）

备注：不同企业职务或工作岗位设置有其个性化和差异性，如您的职务或工作岗位与以上定义类别不同，请选择你认为最接近的一栏，并在最后注明您的职务或工作岗位。

10. 若您所服务企业为工程咨询或设计企业，开展的工程咨询业务包括（多选）？
- □ 投资决策咨询　　□ 工程勘察
- □ 工程设计　　□ 项目管理
- □ 工程监理　　□ 造价/QS 咨询（含跟踪审计、决算审计）
- □ 招标代理　　□ BIM 咨询
- □ 设施运维管理咨询
- □ 其他（请注明）_____（如投融资咨询、财务审计、绩效评价等）

第二部分　全过程工程咨询服务模式选择决策影响因素访谈

工程实践中，由于项目情境的差异性和业主需求的多样性，全过程工程咨询服务的落地模式必然体现出多样化的特征。本研究以工程建设全过程咨询为着力点，将全咨服务模式分为以下五个基本类型：

1. 专项延伸型：传统专项工程咨询服务延伸至全过程或全生命周期，如全

过程造价/QS咨询服务等,简称1＋模式;

2. 专项组合型:两项或两项以上专项工程咨询服务的组合,不含项目管理和工程设计,简称N＋模式;

3. 项目管理主导型:项目管理主导,叠加一项或多项专项工程咨询,不含设计,简称项目管理＋N模式;

4. 设计主导型:设计主导,叠加一项或多项专项工程咨询,不含项目管理,简称工程设计＋N模式;

5. 一体化模式:涵盖项目管理和设计,叠加一项或多项专项工程咨询,简称项目管理＋工程设计＋N模式。

在实践中,业主需综合考虑多维影响因素,选择适用于项目特定情境的全咨服务模式。本研究通过理论分析,总结提炼出业主方在选择全咨服务模式时需考虑的4大维度、26项决策影响因素,并希望通过本次调查进一步研究各决策影响因素的重要性程度。请您根据自身知识与经验,对下列全咨服务模式决策影响因素的重要性程度作出独立判断并进行打分。

维度	决策影响因素	决策影响因素说明	决策影响因素对全过程工程咨询服务模式选择的影响程度 (1-影响很小,2-影响较小,3-影响程度一般,4-影响较大,5-影响很大)
项目本体属性	1. 项目投资主体	项目资金来源,如政府(国有企业)投资项目、民营(私人)投资项目、公私合营(PPP)项目等	☐1 ☐2 ☐3 ☐4 ☐5
	2. 项目类型	项目具体类型,如房屋建筑、工业建筑、基础设施等	☐1 ☐2 ☐3 ☐4 ☐5
	3. 项目规模	项目的投资规模和建设规模,如超大型工程、大型工程、中等规模工程、小型工程等	☐1 ☐2 ☐3 ☐4 ☐5
	4. 项目复杂性	综合项目技术复杂性、管理复杂性、组织复杂性、环境复杂性和任务复杂性等共同作用下所导致的项目整体复杂性,如极端复杂工程、复杂工程、常规工程、简单工程等	☐1 ☐2 ☐3 ☐4 ☐5

续　表

维度	决策影响因素	决策影响因素说明	决策影响因素对全过程工程咨询服务模式选择的影响程度 （1-影响很小，2-影响较小，3-影响程度一般，4-影响较大，5-影响很大）
项目交付属性	1. 项目目标优先级及整体目标控制难度	项目进度目标、质量/品质目标、投资目标、社会责任目标等单项目标的优先级顺序以及总体目标控制难度	□1　□2　□3　□4　□5
项目交付属性	2. 工程发包模式	工程项目的拟采用的承发包模式，如平行发包模式、施工总承包模式、工程总承包模式等	□1　□2　□3　□4　□5
项目交付属性	3. 项目运维属性	项目竣工移交后的运维属性，如自用、自持出租、销售等	□1　□2　□3　□4　□5
业主综合属性	1. 业主单位性质	业主单位的性质，如政府或事业单位、国有企业、民营企业、外资企业等	□1　□2　□3　□4　□5
业主综合属性	2 业主单位类型	业主单位的具体类型，如工程建设指挥部、政府平台公司、开发商、其他行业企业（如制造业企业基本建设投资）	□1　□2　□3　□4　□5
业主综合属性	3. 业主方项目管理能力	业主对工程质量、进度、投资、风险、职业健康安全和环境（HSE）等目标策划和控制的综合能力，以及构建胜任项目管理团队的可能性和可行性	□1　□2　□3　□4　□5
业主综合属性	4. 业主方技术管理能力	业主在前期、设计、招标采购、施工、竣工移交等各阶段技术统筹管理的能力，特别是设计管理能力，以及构建胜任技术管理团队的可能性和可行性	□1　□2　□3　□4　□5
业主综合属性	5. 业主方项目管理特定模块能力是否存在明显缺失或短板	业主方在某一或某些专项项目管理能力上存在明显缺失或劣势，如投资控制能力、进度控制能力、采购合约管理能力等	□1　□2　□3　□4　□5

续 表

维度	决策影响因素	决策影响因素说明	决策影响因素对全过程工程咨询服务模式选择的影响程度 (1-影响很小,2-影响较小,3-影响程度一般,4-影响较大,5-影响很大)
业主综合属性	6. 业主方内部资源整合能力	业主集成内部资源,协商上游关联资源,协同下游关联资源的能力	□1 □2 □3 □4 □5
	7. 业主方外部资源整合能力	业主整合项目实施各类外部资源(参建各方资源)的能力	□1 □2 □3 □4 □5
	8. 业主方是否存在设计类战略合作伙伴资源库	业主是否有较为固定和稳定的设计类战略合作伙伴资源库,以及与该类合作伙伴的合作年限、合作频次和合作满意度	□1 □2 □3 □4 □5
	9. 业主方是否存在项目管理类战略合作伙伴资源库	业主是否有较为固定和稳定的项目管理类战略合作伙伴资源库,以及与该类合作伙伴的合作年限、合作频次和合作满意度	□1 □2 □3 □4 □5
	10. 业主方是否存在主要专项咨询类战略合作伙伴资源库	业主是否有较为固定和稳定的主要专项咨询类战略合作伙伴资源库,包括工程监理、造价(QS)咨询、招标代理、BIM咨询等,以及与该类合作伙伴的合作年限、合作频次和合作满意度	□1 □2 □3 □4 □5
	11. 业主方追求管理创新的主动意识和动力	业主方是否具备积极尝试和探索不同全过程工程咨询服务模式的创新思维和创新意识,并付诸于实践	□1 □2 □3 □4 □5
	12. 业主方践行企业社会责任的主动意识和动力	业主方主动承担社会责任,响应中央和地方政府最新政策,积极探索不同模式全过程工程咨询服务组织模式	□1 □2 □3 □4 □5
	13. 业主方对全过程工程咨询服务不同模式的认知度和认可度	业主基于过往经验,对不同全过程工程咨询服务模式的理解、认可和信任程度	□1 □2 □3 □4 □5

续　表

维度	决策影响因素	决策影响因素说明	决策影响因素对全过程工程咨询服务模式选择的影响程度 (1-影响很小,2-影响较小,3-影响程度一般,4-影响较大,5-影响很大)
业主综合属性	14. 业主方对不同模式工程咨询费用总支出的理解和认识,以及其敏感性	业主方对全过程工程咨询服务不同模式下具体费用体系的理解和认识程度,以及对工程咨询费用总支出的敏感性和关注度	☐1 ☐2 ☐3 ☐4 ☐5
政策和市场环境属性	1. 项目所在地地方政府对全过程工程咨询服务特定模式委托的支持程度	项目所在地地方政府对全过程工程咨询服务宏观政策导向和特定模式落地的可行性和可能性程度,如技术标准、合同示范文本、服务酬金计取方式等相关鼓励支持政策的出台,试点企业和试点项目的确定实施跟踪和反馈提升等	☐1 ☐2 ☐3 ☐4 ☐5
	2. 符合项目和业主需求的一体化综合性工程咨询企业的充沛度和胜任力	项目所处市场环境中,是否存在符合项目和业主需求的一体化综合性工程咨询企业,对充沛程度和胜任程度的评估	☐1 ☐2 ☐3 ☐4 ☐5
	3. 符合项目和业主需求的设计为核心业务的综合性工程咨询企业的充沛度和胜任力	项目所处市场环境中,是否存在符合项目和业主需求的设计为核心业务的综合性工程咨询企业,对充沛程度和胜任程度的评估	☐1 ☐2 ☐3 ☐4 ☐5
	4. 符合项目和业主需求的项目管理为核心业务的综合性工程咨询企业的充沛度和胜任力	项目所处市场环境中,是否存在符合项目和业主需求的项目管理为核心业务的综合性工程咨询企业,对充沛程度和胜任程度的评估	☐1 ☐2 ☐3 ☐4 ☐5
	5. 符合项目和业主需求的工程监理或造价(QS)咨询为核心业务的工程咨询企业的充沛度和胜任力	项目所处市场环境中,是否存在符合项目和业主需求的工程监理或造价(QS)咨询为核心业务的工程咨询企业,对充沛程度和胜任程度的评估	☐1 ☐2 ☐3 ☐4 ☐5

第二篇

全过程工程咨询服务项目经理胜任力模型研究

陈杨雪

摘　要

　　2017年以来,国家及各省份密集出台有关全过程工程咨询服务的系列相关政策文件,开展了诸多探索性实践。全过程工程咨询服务被政府、学术界和产业界视为工程咨询行业改革和产业发展的重要举措。全过程工程咨询项目经理作为咨询团队最核心和关键成员,遴选胜任服务要求和满足委托人需求的项目经理很大程度上决定了咨询服务质量和客户满意度。相较于传统的工程咨询服务委托模式,全过程工程咨询服务模式对项目经理的能力提出了更为苛刻的要求。系统探索全过程工程咨询服务项目经理应具备哪些胜任力,对于实践人才选拔、培养和考核有着重要意义。目前针对全过程工程咨询项目经理胜任力模型的研究几近空白,业界又亟需具有实践指导意义的研究成果。

　　本篇丰富了全过程工程咨询服务研究范畴,并为全过程工程咨询服务发展和工程咨询企业人才培养提供项目经理维度的借鉴和参考成果。

　　关键词：全过程工程咨询服务,项目经理,胜任力模型

第1章 绪　　论

1.1 研究背景及问题

1.1.1 研究背景

在国民经济快速发展、城镇化率持续提高的进程中，我国对于住房、公共建筑、商业建筑、基础配套设施的建设需求量逐渐攀升，建筑业因此迎来快速发展，但粗放式劳动密集型的弊端也越来越明显[1]。工程项目的建设活动中涉及三个主要项目相关方，分别是建设单位、承包商和工程咨询方[2]。工程咨询行业是为项目投资决策与建设实施提供全方位智力服务的行业[5]，对工程项目建设活动的绩效水平起着关键作用。受计划体制、行政体制和转型经济体制等多方面历史因素的影响，我国传统工程咨询企业提供的服务呈现分阶段、分部门的条块分割特征，对应地形成了松散状、碎片化的产业链格局[3]。这种模式下，不仅业主方的管理界面更为复杂，不利于服务机构提供高效服务，而且工程咨询企业服务内容单一，竞争激烈，难以形成规模，因此传统的工程咨询服务模式严重制约了行业的进步与发展[4]。随着社会的进步，建设项目呈现出投资规模大、复杂化和不确定性高的特点，项目在经济、技术、管理各方面的难度加大，亟需集成化、多元化、全方位的综合咨询服务。所以不管从企业自身长远发展还是从市场需求的角度看，工程咨询行业企业都面临服务模式转变、转型升级的挑战[6]。

为促进工程咨询服务行业转型升级，完善工程建设组织方式，提升项目投资效益与建设质量，2017年2月，国务院办公厅《关于促进建筑业持续健康发展的意见》正式提出发展"全过程工程咨询"[7]，鼓励企业采用多元方式开展尝试[8]。同年5月，住房和城乡建设部下发《关于开展全过程咨询试点工作的通知》，开展试点工作，在实践过程中总结经验。2019年3月，国家发展改革委联合住房和城乡建设部下发《推进全过程工程咨询服务发展的指导意见》，进一步为全过程工程咨询的发展指明了方向[9]。

全过程工程咨询服务旨在将工程项目的管理活动进行全部或部分集成。推进全过程工程咨询不仅是工程咨询行业实现自身结构优化调整,提升行业综合实力的举措,也是与国际发展趋势接轨融合的过程。高度整合的服务模式对咨询团队的专业知识背景、能力素养等方面提出更大的挑战[10]。咨询企业是知识型服务业,人才和知识是最宝贵的资产[11],高素质的人才储备是咨询企业核心竞争力之一。故工程咨询企业要把握行业的发展机遇,势必要选拔和培育技术、经济、管理和法律复合背景的综合人才。进一步来看,项目经理是项目咨询团队的带头人,项目经理胜任力是影响项目成功和团队绩效的重要因素[12]。所以全过程工程咨询服务的人才选拔与培养,咨询团队的项目经理(项目负责人)应得到重点关注,其胜任力对服务成功至关重要。从已出台的相关政策文件和落地项目中已经能够体现出这种服务模式对项目经理提出的一些要求,但更多还停留在资质与经验层面。全过程工程咨询项目经理应具备哪些胜任力,以及如何选拔和培育项目经理,都值得进一步展开探索。

1.1.2 研究问题

全过程工程咨询项目经理的委任在咨询团队构建中有着举足轻重的地位,委任的前提应是全面理解全过程工程咨询项目经理所需的胜任力构成。围绕胜任力这一概念已展开很多学术研究,不同组织结合自身情况,构建和运用了适用于本组织的胜任力模型[13]。在建设领域,建设工程项目经理胜任力的相关研究较多,但大多是围绕业主和施工企业的项目经理展开研究,很少研究关注咨询方的项目经理角色,在全过程工程咨询背景下的项目经理胜任力研究更是缺乏[14]。本篇研究的主要问题包括:

(1) 全过程工程咨询背景下的项目经理应具备哪些胜任力?胜任力的结构是怎样?构成胜任力的胜任特征的相对影响程度?

(2) 企业选拔和培养胜任服务要求的全过程工程咨询项目经理,应采取哪些措施?

1.2 研究目的及意义

1.2.1 研究目的

全过程工程咨询服务模式自提出以来,受到行业高度重视,相关试点工作在浙江、深圳、雄安新区等多个地方陆续开展。与传统工程咨询服务模式相比,全过程工程咨询服务模式体现了全生命周期、集成化等理念,咨询团队项目经理这一角色能否胜任岗位要求,对于咨询服务质量和项目成败有着关键影响。

在全过程工程咨询情境下,本篇分析咨询企业项目经理应具备的胜任特征,构建模型并进行验证与修正,提出全过程工程咨询项目经理岗位胜任力模型,为咨询企业的项目经理培育、选拔以及考核,为业主方选择和确定匹配项目经理提供有效借鉴。进一步而言,本篇期望在全过程工程咨询项目经理胜任力水平有效提升的基础上,全过程工程咨询服务水平也能提高。让我们共同致力于提升行业与企业的国际竞争力,在"一带一路"工程走出去的背景下,为全过程工程咨询服务推广到国际市场在人才储备上下点功夫。

1.2.2 研究意义

本篇对全过程工程咨询项目经理的专题研究,希望在理论和实践层面都具有拓展价值。

（1）理论意义

全过程工程咨询服务的概念提出时间不长,学术界目前已经和正在开展的研究主要集中于对政策解读、企业发展策略、模式机制、服务内容等方面的探讨。尽管在很多行业背景下,胜任力在国内外都已被较为深入地研究和广泛应用,但是在工程咨询业务领域内,对于咨询项目经理胜任力的研究极为匮乏,对于全过程工程咨询情境下项目经理胜任力的探讨更为缺乏。本篇聚焦咨询服务团队的核心角色,将胜任力理论与全过程工程咨询情境结合,构建项目经理胜任力模型,有助于为全过程工程咨询服务理论研究抛砖引玉,并为全过程工程咨询更深入落地发展鼓与呼。

（2）实践意义

本篇基于胜任力理论,结合当前全过程工程咨询服务开展和研究现状,多维度识别全过程工程咨询项目经理应具备的胜任特征,构建胜任力模型,对个人、企业、行业都有着积极的指导作用。对于项目经理而言,可以通过该模型全面理解岗位特征与能力要求,开展自身评估并进行持续性自我发展与提升。对于开展全过程工程咨询服务的咨询企业而言,有助于其内部进行项目经理的招聘、培育与选拔,壮大项目经理人才队伍,进而提升企业咨询服务水平和客户满意度。对于工程咨询行业乃至建筑业而言,有助于建设单位对于咨询团队的选择与考核,有助于促进咨询服务效率的提升,有助于工程项目建设绩效的提高。

1.3 研究范围及概念界定

本篇以全过程工程咨询项目经理为研究对象,分析在全过程工程咨询模式下项目经理应具备的胜任力,构建胜任力模型。本篇首先对研究范围作出如下界定:

(1) 本篇中"全过程工程咨询服务"指提供工程建设项目不同阶段咨询服务组合或同一阶段内不同类型咨询服务组合的咨询委托模式。国家政策鼓励推进该服务模式在建设工程项目的应用,试点工作陆续开展,相继推出的文件对全过程工程咨询解读亦是不断完善。《工程咨询行业管理办法》将全过程工程咨询定义为采用多种服务方式组合,为项目决策、实施、运营持续提供局部或整体解决方案及管理服务。2018年住建部印发的征求意见稿将其定义为是对工程建设项目前期研究和决策以及工程项目实施和运行(或称运营)的全生命周期提供包含设计和规划在内的涉及组织、管理、经济和技术等各有关方面的工程咨询服务。2019年3月国家发改委联合住建部下发《关于推进全过程工程咨询服务发展的指导意见》,提出在项目决策和建设实施阶段重点发展投资决策综合性咨询和工程建设全过程咨询,同时也可根据市场需求,从投资决策、工程建设、运营等项目全生命周期角度,开展跨阶段咨询服务组合或同一阶段内不同类型咨询服务组合,满足建设单位一体化服务的需求。

本篇中,全过程工程咨询可以涵盖多个阶段,可以有不同业务组合模式,可以包括项目策划、投资咨询、报批报建、招标采购、合约管理、规划与设计管理、施工管理、工程监理、投资控制、进度控制、质量控制、安全管理、竣工验收及移交、配合工程试运营及相关技术咨询、BIM咨询等服务。全过程工程咨询存在多种模式,本篇主要研究全过程工程咨询服务对项目经理胜任力的共性要求。

(2) 本篇全过程工程咨询项目经理是指咨询团队的项目负责人。广义项目经理是指接受组织委委任,全面负责项目管理工作,带领团队实现项目目标、完成项目交付的角色。随着项目化管理方式的推广,越来越多的企业在执行任务时,会采用项目式的组织形式,指定项目经理(或项目负责人)来领导任务完成。在不同的行业背景和组织团队中,项目经理具备不同的含义[15]。在工程领域关于"工程项目经理"的研究中,其多是指建筑施工企业项目经理、业主方项目经理等。事实上国际工程咨询公司一般采用项目管理制,由项目经理(FIDIC合同条件中称"工程师")负责咨询项目的开展,国内工程咨询企业亦是如此。所以本篇全过程工程咨询项目经理是指受咨询企业的委派授权,代表咨询企业全面履行合同义务,主持咨询机构工作的角色,亦可称为全过程工程咨询项目总负责人,有的学者也将之称为"总咨询师"。在全过程工程咨询服务模式下,项目经理并不一定直接主持各专项模块咨询工作,主要通过管理协调各专项负责人,完成各模块相关服务工作,是一个管理型的岗位。全过程工程咨询项目经理可能需要具备建造师、造价师、咨询师等注册师资格,但其胜任力要求比单一的注册师更综合更全面。

(3)本篇研究重点是全过程工程咨询项目经理的胜任力。目前尚未形成标准统一的胜任力的概念。结合已有胜任力研究,本篇所采用的概念是指与服务目标相匹配,同时能带来良好绩效表现的知识、技能、个人特质和能力等多方面特征。值得注意的是,胜任力与能力、素质有所联系和区别。能力指个体能够为顺利完成某活动展现出来的实践表现和心理潜能,素质一般指个体的身心倾向和内在潜能。胜任力是针对特定组织情境、特定工作岗位,与良好绩效表现密切相关的特征,而素质并不针对特定岗位,能力更多针对于个体。

综上所述,本篇"全过程工程咨询项目经理胜任力"是指在全过程工程咨询服务模式下,咨询企业委任的项目经理(或项目总负责人)所具备与全过程工程咨询服务团队需要承担的服务目标和服务内容相匹配,能带来良好绩效表现的知识、技能、个人特质和能力等诸多方面胜任力特征。

1.4 研究内容

本篇以全过程工程咨询项目经理为研究对象,在深入分析当前全过程工程咨询的发展现状,以及对项目经理各方面要求的基础上,结合胜任力相关理论基础,对全过程工程咨询项目经理胜任特征进行识别并构建模型,展开调研验证。本篇研究内容主要包括以下几个方面。

(1)基于文献研究以及行业实践现状,对本篇所指的"项目经理"和"全过程工程咨询"进行内涵和范围的界定并梳理了相关研究现状。

(2)从全过程工程咨询项目经理职位特征、相关文献,国际协会(学会)胜任力模型和典型企业胜任力模型四个维度,对全过程工程咨询项目经理的胜任特征进行提取,汇总分析和整合,构建胜任特征表。

(3)根据识别的项目经理胜任特征,通过小样本问卷调查,进行探索性因子分析,对胜任特征进行调整并分析其层次结构,进而构建全过程工程咨询项目经理胜任力理论模型。

(4) 进行大样本问卷调查,利用样本数据对构建的理论模型进行验证性因子分析,分析理论模型的拟合程度并进行调整。

(5) 根据全过程工程咨询项目经理胜任力模型以及调研信息统计,为咨询企业的项目经理培育以及选拔提出策略性建议。

1.5 研究方法及技术路线

1.5.1 研究方法

本篇采用多种定性、定量研究方法开展探讨,兼顾理论与实践,具体方法如下。

(1) 文献研究法

根据研究对象,大量阅读全过程工程咨询发展和研究现状、胜任力内涵、项目经理胜任力模型、模型构建方法等方面的文献资源,对全过程工程咨询项目经理胜任力有了深入的理解,梳理了当前研究的成果与不足。

(2) 专家访谈法

构建模型应该在胜任特征识别的基础之上,在识别全过程工程咨询项目经理胜任特征的过程中,运用专家访谈法对初步识别的项目经理胜任特征进行调整。

(3) 问卷调查法

根据研究内容设计初始问卷和正式问卷,通过邮件和线上调查的方式向具有相关工作经验的工作人士发放问卷,对有效回收问卷进行处理分析,构建和修正项目经理胜任力模型。

(4) 交叉证实法

在模型构建与实证过程中运用交叉实证法,即在一个样本中使用探索性因子分析,构建胜任力模型,在另一个样本中运用验证性因子分析来验证和修正模型,以保证结论的可靠性。

1.5.2 技术路线

本篇分为 6 章,分别为绪论、理论基础与文献综述、胜任特征提取、胜任力模型构建、胜任力模型验证与分析、结论与展望。第一章和第二章主要运用文献研究法从行业实践和理论研究描述研究背景,提出研究问题的必要性。第三章从各个维度资料和文献分析,结合专家访谈进行胜任特征提取。第四章通过小样本问卷调查进行探索性因子分析,进而构建胜任力模型。第五章则展开正式问卷,利用验证性因子分析、单因素方差分析等方法对胜任力模型进行验证与分析。第六章对全篇研究成果与不足进行总结。技术路线如图 2.1 所示。

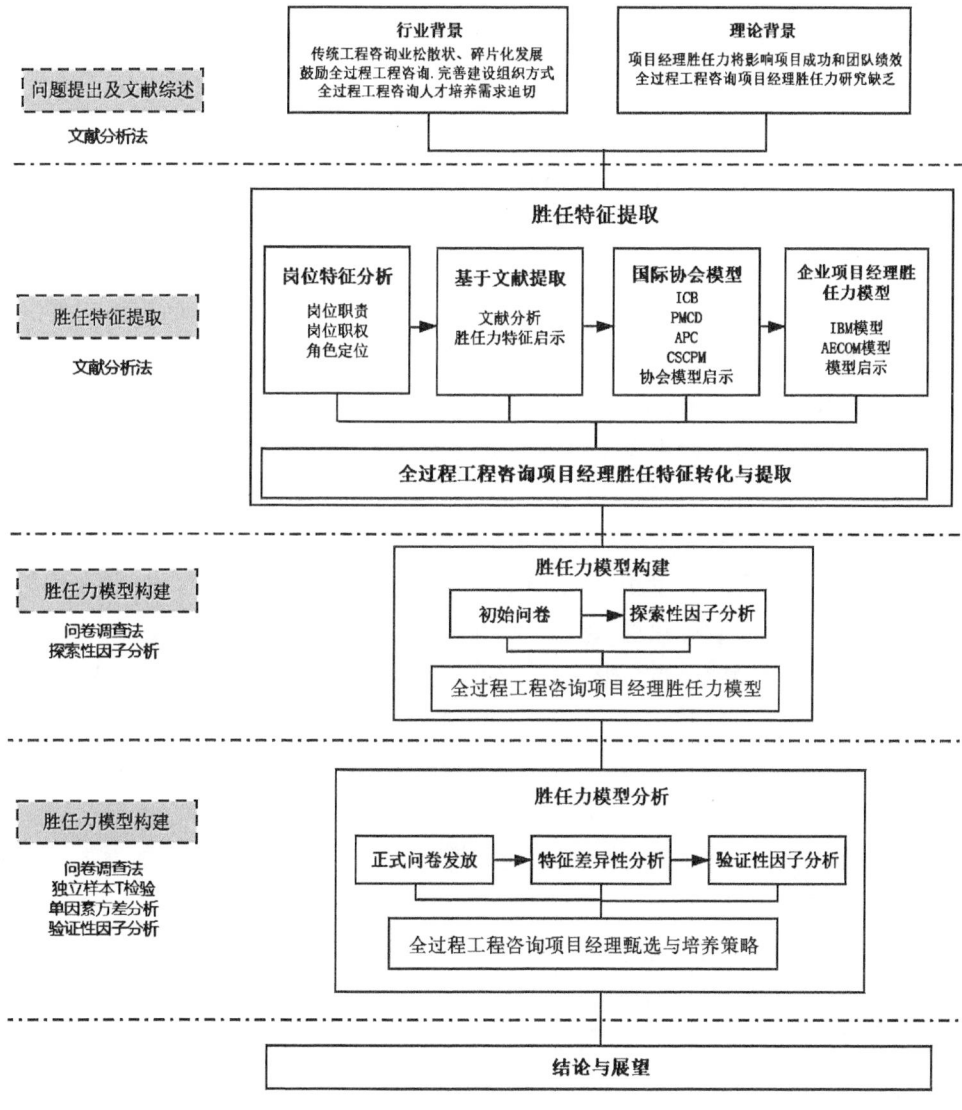

图 2.1　本篇研究技术路线

第 2 章 理论基础与文献综述

2.1 国内外工程咨询行业发展历程与趋势

2.1.1 国外工程咨询行业发展历程与趋势

工程咨询行业是一个典型的知识密集型产业,咨询工程师运用自身知识与经验,为项目建设提供决策与管理支持。工程咨询行业诞生于 19 世纪初的英国,是第一次工业革命后的产物。一般认为,英国土木工程师协会(The Institution of Civil Engineers,ICE)的成立是工程咨询行业产生的标志。第二次世界大战后,欧洲各国基础设施修复重建工作推动了工程咨询行业的快速发展,而随后的第三次科技革命浪潮以及亚太区域大规模基础设施建设,又进一步提高了工程咨询行业的规模及服务质量,也培育出一批具有较强市场竞争力的大型化、综合型国际工程咨询公司。

国外工程咨询行业发展大致划分为以下三个阶段。

个体咨询阶段:19 世纪,技术咨询服务从工程建设中分离出来,开始由具备专业能力的土木工程师独立承担。在个体咨询阶段,工程咨询行业呈现零散性、碎片化、经验性的特征,尚未形成规模效应,所涉及领域也较为有限。在这一阶段,工程咨询尚未形成系统化、体系化的服务模式。

合伙咨询阶段:20 世纪,随着项目管理理论和技术的进步,工程咨询行业的整体服务水平也进一步提高,开始逐步涉及工业制造业、基础农业、交通运输业等,组织形式也从原来的作坊式独立咨询调整为合伙企业,行业整合能力进一步增强。

综合咨询阶段:20 世纪 50 年代,以信息技术为主导的科技革命掀起了产业革命热潮,促进了工程咨询业的进一步发展,在企业数量和规模上均出现了新的飞跃。同时,工程咨询业也体现出三个变化:集成化、综合化、全球化,并出现了一批提供综合咨询服务的全球化工程咨询公司,如美国福陆公司、美国 AECOM 公司、英国奥雅纳工程顾问公司等。

当前，国外工程咨询服务集成化、综合化的趋势致使其工程咨询的服务范围和管理边界不断拓展，基本涵盖了工程项目从前期决策到设施运维的全生命周期的服务内容，形成了一体化的工程咨询服务模式。例如根据英国现行的行业分类标准（UK Standard Industrial Classification of Economic Activities，UK SIC 2007）可知，英国建筑专业服务包含了企业提供的建筑设计、城市规划与景观设计、工程管理及相关技术咨询、工业设计及施工管理以及其他工程活动等服务[16]，建筑专业服务公司注重技术和人才资本的培育，提供知识密集型服务，其中专注技术和人力资本的投入的概念与国内提倡的全过程工程咨询吻合。

2.1.2 国内工程咨询行业发展历程与趋势

我国工程咨询行业经历了从无到有的发展历程，特别是改革开放的浪潮和社会主义市场经济体制的确立，提升了咨询行业的市场化程度，工程咨询行业的营业额、服务水平、从业人员规模和质量都有了显著提升。回顾我国工程咨询行业的整体发展历程，大致可以分为四个阶段：起步阶段、规范化阶段、国际化发展阶段和全过程工程咨询阶段。

(1) 起步阶段（1980—1990年）

新中国成立后的"一五"时期，我国工程建设主要沿用"苏联模式"，项目前期调研、策划、准备工作主要由建设管理部门牵头完成，少部分项目前期工作委托给勘察设计单位。直至1982年，原国家计委成立了中国国际工程咨询公司，次年出台《关于建设项目进行可行性研究的试行管理办法》，标志着工程咨询行业在国内起步。随后国内相继成立的41家省级工程咨询公司，主要开展勘察设计和工程咨询服务。

(2) 规范化阶段（1990—2000年）

1990年以后，国内工程咨询行业逐步规范有序。1992年，我国明确将工程咨询纳入服务业的范畴，意味着工程咨询行业基本形成。随后《工程咨询业管理暂行办法》，招投标、工程监理等一系列政策文件出台与落实，使该行业逐步壮大与规范。然而，这一时期工程咨询行业的市场化程度还比较低，服务对象主要是公共建筑项目，尚未完全步入市场化。

(3) 国际化发展阶段（2000—2016年）

1996年，中国工程咨询协会加入FIDIC；2001年，我国正式加入世界贸易组织。在这样的历史背景下，我国大量工程咨询企业迎来改制发展，市场化程度进一步提升。与此同时，国外大型工程咨询机构抓住了中国基础设施建设的发展契机，纷纷进驻中国市场，在国内各主要城市设立公司或办公室。此外，伴随着海外承包市场的开拓，国内工程咨询企业也开始尝试进入国际市场，行业发展呈现国际化态势。

(4) 全过程工程咨询阶段(2017年至今)

我国传统工程咨询行业暴露出业务碎片化、企业竞争力不足、行业集中度低等问题。国务院办公厅《关于促进建筑业持续健康发展的意见》首次提出发展全过程工程咨询，意味着这一咨询服务模式在国内拉开帷幕。

2.2 国内外全过程工程咨询研究现状

2.2.1 国外工程咨询研究现状

在学术研究方面，国际上并没有与全过程工程咨询完全对应的概念，相关研究主要以"Engineering Consulting"(工程咨询)或"Construction Professional Services(建筑专业服务)"的名义展开，其内涵与我国的全过程工程咨询有高度一致性。Chang和Tsai[17]指出国外的工程咨询公司提供的服务在全生命周期中表现出很高的专业度，包括项目简报、概念设计和项目绩效后评估等。相反，Ling和Gui[18]指出中国的项目管理公司更注重项目管理的三角关系，即时间、成本和质量，在设计和技术创新能力、国际施工经验、一般项目管理和财务管理等方面不占优势，同时存在知识和服务范围狭窄、缺乏现代化咨询意识以及教育培训意识的弱点。正是这些短板制约了国内工程咨询行业发展，为促进国内咨询业尽快与国际接轨，全过程工程咨询这一服务模式在国内拉开帷幕。通过"engineering consulting""engineering consulting firms""engineering consultant""construction professional services"等关键词进行外文文献搜索发现，国外学者对于工程顾问的研究主要围绕企业竞争力提升、招投标机制、绩效表现等方面。

(1) 部分学者围绕工程咨询企业的技术应用展开研究，Johnson等[19]通过评估电子商务对设计和建筑行业的影响，指出信息技术可以影响工程咨询服务行业的竞争优势。Carmen等[26]通过对250家工程咨询企业展开的实证研究得出技术吸收能力对企业绩效的正向影响。Rogers J等[29]通过调查发现，马来西亚工程咨询公司具备BIM的意识，但员工技术能力、政策支持等是当前面临的主要阻碍，同时工程咨询公司会由于市场需求和竞争优势逐步采用BIM技术。

(2) 在工程咨询企业发展以及竞争力提升方面，Lu和Sexton等[20]研究了小型、知识密集型的工程服务公司如何进行创新。Moorhouse 和 Millet[21]指出，工程咨询企业应当将精力与资源投入项目管理的行为与制度，这样能有效避免咨询的差错。Avila[22]建议，从四个方面提升工程咨询企业的竞争力，分别是了解业主、提供合格的团队、明确完成项目所需的方式途径、高效沟通。Carr 等[23]揭示了在工程项目的设计服务中，人格特质与关键成功行为的潜在联系。

(3) 有的研究关注于工程咨询的服务采购以及企业绩效方面。目前业主在选择工程咨询服务公司时，主要有基于费用的选择（Price-Based Selection，PBS）[24]和基于资质的选择方式（Quality-Based Selection，QBS）[25]。对于两种方式的选择存在不同的意见。有人认为基于竞争性价格主导采购能够有效地为利益相关者服务。也有人认为，考虑工程咨询服务公司或人员的资质，能清楚地将其服务与单纯的商品区分开来，因此竞争性招标不合理。Manoliadis 等[27]认为，相比于竞争性招标，QBS 方法为业主方提供更高的灵活性和多因素决策的性能，同时引入模糊德尔菲的方法来确定多因素决策的标准和权重，便于对工程咨询企业的评估选择。Chow 和 NG S T 等[28]构建模糊差距分析模型用来对潜在工程顾问公司的绩效进行评估，以便对其甄选。

可以看出，由于工程咨询业务在国外已形成比较成熟发展态势，对于工程咨询的研究已经不仅仅是聚焦于该组织模式本身，而是更多在咨询企业能力提升、技术应用、绩效等方面。

2.2.2 国内全过程工程咨询研究现状

国内方面，尽管全过程工程咨询首次被官方提出是在 2017 年，但在此之前已有文献提及全过程工程咨询理念，如徐志浩[4]指出传统工程咨询业务开展的弊端，认为应围绕市场需求，提供全过程、集约化的工程咨询服务，且上海建筑设计集团早在 2004 年便进行内部业务的合并重组，打造全过程工程咨询业务链。何淑杰等[26]提出的全过程工程咨询是为业主提供全过程、全方位项目管理，受业主方委托对项目进行集约化管理。自全过程工程咨询首次明确后，业界都对此展开了探讨，当前对全过程工程咨询的研究主要围绕理念政策、模式机制、企业发展、人才培育等展开。

(1) 理念政策方面。韩光耀等[31]认为全过程工程咨询服务的管理模式是全过程的项目管理，重点应研究相应企业的组织模式，并进行流程再造。皮德江[33]认为，全过程工程咨询服务本质是全过程一体化项目管理服务，其属于业主方项目管理范畴，但是其对企业的综合实力比项目管理单位要求更高。杨学英[34]认为全过程工程咨询是指由一家或多家工程咨询企业的联合体受整体委托完成项目建设全过程中的各项咨询服务。周倍立[35]认同相关政策文件的概念，认为其是对工程建设项目前期研究和决策以及工程项目实施和运营的全生命周期提供包含设计和规划在内的涉及组织、管理、经济和技术等各有关方面的工程咨询服务。丁士昭[32]还提出关于全过程工程咨询的三点核心理念：它是集成化的体现；工程设计在其中起主导作用；关注包含建设和运营在内的全生命周期。尽管学者从不同角度全过程工程咨询有不同的解读，但都体现出服务阶段的延伸、服务内容与范围的扩大，其背后的核心内涵都是全生命周期、集成化等理念。

（2）模式机制方面。对于全过程工程咨询的具体开展模式，丁士昭[32]借鉴国际经验，提出业主与一家大型工程顾问公司签订全过程咨询的 A 模式；业主与"设计＋项目控制与管理"的联合体签约或分别委托签约的 B 模式。邓晓梅[40]梳理国际建筑师的服务内容，提倡以设计为主导的服务模式，即"建筑师负责制"。王甦雅[54]介绍了"1＋N"的服务模式，"1"是指全过程项目一体化，"N"指专业服务咨询。关于全过程工程咨询的合同机制层面，严玲等[37]基于全过程工程咨询的交易特征以及不同委托模式下合同设计的难点，提出合同管理的完善建议。对于全过程工程咨询的价值评估，琚娟[36]提出基于价值—事件—任务—阶段的路径模型。

（3）企业发展方面。在全过程工程咨询大力推进的背景下，各工程咨询专项服务积极寻求转型的机会。李建军[37]认为监理企业在开展全过程工程咨询服务中有积极意愿和较好先发优势，对企业而言，要突破监理服务，打造实施阶段工程管理上下游价值链的综合能力。乔俊杰等[39]从组织设置、人才培养等方面分析了工程造价咨询企业的转型发展路径。王宏海等[40]认为设计应占主导地位，设计企业应发挥产业链上游优势，积极融合造价咨询与招标代理，率先开展实践。陶升健等[41]从项目管理服务具有全面性、综合性等特点出发，分析了项目管理单位发展全过程工程咨询的优势。总之，不同专业服务的企业发展有不同侧重，也面临不同的障碍。全过程工程咨询服务是总体服务功能，但并不是要求所有企业都发展成大型综合咨询企业，中小型企业依旧可以专注"专精尖"，满足市场多层次、多样化的需求。

（4）人才培育方面。不管是政策还是研究，对于开展全过程工程咨询服务，都认为要注重高水平技术和管理人才培养，人才知识结构完善。对于咨询其企业而言，可以通过改善组织结构和人员构成、内培外引、人才考核激励等措施为全过程工程咨询服务储备高素质业务人才。

综上所述，国外工程咨询服务研究的内容范围比国内广泛，更多关注的是工程咨询服务企业和人员的绩效能力、技术等方面。而国内的全过程工程咨询服务研究还处于基础探讨层次，包括概念界定、模式机制以及现有企业应对策略、人才培养等方面。整体而言，国内全过程工程咨询服务研究起步较晚，研究还有待深入。

2.3 全过程工程咨询服务项目经理政策解读及研究现状

2.3.1 全过程工程咨询服务项目经理政策解读

在国家大力推进全过程工程咨询的背景下，国内初步形成从国务院及相关部委到地方省份的多层级政策体系。当前各层级发布的全过程工程咨询政策文件核心内容集中在咨询服务范围、发包方式、咨询服务酬金计取方式、项目负责人要求、咨询单位责权、保障措施和制度完善等多个方面。工程咨询服务的载体是具备特定知识结构的专业化团队，服务能力主要体现在服务团队尤其是项目负责人的执业能力和综合水平上。围绕项目经理为核心的人才队伍建设是影响全过程工程咨询服务质量的关键因素，关乎企业乃至行业的未来发展。

国家层面的全过程工程咨询指导文件对项目经理提出了明确要求，重点在全过程工程咨询项目经理应具备的执业资格要求。项目总负责人应当取得工程建设类注册执业资格且具有工程类、工程经济类高级职称，具有类似工程经验，同时鼓励建筑师负责制的应用。在人才队伍建设方面，咨询服务方要重点关注全过程工程咨询项目经理及相关专业人才的培养，鼓励与国际著名的工程顾问公司开展多种形式的合作，熟悉国际规则汲取先进理念与经验，提升国际竞争力。总结国家层面政策文件的相关内容，可以得出全过程工程咨询情境下的项目经理首先应具备法律规定的注册执业资格，同时须具备丰富的经验、复合知识背景、专业能力、国际视野、开放创新意识等人才特征。重视人才培养，加强理论知识培训，开展国际交流合作是咨询人才培养的重要途径。

自住建部发布试点通知以来，全国共有 18 个省份（北京、上海、江苏、浙江、福建、湖南、广东、四川、广西、贵州、宁夏、山东、吉林、河南、安徽、内蒙古、陕西以及黑龙江）被列入全过程工程咨询试点范围。除北京市和上海市没有出台明确的全过程工程咨询试点工作方案外，其余省份都陆续出台了相关试点方案或指导意见。各试点省份颁布的文件响应了国家部委文件中关于项目经理的要求，均要求全过程工程咨询项目负责人应具有一项或多项与委托工作内容相适应的工程建设类注册执业资格，但具体资质要求有所不同，按文件要求的频次排序依次为：注册建筑师、注册建造师、注册监理工程师、注册造价工程师、勘察设计工程师、注册规划师、注册咨询工程师和注册结构师。对部委文件中所提到的"项目负责人"，江苏、福建、湖南、广东、四川、吉林、安徽、内蒙古、陕西等9个省份，倡导采用建筑师负责制。

总体而言，国家和地方政策文件对于项目经理的要求相对更为宏观，倾向于硬性指标，而对项目经理深层次的能力要素进行细化描述，文件中并未体现。

2.3.2 全过程工程咨询服务项目经理研究现状

国外文献对于工程咨询项目经理的研究主要聚焦咨询项目经理对咨询机构的重要性以及项目经理应具备的能力要素等。Martin[46]指出工程咨询企业的顾问需要掌握技术、管理和沟通技能，在激烈的市场竞争中，工程师还应注重自身持续发展，咨询企业也应提供相应的培训；同时指出，工程咨询企业的收入源于客户项目，对于客户项目的管理对工程咨询公司而言尤为重要，因此在公司内部的职业发展体系中，最重要是提升项目经理发展水平。Ronald[47]指出工程咨询主要带头人是否取得规定的职称是业主采购过程中选择工程咨询企业的依据之一。Avila[22]指出由于要定期与业主管理团队进行沟通，成功的工程顾问团队的项目经理必须有良好的沟通能力，确保意见有效表达。F. A. Grootboom等[44]指出，咨询项目经理的领导力在工程咨询企业中起着重要作用，项目经理需要管理组织和专业人员两方面的技能和能力，工程组织管理包括财务、产品开发、运营管理、质量管理、项目管理和变更管理等方面，工程专业人员管理包括人员管理、团队合作和创造力、个人管理和沟通技巧[45]。Tong L[43]认为，工程咨询业务的项目经理在咨询过程对项目目标实现至关重要，扮演着指挥者与决策者的角色，需具备分析判断、组织协调、业务技术、沟通交际等能力。Shi L等[2]从文献综述和当前教学现状等方面梳理工程咨询师应具备的能力和专业知识，并设计问卷展开调研，通过因子分析的方法得出人员素质，现场实践技能和持续专业学习是咨询工程师所需具备的三大关键能力。综合来看，尽管国外研究涉及对工程咨询领域内人才、团队培养、创新等，但是相比于施工单位、承包企业以及业主方的项目经理，聚焦咨询团队项目经理这一角色的研究相对较少，同时缺乏深入系统化的研究。

相比国外，国内工程咨询领域的项目经理研究仍比较薄弱。一方面是国外工程咨询企业在内部运作上，大多采取项目管理制，公司的组织架构也与之相适应。而国内并非所有工程咨询机构的组织架构都是以项目为基础的，项目经理负责制的尚未彻底落实。另一方面则是由于历史发展等综合因素导致行业缺乏高素质、综合型人才,当前工程咨询优秀项目经理尤为稀缺。据勘察设计协会统计[53],勘察设计企业在进行业务拓展、产业链延伸的过程中,包括项目经理在内的复合型人才缺口大,经验丰富的项目负责人和能独当一面的专业负责人是最为短缺的两类人才。毕建旭[49]认为业主方和受委托机构为圆满达成项目目标,为项目匹配的项目经理须具备技术、经济、管理、法律综合专业知识,取得项目要求的执业资格与职称,有计划协调能力,与项目参与方沟通能力、人际管理能力和社会责任感。孙骑斌[50]认为,项目管理企业须重视项目经理在团队的核心作用,作为团队的总指挥,他代表公司处理项目事务,发挥决策指挥、协调组织、控制与监督、激励与指导的作用,所以要求具备管理技能、技能技术及卓越的个人品质。赵蕴[51]认为,在管理咨询项目中,项目经理是影响团队沟通、团队成长、咨询服务质量和客户关系的重要因素之一。何伯森等[52]关注国际工程管理人才的培养,在"一带一路"大背景下,更需要复合型、外向型、开拓创新型的国际工程咨询或承包的高级管理人才。复合型是指具备技术、管理、经济和法律的复合知识结构;外向型是指熟悉工程项目管理的国际惯例和通用技术规范;开拓创新型是指在国际工程环境中需具备的思想素养。郭俊峰[48]基于某工程咨询公司"项目管理办公室(PMO)+项目经理负责制"管理模式,构建了项目经理的绩效评价模型,涵盖工作业绩、工作能力、工作态度、学习创新四个维度,项目管理绩效、市场开发与客户维护、专业能力、管理能力等八项指标。

在全过程工程咨询被提上日程的背景下,对符合行业长远发展需求的项目经理的培养显得尤为迫切。曲涛[42]站在建设单位的角度,指出全过程工程咨询服务机构匹配的项目经理人选是业主方关注的重点,业主方期望的项目经理应具备建设类注册执业资格,工程类、工程经济类高级职称,高情商和行政管理能力,团队意识、风险管控能力、自律负责等综合素质。王甦雅等[54]通过实际案例提出采用"1+N"的项目管理思维开展全过程工程咨询服务时,"大"项目经理责任制是有效措施,"大"项目经理指项目总负责人,对项目的组织、控制、协调整合展开全方位管理,适当调整"大"项目经理的职权有利于发挥带头作用。全过程工程咨询服务中的关键岗位包括项目经理、策划负责人、设计管理负责人、采购与合约管理负责人、投资控制负责人、工程管理负责人等。郁勇[10]通过行为事件访谈法对这些岗位展开研究,初步构建了项目经理、先期策划负责人的岗位胜任力模型。尽管全过程工程咨询的政策环境正不断完善,越来越多的项目相继落地,但是在研究领域,对于全过程工程咨询项目经理仍是缺乏深入、系统性的研究。

综上所述,当前发布的各项政策或指导意见均提出了全过程工程咨询项目经理应具备的资质条件,但仅关注项目经理的资质是不够的,不足以给企业和行业相关人才可持续成长与培养指明方向。工程咨询项目经理的相关研究围绕岗位职权、项目经理能力素质、选拔培育等方面展开,尚未形成统一、成体系的观点。在国内全过程工程咨询情境下,更是仅有少数学者关注项目经理,相关研究十分欠缺。实践政策和学术研究对工程咨询服务项目经理胜任力的研究不足,成为影响当前全过程工程咨询服务行业和企业发展的瓶颈之一。

2.4 项目经理胜任力理论基础及研究现状

2.4.1 胜任力内涵与研究分类

学术领域内胜任力理论起源于 20 世纪 70 年代,美国心理学家 McClelland 在选拔优秀信息官的过程中开始使用"胜任力"这一概念,并发表 *Testing competency rather than intelligence* 一文,将其定义为能够区分在特定的工作岗位和组织环境中绩效水平的个人特征,并提出六项胜任力测验的原则[55]。继 McClelland 之后,学者们对胜任力的内涵概念进行了探讨延伸,这些定义既有重叠又有区别之处。Zemke 等[56]通过大量的访谈,认为学界对于"什么是胜任力"尚未形成普遍共识,大多胜任力模型是为开展培训工作而提出,因而胜任力研究具有复杂性和多样性。通过文献归纳总结不同学者对于胜任力的理解,梳理出具有代表性的定义,见表 2.1。

表 2.1 不同学者对胜任力的定义

学　者	定　义
McClelland[55]	能够区分在特定的工作岗位和组织环境中绩效水平的个人特征,包括知识储备、动机、技能、特质和能力
Boyatizis[66]	胜任力是个体的内在特征,可能是动机、特质、技能、自我形象或社会角色方面,或者他所运用的知识体系
Spencer L M 等[57]	胜任力是能够区分工作者绩效的深层次特征,表现为可量化测量的的某领域内的能力、技术、知识、态度、价值观、动机、自我形象等个人特征
Koeppen K 等[59]	胜任力界定的最基本元素是特定情境,胜任力的表现与处境、生活等相联系

续　表

学　者	定　义
Mirabile[60]	在某工作岗位中实现高绩效所需的要素,包括特定知识结构、工作技能以及个人特质等
Parry[61]	对个体工作绩效产生影响的专业知识、态度和能力,可使用相关标准对其进行测量,也可通过培训与发展对其进行提升
Elena 等[62]	个体在特定社会情境下,与他人互动的同时所表现出来的独特优点的集合
Jorgen Sandberg[63]	胜任力是指在工作中所表现出来的知识与技能
时勘等[64]	能够区分特定的组织情境下某工作岗位中有效行为表现优秀与一般的潜在稳定的行为特征,包括意志力、感知、处事态度、内在动机、情感、偏好与倾向等特性
仲理峰等[65]	能够区别工作成绩优秀者和表现一般者的长久性的、内在的特征

在对胜任力有了基本的认知之后,学者们逐渐发现胜任力是不能脱离特定情境、行业、企业、岗位而存在的,意识到特定情境对于胜任力研究的重要性。虽然学术界对于胜任力并没有准确的界定,但是可以总结出胜任力几点特征:胜任力是在特定情境的表现出来的、胜任力与个体的绩效表现密切相关、胜任特征要素可以通过科学的方法进行量化和个体衡量。

在对胜任力理解逐渐深入的过程中,对胜任力的研究不仅仅局限于个体层面,开始从追求员工个体绩效到提升组织绩效,甚至是趋向于网络化胜任力层面深入。当前国内外对胜任力的研究主要聚焦个体组织胜任力、组织胜任力、团队胜任力等方,相比而言,组织和团队胜任力研究较少。

个体胜任力是胜任力研究的最主要方向,也是人力资源领域在实践应用的重要依据之一。个体胜任力研究中关注较多的是管理者胜任力。Boyatzis[66]基于对分布于12个不同行业和41个管理岗位的2 000名管理者进行分析,得出管理者普适胜任力模型。Alpha等[67]归纳出管理岗位所需的基本胜任力。Charles等[68]通过调查得出六种较为关键的管理人员胜任力特征,六种胜任力分别是领导、沟通、激励、健康与安全、决策、预见及计划。尽管很多学者相继提出具有普适性的管理者胜任力模型,但正如前文所述胜任力在特定情境下表现出来的,因此管理者胜任力的研究亦需要结合特定的行业背景,才更具针对性和价值。很多学者将胜任力在不同领域加以运用,如科研领域、商业领域等,得出不同领域内的管理胜任力。Oshins[69]针对酒店经理建立了相关的胜任力模型。Thomas 基于对香港服务业 198 次访谈,从定性的角度得出机会、关系、意识概念、组织、战略、承诺等维护的胜任力对创业家而言尤为重要。时勘等[64]探讨了我国通信业高层管理者的胜任特征模型。有关管理胜任力已有大量的研究,但由于胜任力具有特定情境的特征,仍会有不同的行业领域、不同职位、不同情境下的个体胜任力研究涌现和结合实践进行更深入的探讨。

Prahalad 等是组织胜任力的启蒙者,关注于组织绩效,探索如何使组织在环境中具有竞争力,以及组织胜任力的构成[70]。Ulrich[71]在个体胜任力的研究基础上,将个体与组织联系起来,对组织胜任力进行了进一步延伸,认为组织能力是获取竞争优势的重要源泉。Crady 等[72]认为组织在环境中取得竞争优势很重要的一方面是员工胜任力,这是组织胜任力的基础。

团队胜任力是以团队整体为对象,以成员的胜任力为核心,成员相互影响下的相互弥补的一系列知识、技能等特征的组合[73]。Margerison[74]认为团队胜任力指为实现团队绩效优异的条件下所需的个人胜任力,该情境下每位团队成员都起到作用,能胜任所担负的团队职能。Branco[75]提出的团队胜任力概念与个体胜任力相类似。有部分学者结合特定的领域、特定团队类型进行团队胜任力研究,Lee 等[76]针对建设领域内的建筑企业,构建了项目建设团队和项目外部事务控制团队的胜任力模型。王思琦等[77]结合具体项目实践,构建了总承包企业的海外 EPC 项目管理团队评价体系,由 6 项一级指标和 29 项二级指标构成。孙月峰等[78]分析了 PPP 模式下项目团队所需满足的要求,进而提出 PPP 模式下专业能力、创新能力和组织一致性对团队胜任力影响假设模型,并展开问卷调研对模型进行了验证。

由此可见,当前胜任力的研究在个体层面居多,但是胜任力研究多样性的趋势逐渐显现,组织胜任力与团队胜任力逐渐成为学术界关注的热点。

2.4.2 项目经理胜任力研究现状

项目团队是为完成特定目标而组成的临时性组织,项目经理是影响项目成功的重要因素[80]。作为管理者中的一类,胜任力理论被引入项目管理领域,越来越多的研究关注项目经理的胜任力,展开了胜任力模型、胜任力评估与选择、胜任力与绩效等研究。

胜任力模型是完成特定任务相应角色所需的能力要素的集成[81]。项目经理应具备哪些胜任力,已有大量的研究构建不同的胜任力模型。康飞进行了项目经理领域胜任力的综合分析,发现关于项目经理胜任力的研究中,IT 领域与建筑施工领域所占的比例较高[82]。Pettersen[83]通过文献综述,总结出成功的项目经理应具备的技能、能力和人格特质,包括沟通技能、系统分析能力、抗压能力、适应性等。Odusami[84]调查建设活动的不同利益相关者,发现项目经理的管理工作中需要决策、交流、领导与激励以及问题解决等能力。Chen 等[85]通过发现中国式的情境下,计划与控制、关系协调以及发展关系对项目经理而言尤为重要。Patanakul 等[86]指出,在进行多项目管理时,项目经理在通用胜任力的基础上,还应发展同步团队管理、流程管理、组织间管理等。国内方面,施骞[87]通过问卷调研得出复杂环境下的项目经理应具备的能力素质,其中沟通能力和判断决策能力在中国项目中十分重要。蒋天颖等[89]认为工程项目经理的评价指标体系由知识水平、组织协调、战略领导、责任意识 4 项一级指标组成,进一步包含管理知识、沟通协调等 9 项二级指标。崔彩云等[90]通过访谈和调研编制了工程项目经理胜任力的关键词表,涵盖组织领导能力、目标管理能力、个人素质和基础知识技能四大能力构成层,具体包括 28 项特征,同时在此基础上进一步构建了优秀项目经理胜任力模型。Feng Zhang 等[91]提取与评估了国内工程项目经理所需的社会胜任力。张水波等[92]构建了四维项目经胜任力模型,通过调研数据进行了验证性分析。王雪青等[93]利用 O∗NET 问卷调研,通过统计分析,提出了工程项目经理的胜任特征模型,包括认知技能、社会技能、资源管理技能、成就导向、抗压导向、责任导向 6 个维度。袁尚南等[94]调查发现了对水利工程领域的项目经理而言所需的最关键的三项能力。

对于项目经理的评价,基于不同的目的,不同学者尝试了不同的方法。张文江[88]将模糊数学引入项目经理胜任力的评价分析。蒋天颖等考虑到项目经理胜任力是非静态,是随情景动态变化的,提出基于贝叶斯网络的评价方法[89]。张水波等认为相比传统的评价方法,采用人工智能的方法可以很好地解决非线性关联问题,提出了基于支持向量机的工程项目经理评价模型[92]。陈为公等从项目及个人层面出发,构建了包含建设过程管理、组织领导能力、个人基本素质和职业提升能力的工程项目经理胜任力模型,引入向量余弦夹角对进行评价研究[95]。

随着关于项目经理胜任力研究的深入,一些学者将胜任力与绩效联系起来,部分探讨了不同情境下项目经理胜任力的表。Müller 和 Turner[97]指出在不同项目类型、项目合约类型的情境下,项目经理胜任力也会有所不同。Skulmoski

等人[98-99]发现在整个项目管理的过程中,不同阶段对胜任力的要求不同,前期阶段更强调技术和项目管理能力,执行阶段强调人际管理和沟通协作能力。康飞[100]通过模型构建和实证检验发现,项目经理胜任力对项目绩效的影响是通过领导信任、团队沟通、团队凝聚力的中介作用实现,同时指出影响路径。张术丹[101]研究发现,房地产企业的项目经理胜任力能直接或间接对工作绩效产生影响,间接是通过认知信任的中介作用实现的。

2.4.3 项目经理胜任力模型构建方法

构建胜任力模型时的工具有很多,常用的技术工具有以下几种。

(1) 行为事件访谈法。这是归纳总结胜任特征最常用的工具之一,由McClelland研究小组应用于美国外交官遴选。通过对优秀绩效和一般绩效受访者进行回顾式探索性提问,使受访者回顾在工作岗位上最成功(或失败)的关键事件,并描述其具体经过,对访谈记录进行汇总、编码、分析,归纳总结岗位的关键胜任特征。该方法可直观、全面获取有效信息,实施效果较好,在实践过程中被广泛应用,但也存在着成本较高、耗时较长弊端。

(2) 问卷调查法。这是研究咨询部门建立胜任特征模型常用的技术工具之一,基于实践经验和文献分析基础,搜集特定岗位胜任特征,有针对性设计,主要以量表形式呈现,对特定受访对象展开数据收集和统计分析工作,进而建立相应岗位的胜任力模型。该方法使用范围广,客观统一,较为高效便捷,但是也存在难以反映全面、深层次信息的弊端。

(3) 专家小组法。首先根据研究主题确定专家组成员,进而专家小组经过反复讨论就研究内容达成最终方案。在胜任力研究中,由对特定岗位有深刻理解的资深人士组成专家小组,对被研究岗位的胜任特征展开讨论,通过记录整理讨论意见,反复筛选整合确定岗位的胜任特征,建立胜任力模型。该方法具有专业高效等优点的同时,也具有易出现主观倾向、产生偏差等缺点。

(4) 职位分析法。不同于关注个体的其他方法,此方法的关注点在于岗位本身,通过调查研究岗位的职责、权利义务、职权特点等分析高效完成工作所需的胜任特征。具体的操作包括:通过行业、组织、市场等方向对岗位进行分析,提取研究职位的关键职位特征,然后确定高效完成职能所对应的胜任特征,并建立胜任力模型。该方法简单成本低,但缺点是对员工个体的考虑较为欠缺。

第 3 章 全过程工程咨询服务项目经理胜任特征提取

如何提取全过程工程咨询项目经理的胜任特征是构建胜任力模型的基础与前提。本章将从四个维度归纳提取项目经理的胜任特征,包括全过程工程咨询情境下的项目经理岗位分析、已有文献资源分析、国际协会/学会胜任力模型分析、典型企业胜任力模型分析。然后结合全过程工程咨询的特点进行胜任特征提取,听取专家意见进行调整,得出全过程工程咨询项目经理胜任特征表。

3.1 基于岗位特征的全过程工程咨询服务项目经理能力要求分析

本章中项目经理是指提供全过程工程咨询服务的咨询企业为项目匹配的项目经理,是受企业法定代表人的授权,代表咨询企业主持工作、履行合同的项目负责人。全过程工程咨询服务模式是专项咨询、碎片化咨询基础上的集成化发展,体现了全生命周期、整体治理等理念,进而全过程工程咨询项目经理这一岗位的工作任务、角色特点有所转变。自 2019 年国家发改委联合住建部下发《关于推进全过程工程咨询服务发展的指导意见》以来,部分试点省份相继颁发了全过程工程咨询服务导则或是服务标准,以期对项目落地实践给予指导参考作用。根据陕西、江苏、内蒙古、浙江、广西等省份发布的试行导则,分析全过程工程咨询服务的工作任务,以此挖掘全过程工程咨询服务项目的胜任特征。

全过程工程咨询存在很多细分组合模式,其中一体化模式下涵盖的服务内容最全面,覆盖的阶段最广,对项目经理胜任服务的要求也是最为严苛。因此本章对全过程咨询项目经理的能力要求分析时,指的是在提供一体化咨询服务模式的情境下,项目经理岗位特征背后所体现的能力要求。

3.1.1 岗位职责分析

全过程工程咨询服务模式下,咨询团队由项目经理、专项咨询负责人和专业工程师等成员构成。以项目经理为核心的咨询团队承担项目目标实现的责任。在实践过程中,实行咨询项目经理责任制是全过程工程咨询服务管理制度的重要基础,咨询企业和建设单位应对全过程工程咨询项目经理予以书面授权。项目经理根据管理制度中的授权范围、内容,全方位主持项目的管理工作,同时承担服务目标实现的责任。项目经理在全过程咨询服务中的主要职责有:

(1) 负责项目整体目标的实现,包括投资、进度、质量、安全等。

(2) 组织编制工程建设全过程咨询服务规划大纲,科学制定服务目标,审批专业咨询服务实施细则。

(3) 组织制定项目工程建设全过程咨询服务的组织架构、专业分工、决策机制、管理制度、工作流程以及相关表格和成果文件模板等,并组织实施。

(4) 根据组织构架组建全过程工程咨询项目部,委任专业咨询负责人以及选派各专业咨询顾问,明确各岗位工作职责与界面。

(5) 依据授权范围进行工作任务分解。

(6) 针对全过程工程咨询服务合同内的各项专业咨询进行组织协调,审批相关报告文件与资料,实时跟进各项工作计划的实施情况。

(7) 根据计划实施进展与工作情况进行项目人力资源的调度与动态管控。

(8) 参与组织对项目全过程各阶段的重大决策,在授权条件下决定利益分配和资源使用。

(9) 工程质量安全责任承诺书中规定的职责,参与或配合全过程各专业咨询服务质量事故的调查和处理。

(10) 根据合同约定,按照相关要求规范开展工程竣工验收,接受审计,妥善处理全过程工程咨询服务团队履约结束后的善后工作。

(11) 协助和配合业主方进行项目检查、鉴定和评奖申报工作。

(12) 调解业主方与相关参建单位的有关争议。

(13) 工程咨询单位或业主方委托授予的其他职责。

3.1.2 岗位职权分析

一方面,全过程工程咨询项目经理是代表咨询企业处理项目各项事务,是咨询团队内部的最高决策者与领导者。另一方面,建设工程项目全生命周期一体化管理的过程中,涉及业主方、承包商、全过程工程咨询服务企业、供应商、运维管理机构等多个利益相关方。咨询团队与业主方是合同关系,为业主提供组织、管理、经济和技术等咨询服务,承担部分(或整体)业主管理职能。在项目实施的过程中咨询企业与相关承包人存在管理关系。只有明确咨询团队与业主、相关承包人之间的工作权限和管理流程，才能确保建设工程项目组织的责任体系完整性与一致性。因此全过程工程咨询项目经理从业主方和咨询企业授权获得如权限，才能顺利开展管理工作。

（1）参与全过程工程咨询服务招标、投标和合同签订。

（2）参与组建全过程工程咨询服务团队，并负责对服务团队员工的绩效考核评价。

（3）参与组织对项目各阶段的重大决策。

（4）主持全过程工程咨询服务机构工作。

（5）决定授权范围内的项目资源使用。

（6）在组织制度的框架下制定全过程工程咨询服务机构管理制度。

（7）参与选择并直接管理具有相应资质的分包人。

（8）参与选择大宗资源的供应单位。

（9）在授权范围内与项目相关方进行直接沟通。

（10）各项工程款支付的签字权。

（11）在授权范围内与全过程工程咨询服务相关方直接沟通。

3.1.3 角色定位分析

全过程工程咨询服务模式下的项目经理比传统专项咨询负责人角色属性更复杂。与施工企业的项目经理相比，施工企业的项目经理是关注建设项目生产过程的管理，全过程工程咨询服务的项目经理涉足项目的多个阶段甚至全生命期，所以对全过程工程咨询项目经理的知识广度、整体统筹能力等要求更高。全过程工程咨询项目经理代表着咨询企业，咨询企业作为"业主忠实的顾问"，始终代表业主利益，因此需要站在业主视角管控项目，涉及的内容更加宽广、综合。综合来看，全过程工程咨询项目经理具有如下身份：

（1）综合集成者：全过程工程咨询服务的关键核心是项目全生命周期（全过程）的管理整合。咨询企业开展全过程工程咨询服务需要系统筹划和策划、计划、组织、协调、控制和集成（整合）能力。全过程工程咨询项目经理负责项目的综合管理，统筹集成各专业咨询的服务内涵、服务组织、服务内容等，满足业主需求。

（2）团队领导者：全过程工程咨询项目经理参与组建服务团队，作为咨询团队的领导者，项目经理负责组织团队工作开展、监督计划执行、考核工作绩效，鼓舞团队氛围,激励团队成员,提升团队运行效率。

（3）组织协调者：在服务团队内部,各项专业咨询的负责人在全过程工程咨询项目经理的统筹协调下开展各项工作。在项目建设体系内,全过程工程咨询项目经理也负责沟通协调业主、承包人、供应商等利益相关方之间的冲突。

（4）知识贡献者：咨询行业提供知识密集型的商业服务,全过程工程咨询项目经理需要服务过程中持续的知识贡献,因此全过程咨询服务要求项目经理具有相应执业资格与高级职称,有复合的知识背景,有丰富的服务经验,做业主"脑的延伸和手的延长"。

（5）服务导向者：为业主持续创造价值是咨询企业拥有市场的关键因素,所以作为咨询企业的代表,项目经理需要具有客户服务意识,充分理解业主/项目需求,增强业主方管理能力,"做强业主,做大业主"。

（6）问题解决者：全过程工程咨询项目经理需要代表业主监督项目实施,发现实施过程中出现的问题及背后的原因,思索解决问题的方案,确保项目继续推进,是项目实施过程中的问题解决者。

3.1.4　岗位特征反映的全过程工程咨询服务项目经理能力要求

对以上全过程工程咨询项目经理的职责、职权进行逐条分析,可以解读出全过程工程咨询项目经理的能力要求,可以提炼如下几个方面的胜任特征。

项目目标管理的相关专业技能：尽管咨询服务团队内有专项负责人直接指导开展专项咨询,全过程工程咨询项目经理不一定需要精通每一项专项业务。但全过程工程咨询项目经理"负责项目投资、进度、质量、安全等目标实现",说明项目经理必须对这些项目目标管理有深入理解,才能组织专项团队开展相关工作,发现工作中出现的问题及时解决。因此全过程工程咨询项目经理需要具备工程进度管理、工程投资管理、工程质量和安全管理等专业技能。

工程管理系统的统筹策划能力："组织制定组织架构""组织编制服务规划大纲、实施细则、管理机制""组建全过程工程咨询项目部等"等岗位职责表明全过程工程咨询项目经理应对工程建设全生命周期的管理系统、管理任务和管理组织体系具有深入的理解,负责全生命周期工程实施策划,因此全过程工程咨询项目经理需要具备工程管理系统的统筹策划能力。

工程信息管理的能力："组织制定相关表格和成果文件模板""审批相关报告文件与资料"等岗位职责表明,全过程工程咨询项目经理通过信息文档监控项目进展,辅助推进项目。项目经理不一定需要全面参与各项信息文档的编写,但需要组织重要文档报告的编制与审核,要对项目工程档案、信息管理系统有整体性了解。因此全过程工程咨询项目经理需要具备工程信息管理的能力。

采购和合同管理的能力:"参与招标、投标和合同签订""参与选择并管理有相应资质的分包人""参与选择供应单位"等岗位职权说明全过程工程咨询项目经理需要对供应方市场有一定了解,熟悉合同条款以便对相关单位进行管理。因此全过程工程咨询项目经理需要具备采购和合同管理的能力。

工程组织协调能力:"主持咨询团队的工作,组织协调各项专业咨询""授权范围内与项目相关方进行沟通""调解业主方与相关参建单位的有关争议"等职责和职权表明,全过程工程咨询项目经理不仅需要在内部组织服务团队开展工作,还需要外部协助业主协调各参建方关系,推动项目进展。因此全过程工程咨询项目经理需要很强的工程组织协调能力。

除了岗位职责和职权反映全过程工程咨询项目经理的专业技能外,角色定位也能体现其应当具备的一些能力和特征。例如:全过程工程咨询项目经理作为业主的帮手,需要具备专业知识和丰富经验为项目创造价值。咨询企业做业主最忠实的顾问,代表业主利益,全过程工程咨询项目经理自然要将服务业主的意识贯彻到工作行为中。全过程工程咨询项目经理作为多方组织协调的枢纽,直面项目矛盾,需要很强的抗压能力。全过程工程咨询服务要做到项目全生命周期(全过程)的管理整合,则要求项目经理具备系统思维,集成整合各专项咨询服务的能力,为项目和客户创造增值。作为咨询服务团队的领导者,为了使成员高效开展咨询工作,全过程工程咨询项目经理也需要影响力和激励能力,团队氛围管理能力和团队协作的精神。

3.2 基于文献视角的项目经理胜任力模型分析

当前对于全过程工程咨询的研究尚处于起步阶段,关于全过程工程咨询项目经理的研究更是缺乏,但是项目经理胜任力这一主题已有充实的研究,现有项目经理胜任力研究提出的胜任指标在一定程度上可供本研究参考。部分学者提出了通用项目经理胜任力模型,但由于所处的行业差异,项目经理的胜任特征也有所不同。为更有效地提取指标,本章以工程建设行业为背景,大量阅读建设工程项目经理胜任力文献,进行相关胜任特征的归纳汇总排序,为全过程工程咨询项目经理胜任特征识别提供参考。

3.2.1 工程项目经理胜任力文献分析

本章将时间跨度设置为2010年1月—2020年1月,以"项目经理胜任力""项目经理胜任力"和"工程"为关键词进行检索,在知网平台分别检索到文献189篇和90篇;选用"project manager competency""construction manager competency""project manager effective""construction professionals effective"等检索词进行拆分组合,在标题或关键词检索项搜索,时间跨度为2000—2019年,检索得到39篇文献。本章的文献选取采用以下标准:① 工程建设领域项目经理胜任力的相关研究;② 研究内容涉及胜任特征;③ 文献具有一定引用量。通过以上标准筛选了30篇中英文文献进行精读分析,如表2.2所示。国内外对于工程项目经理胜任力的研究主题主要包括:研究工程项目经理应具备的胜任特征,构建相应模型。研究不同情境下项目经理胜任力的要求或重要程度差异性,例如不同参建方的认知差异,不同性别项目经理胜任力的差异,不同项目类型的项目经理胜任力要求差异。研究基于项目经理胜任力模型的项目经理评价或甄选。研究项目经理胜任力与绩效之间的关系,例如基于胜任力构建项目经理绩效模型,分析项目经理胜任力与项目绩效之间的影响关系。

表2.2 国内外工程项目经理胜任力相关研究

作者	研究主题	作者	研究主题
Odusami[2002]	参建方对项目经理胜任力的重要性认知差异	蒋天颖[2010]	工程项目经理胜任力模型及评级
Ogunlan[2002]	不同项目下选择项目经理的影响因素	徐慧琳[2010]	国际工程总承包项目经理胜任力模型
Dainty[2004]	基于胜任力的项目经理绩效模型构建	崔彩云[2012]	建筑工程项目经理胜任力模型
Chen[2008]	中国项目经理胜任力的构成要素	刘玲[2012]	施工企业项目经理胜任力评价
Arditi[2009]	基于胜任力模型的房建项目经理绩效评估	孙春玲[2013]	工程项目经理执业能力指标体系
Ahadzie[2009]	项目经理的胜任特征研究	陈勇强[2013]	承包企业项目经理能力对项目团队能力的影响关系

续 表

作者	研究主题	作者	研究主题
David[(2009)]	男性和女性项目经理在胜任力方面的差异性分析	康飞[(2014)]	项目经理胜任力对项目绩效的影响机制
Muller[(2010)]	不同类型的项目对项目经理的胜任力的要求差异性分析	张水波[(2014)]	不同工程建设模式下的项目经理胜任特征差异性
Dogbegah[(2011)]	建筑项目经理胜任力模型构建	王雪青[(2014)]	工程项目经理胜任特征研究
Kim[(2011)]	施工项目经理的核心胜任力	吕文学[(2014)]	国际工程项目管理胜任力模型
Kim[(2012)]	建筑施工项目经理的领导力构成及排序	董留群[(2016)]	工程项目经理胜任力关键影响因素
Liyana[(2013)]	女性建筑项目经理的胜任力衡量	郑生钦[(2016)]	施工企业项目经理胜任力的关键影响因素以及对绩效的影响
Kwofie[(2015)]	建造师的关键项目管理能力识别	曹志成[(2017)]	工程项目经理胜任力评价
Hanna[(2016)]	基于数据驱动的项目经理评估模型	陈为公[(2018)]	工程项目经理胜任力评价模型
Negara[(2019)]	业主方的项目经理胜任力标准	谢琳琳[(2019)]	项目经理特质对工程社会责任实施绩效的影响关系

筛选的30篇文献尽管研究主题不同，但研究内容均涉及具体的胜任特征。本章对以上文献涉及的工程项目经理胜任特征进行归纳汇总，将含义相近的胜任特征进行整合，识别出现频次超过3次的胜任特征，如表2.3所示。

表2.3 工程项目经理胜任特征

胜任特征	特征内涵	频次	胜任特征	特征内涵	频次
项目管理专业知识/专业素养	具备项目管理基础知识，包括工程、法律、经济、管理能方面	19	决策能力/控制决策/洞察决策	果断决策的能力	6

续 表

胜任特征	特 征 内 涵	频次	胜任特征	特 征 内 涵	频次
领导能力	具有带领团队实现项目目标的才能	14	时间/进度管理能力	良好的个人和项目时间管理	6
沟通交流能力	与团队和项目相关者打交道时有良好的沟通技巧	13	安全健康环境管理能力/质量管理	始终坚持"安全至上",重视项目成果的质量	6
组织协调能力	根据项目目标,制订实施计划,分配资源,组织和控制项目团队按计划完成任务	12	积极/主动	工作积极,主动抓住机会	6
人际交往能力	能妥善处理组织内外人际关系的能力	11	抗压能力/压力管理能力	有效进行管理,保持良好身心状态	6
诚信/正直/公道/可靠	具有正直的品质,良好的职业操守,时刻践行诚信公平	11	学习能力	注重自身能力提升,坚持持续学习	6
成就/结果/目标导向	对成功有渴望。能设定目标,从结果角度思考如何完成目标	10	战略视角/市场意识	研判市场动向,从战略角度去思考和解决问题	6
冲突管理能力	采取措施预防冲突产生,冲突发生时能从容应对处理的能力	8	应变能力/灵活性/适应性/敏锐性	快速捕捉项目内外部的变化,并能灵活应对	6
信息获取与处理能力	能及时从各种渠道获取项目相关信息	8	心理素质/坚韧性/毅力/情绪管理能力	遇到问题时,意志坚定,具有强大的心理素质	5
责任意识/责任心/社会责任	有强烈责任感,对项目、对客户、对社会负责	8	表达/语言能力/外语能力	具备良好的语言组织与表达能力	5
成本/采购管理能力	关注项目成本、预算,实现投资控制	8	高瞻远瞩/远见/前瞻性	对事物有深刻的认知,能提前做出预判	5
理解/分析与判断能力	对项目具有深刻的理解以及能过全面分析项目出现的各种状况	7	工程实践经验	具备丰富的项目管理经验	5

续 表

胜任特征	特征内涵	频次	胜任特征	特征内涵	频次
问题解决能力/谈判能力	识别、分析、解决问题，进行有效的谈判	7	团队合作精神/团队整合	支持团队成员各项工作，积极与利益相关方合作	5
关系建立/发展能力	与项目各个参与方发展和保持良好关系，寻求更多合作机会	7	自我控制能力/自律/情绪管理能力	抵御诱惑，利用自身意志调节对行为作出控制	5
识人用人/人才管理	了解成员，重视成员培养，给成员提供适当的指导	7	影响力	通过自身的品格和能力影响他人	5
自信/自我认知	展现自信，认同自我价值	7	关注客户需求/客户导向/服务意识	以顾客角度出发，满足顾客需求、增加顾客价值	5
团队建设	制定团队管理制度，营造良好团队氛围	6	系统思维/全局观念	具有整体意识和大局观，考虑事物之间的联系	4
风险识别/规避/风险管理能力	采取风险预防措施，风险发生时有效应对，降低影响	6	资源管理能力	合理利用，有效配置资源	4

3.2.2 基于文献分析的项目经理胜任特征启示

通过对工程项目经理文献的统计分析发现，工程建设领域的项目经理胜任特征包含众多方面，部分胜任特征在文献中出现的频率高。一定程度上可以认为，高频出现的胜任特征具有代表性，是大多建设领域的工程项目经理应具备的，从以上文献分析来看，可以得到以下信息。

专业知识和专业素养是大多学者认为项目经理应该具备的胜任特征，因为这是从事项目经理的基本要求与前提。

领导能力、沟通交流能力、组织协调能力、人际交往能力、冲突管理能力、信息获取与处理能力在文献中出现的频率较高，这些能力与项目经理处理项目内部与外部事务时所需的管理方面能力相关。

不少学者认为项目经理也应当具备诚信正直、成就导向、责任心、自信、积极主动、坚毅特点，这些胜任特征能够反映项目经理的个体性格特质，体现在项目经理的为人处事风格。

理解/分析与判断能力、问题解决能力/谈判能力、关系建立/发展能力、识人用人/人才管理、团队建设、决策能力/控制决策等能力,也是学者认为项目经理应当具备的胜任特征,这些特征部分与项目经理的团队领导能力相关。

时间/进度管理能力、成本/采购管理能力、安全健康环境管理能力、风险识别/风险管理能力这些与具体项目管理内容相关的能力也在文献中有所提及。

上述特征较为全面地概括了工程项目经理应具有的能力素质,不同学者在不同情境下的提取项目经理胜任特征有所差异。全过程工程咨询项目经理的胜任特征,与工程项目经理有一定的相似性,可以基于上述胜任特征列表进行提取,同时解释在全过程工程咨询服务模式下的内涵。

3.3 国际协会/学会项目经理胜任力模型分析

国际上有影响力的项目管理机构建立了项目经理胜任力(能力要素)模型或专业资质标准,用于专业人士资质认证。一些项目经理胜任力模型并未明确规定项目经理的行业背景,在项目管理领域具有较高的普适性。例如项目管理协会(PMI)构建的项目经理胜任力发展框架(Project Manager Competency Development Framework,PMCD)、国际项目管理协会(International Project Management Association,IPMA)制定的国际项目管理专业资质标准(IPMA Competence Baseline,ICB)、复杂项目管理国际中心(ICCPM)发布的复杂项目经理胜任力标准(Competency Standard for Complex Project Manager,CSCPM)。也有机构建立了具有行业角色针对性的胜任力模型,如英国皇家特许测量师学会(RICS)提出的专业胜任能力评核(Assessment of Professional Competence,APC)则是针对建设领域的专业人士。

3.3.1 IPMA 的国际项目管理专业资质标准(ICB)

国际项目管理协会(IPMA)是最早成立的项目管理组织,在全球范围内有深远的影响力。IPMA 在全球推行的项目管理专业资质认证(IPMP),已获全球数十个国家认可,而 ICB 则是进行资质认证和评估的基准工具。ICB 首次发布实在 1992 年,期间经历了多次更新与完善,于 2015 年 ICB4.0 发布,即 IPMA 个人能力标准(Individual Competence Baseline,ICB)[102]。

在 ICB4.0 中定义了从事项目管理、项目集管理、项目组合管理工作的项目经理项应具备的胜任力要素。ICB4.0 的项目经理胜任力标准由三个层级构成，分别是能力领域、能力要素以及关键能力指标。能力层面，由个人能力、实践能力和视野能力组成，在这三大能力领域下面涵盖 29 项能力要素，见图 2.2。在最新版中，ICB 4.0 还进一步描述了具备每一项每个要素所包括的知识、技能等内容，对应的关键指标。

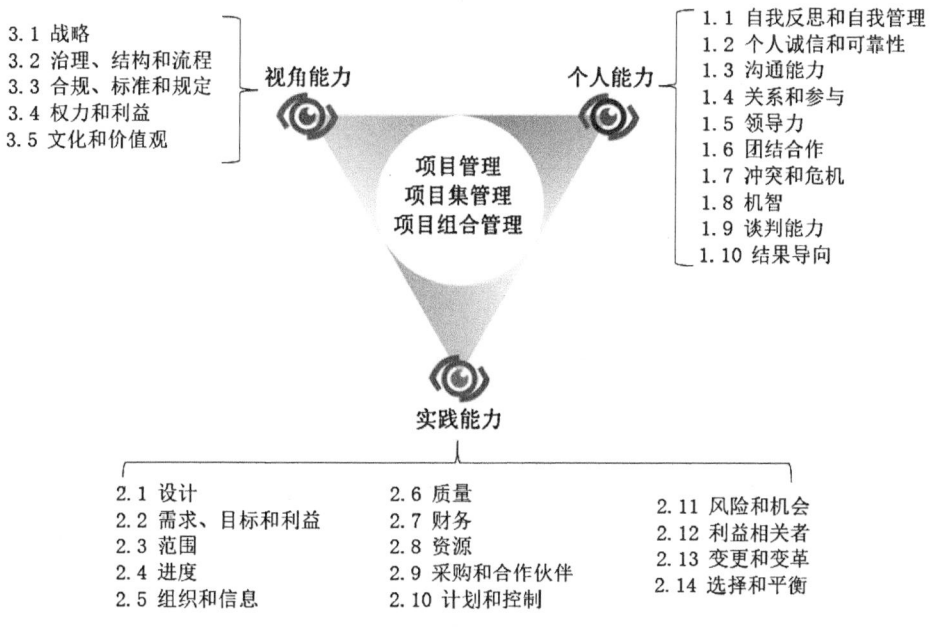

图 2.2　IPMA ICB 能力之眼

3.3.2　PMI 的项目经理胜任力发展框架（PMCD）

项目经理胜任力框架（PMCD）是美国项目管理协会（PMI）针对项目经理或立志成为项目经理的专业人士胜任力评价与发展而发布的全球性标准，该标准定义了在单个项目、项目集，以及项目组合管理过程中项目经理应具备的能力和行为特征，该框架可适用于不同类型的项目经理。PMI 分别于 2002 年、2007 年和 2017 年发布 PMCD 第一版、第二版以及最新的第三版，由于第三版尚未出版中文版，同时英文版资源无法获得，本篇基于 PMCD 第二版进行分析。

PMCD 的结构可划分为四层，依次是：能力框架—能力维度—能力单元—能力元素，能力元素主要是执行标准、证据类型类的表述。基于项目管理专业人士资质认证（PMP）对项目经理的定位，PMCD 构建了以知识能力、实践能力和个人素质三个维度构成的胜任力模型[103]，便于对项目经理进行评估，见图 2.3。

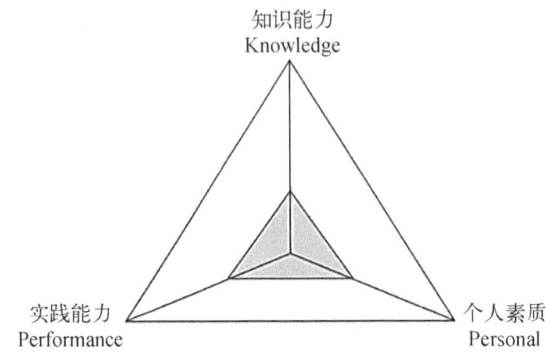

图 2.3　PMI PMCD 项目经理胜任力框架

知识能力是指项目经理必须深刻理解和认知 PMBOK 中的十大知识领域和五大过程组，熟悉使用各种项目管理技术与工具。

实践能力是指在实践中项目经理能良好运用已掌握的项目管理知识，将知识付诸于实践，改善项目绩效。

个人素质是指有利于项目经理成功管理项目，影响项目经理表现的个人态度、性格等人格特质。

在知识能力、实践能力和个人素质三大维度下，"实践能力"进一步划分为五项能力单元，对应着项目管理五大过程组，分别是项目启动、项目计划、项目执行、项目控制和项目首位；"个人素质"划分为六项能力单元，分别是认知、沟通、效率、领导、专业、管理。每个单元对应着具体的能力元素，主要是执行标准、证据类型等，具体能力细化如表 2.4 所示。

表 2.4　PMI PMCD 项目管理能力发展框架

实　践　能　力		个　人　素　质	
项目启动	● 项目的组织目标与客户需求相一致 ● 范围陈述反映组织和客户需求和期望 ● 理解高层次的风险/假设/约束 ● 理解关键利益相关者的需求 ● 提供项目章程草案 ● 核准项目章程	认知	● 整体观察项目 ● 高效解决问题 ● 运用合适的项目管理工具 ● 抓住机会提高项目成果

续　表

实　践　能　力		个　人　素　质	
项目计划	• 项目范围强调项目成果 • 完善项目进度计划 • 完善成本管理计划 • 项目团队责权分工 • 核准沟通活动 • 质量计划 • 风险计划 • 过程变更管理 • 材料采购 • 完善计划	沟通	• 积极聆听项目利益相关者、立即并反映 • 保持多线沟通 • 保证信息质量 • 泰勒式沟通
		效率	• 解决项目问题 • 激励并支持项目利益相关者 • 变更频率能满足项目需求 • 必要时的魄力
项目执行	• 通过有效地实施计划达成目标 • 成功地管理项目利益相关者的期望 • 人力资源管理 • 成功地按计划完成任务 • 质量管理 • 按需供料	领导	• 创造高绩效环境 • 建立并保持高效的关系 • 激励并监督项目团队成员 • 对项目负责 • 必要时运用影响力技巧
项目控制	• 项目跟踪并与项目利益相关者沟通 • 变更管理 • 风险管理 • 项目团队管理 • 卖方管理	管理	• 组建并保持项目团队 • 按组织方式计划和管理项目成功 • 解决项目团队与利益相关者的冲突
项目收尾	• 项目成果能被项目利益相关者接受 • 项目正式收尾 • 项目资源公布 • 利益相关者期望的判断和分析	专业	• 项目承诺 • 整合运作 • 处理好个人与团队的关系 • 管理多工种 • 目标导向解决问题

知识能力（PMBOK 知识领域）

3.3.3　RICS 的专业胜任力评估（APC）

英国皇家特许测量师学会（Royal Institution of Chartered Surveyors，RICS）于 2015 年发布的专业胜任力评估指南，描述了协会会员应当具备的能力要求，主要受众是建设领域的专业人士。ACP 专业胜任力分为强制能力、核心能力和可选能力[104]。强制能力代表所有专业的申请者都应具备的个人素质、人际关系处理、专业实践和商务技巧方面的胜任力。核心能力是指特定的专业所需掌握的关键胜任力。可选能力是指特定专业相关的其他要求，需要结合职业领域的工作内容进行选择。这些能力中融合了技术能力、业务实践、沟通协调、管理技能等。纵向维度，每项胜任能力均分为三个连续的实现程度。层次一是具有并理解基础知识。层次二是能在实践中灵活应用知识。层次三是能提出合理化建议并精通具备的技术知识。具体的项目管理专业人士的胜任力要求如表 2.5 所示。

表 2.5　RICS APC 项目管理专业人士胜任力指南

胜任力横向重要程度

		强制能力	核心能力	可选能力
胜任力纵向实现程度	层次一：具备并理解必备知识	会计准则及程序 商业规划 冲突规避、管理和争议处理程序 数据管理 可持续性 团队合作		
	层次二：将知识与理解应用于实践	客户关怀 沟通与谈判 健康与安全 领导力* 人员管理* 资源管理(不含人力资源)*	施工技术及环保 领导力 项目管理 项目流程与程序 风险管理	下列任选三项： 施工相关商务管理 开发评估 开发/项目简报 项目审计 项目评价
	层次三：能提出合理化建议并具备精深的技术知识	行为准则、职业道德和专业实践	合同实务 人员管理 采购与招投标 进度规划与计划	
备注：＊号表示 RICS 资深专业人士资格认证还应具备的能力				

3.3.4　ICCPM 的复杂项目经理胜任力标准(CSCPM)

国际复杂项目管理研究中心(International Centre for Complex Project Management，ICCPM)是关注复杂项目管理的国际机构。为研究和评估复杂工程项目经理应具备的胜任力，David H Dombkins 于 2005 年编制了复杂项目经理胜任力标准(CSCPM)，随后经过澳大利亚国防工业项目管理委员会核准，ICCPM 负责对 CSCPM 进行审核、更新和授权。

CSCPM 在对项目进行分类的基础上，界定了何谓复杂项目管理[105]。由于复杂项目的内外部复杂性和不确定性,复杂项目管理对项目经理的要求更高,通常被认为是项目经理职业发展的顶点,应包含传统项目经理所需的胜任力。CSCPM 的项目经理胜任力横向划分为 9 个视角,每个视角下对应者具体的胜任力要素(表 2.6),每一项要素在实践中还可细化到具体的工作行为,针对每一项行为的能力水平还划分为发展(Development,简称 D)、实践(Practitioner,简称 P)、胜任(Competent,简称 C)和领导(Leader,简称 L)四个层次。

表 2.6　ICCPM CSCPM 复杂项目经理胜任力标准

视角 1:系统思维和集成	视角 2:战略和项目管理	视角 3:业务规划、全生命周期管理、报告及绩效衡量
1.1 对项目进行分类 1.2 基于权变理论应用系统思维 1.3 将适当的系统思维理论整合到项目组织结构设计当中 1.4 设计能适应混乱和不确定性的组织结构 1.5 应用系统思维 1.6 对混乱和/或高不确定性进行规划	2.1 确立愿景,制定任务说明,确定成果 2.2 建立环境监测系统 2.3 选择战略 2.4 建立战略项目集 2.5 项目/项目集实施	3.1 设计和建立一个业务规划、全生命周期管理报告及绩效衡量系统 3.2 对业务规划、阶段性审查、全生命周期管理报告和绩效衡量系统,进行持续领导和管理 3.3 对战略性业务方案和预算进行持续管理,持续实现战略性目标 3.4 建立项目退出准则 3.5 采购
视角 4:变更和过程管理	视角 5:创新、创造力和工作灵活性	视角 6:组织架构
4.1 确定项目环境的文化,包括关键价值观及层级划分 4.2 根据规模、风险和复杂性对项目进行分类 4.3 划分业主、承包商和关键利益相关者的成熟度、人员的性格特征和领导风格 4.4 确定项目环境需要的变更程度和变更频率 4.5 变更、不确定性、风险领域和抗拒变革的影响程度进行划分 4.6 制定一个适应项目文化和领导风格的变更和过程管理策略 4.7 建立变更和过程管理系统 4.8 制定利益相关者管理策略和计划 4.9 制定沟通策略和计划 4.10 采用象征主义和意义管理 4.11 双循环学习	5.1 驱动创新 5.2 识别关键创新机会 5.3 评估创新机会 5.4 驱动持续改进 5.5 标杆管理/最佳实践 5.6 设计管理	6.1 设计组织结构 6.2 建立和管理项目结构 6.3 培养项目成熟度 6.4 战略性人力资源管理

续表

视角 7：领导力和沟通	视角 8：文化和人性化	视角 9：正直和治理
7.1 理解 7.2 塑造 7.3 动员 7.4 激励 7.5 情境领导力 7.6 沟通	8.1 理解并整合国际文化差异 8.2 运用(国家、组织和子文化的)文化价值观来理解人员，并且将其作为项目组织结构设计和变更/过程管理的关键投入/驱动因素 8.3 了解项目成员和利益相关者，并用于系统/流程设计 8.4 运用性格剖析来了解人员，并进行项目组织结构和变更/过程管理设计 8.5 了解人类生命周期的不同阶段，从而更好地了解人员	9.1 建立有关正直和治理的法定要求和组织要求 9.2 确定项目特定的正直和治理要求 9.3 设计正直和治理系统 9.4 管理正直和治理现状

3.3.5 协会/学会项目经理胜任力模型的启示

以上四个模型的胜任力类型和胜任力指标细分上存在差异。ICB将胜任特征划分为视野能力、个人能力以及实践能力。PMCD划分为知识、实践能力和个人素质。APC从胜任特征的实现程度和重要程度进行纵向和横向分类。CSCPM将项目经理的胜任特征划分为九个主题。从不同角度进行分类，产生不同的细化胜任特征。对每个模型中的表述蕴含的胜任特征进行提取统计，发现有部分胜任特征在这些权威模型中多次提及，例如领导力、沟通能力/沟通与谈判、团队构建/管理/建设、风险管理/风险与机会在四个模型中均有提及。变更/变革管理、采购管理、范围管理、进度管理、利益相关方管理、需求管理、资源管理、专业知识等与项目管理内容相关的具体技能在至少两个模型中出现。目标导向/结果导向、诚信道德/正直可靠、战略、商业规划等与个体素质与格局相关的胜任特征也在至少两个模型中出现。客户关怀、倾听、魄力、系统思维、影响力等胜任特征在个别模型中有所体现。

3.4 典型企业项目经理胜任力模型分析

项目经理队伍建设对企业的重要性日渐凸显，IBM、AT&T、AECOM 等国际企业根据业务特点和组织结构建立了相关的项目经理胜任力或能力模型。本篇选取 IBM 的项目经理胜任力模型和建设行业内 AECOM 的项目经理胜任力做分析借鉴。

3.4.1 IBM 项目经理胜任力模型

IBM 是全球最大的信息技术和业务解决方案公司，采用组织级项目管理的理论、方法向客户提供服务，经历几十年的发展，无论从单一项目、大型项目到项目组合，IBM 都形成了成熟完善的项目管理体系[106]。IBM 丰富的项目管理实践经验和项目经理梯队建设管理对于工程咨询企业来说具有良好的借鉴价值。

IBM 对项目经理的定义为：领导并对项目成败负责的人。项目经理在矩阵式组织中负责项目活动的开展，包括启动项目、制定项目计划、进行项目成本估算、跟踪并汇报项目的交付物、管理项目风险、管理合同、应用项目管理流程和工具等。IBM 项目经理的能力模型由从下至上的四个层级组成，如表 2.7 所示。

表 2.7 IBM 项目经理能力模型

扩展影响层	高级领导才能			有效谈判；沟通技巧；问题解决技术；组织变革技术；战略规划；管理项目关系人、领导带领团队；分析客户的业务环境；业务发掘；管理合同；应用业务控制需求；大型项目管理；项目组合管理
基本技能层	项目管理相关专业技能	项目所属领域的专业技能	客户所在行业的背景知识	分析并应对竞争；与业务伙伴合作；在矩阵型组织里管理；了解项目和产品的安全要求；懂得使用 IBM 的工时管理和支付系统；系统集成方法论；管理系统配置；管理方案建议书；管理资源需求
核心要素层	基础素养			客户为尊、勇于负责、创意解题、自我驱动、沟通能力、值得信赖、适应能力、团队协作、工作热忱
底层价值观	IBM 企业价值观			成就客户、创新为要、诚信负责

(1) 第一层：底层是企业价值观。IBM 的项目经理首先应该认同企业价值观，在工作中践行。具体的企业价值观包括成就客户、创新为要、诚信负责。

(2) 第二层：基础素养是核心要素层。是项目经理的内在特质，是驱动项目经理表现的核心要素，具体包括客户为尊、勇于负责、创意解题、自我驱动、沟通能力、值得信赖、适应能力、团队协作、工作热忱。

(3) 第三层：实践中需要具备多方面的专业知识与技能是基本技能层，包括项目管理专业相关的专业技能、项目所属领域的专业技能、客户行业背景知识。其中项目所属领域的专业技能包括：分析并应对竞争、与业务伙伴合作、在矩阵型组织里管理、了解项目和产品的安全要求、懂得使用 IBM 的工时管理和支付系统、应用系统集成方法论、管理系统配置、管理方案建议书、管理资源需求。

(4) 第四层：高级领导才能是扩展影响层。高级领导才能包括：进行有效地谈判、运用沟通技巧、使用解决问题地各种技术、运用组织变革技术、管理项目关系人和领导带领团队、分析客户的业务环境、进行业务发掘、进行战略规划、管理合同、应用业务控制需求、进行大型项目管理、进行项目组合管理。

3.4.2　AECOM 项目经理认证

AECOM 建立之初以公司业务范畴命名，分别是建筑（Architecture）、工程（Engineering）、咨询（Consulting）、运营（Operating）、维护（Maintenance）。经过 30 年发展，AECOM 已成为一家为基础设施提供全方位专业技术和管理服务的国际化企业，涵盖了商业与住宅、工业、石油天然气和化工、电力、交通运输、水务、休闲和酒店业、城市发展等各个领域。基于建设工程项目管理咨询服务，AECOM 形成了一套项目管理方法——Managing AECOM Projects（MAP），企业内部的项目经理认证项目（AECOM Project Manager Certification）则是项目管理方法的基础。AECOM 项目经理认证从三个维度阐述了何为优秀项目经理，分别是项目经理的职责、项目经理的能力和项目经理的行为。职责代表项目经理要做的事情（what you do）；能力代表项目经理具备的条件（how you do it）；行为代表项目经理的行动方式（how you act）。

(1) 项目经理的职责

AECOM 认为项目经理的总体职责是负责项目的成功交付，达到客户期望。具体职责体现为以下几方面。

- 客户管理：推动以客户为中心的文化、定期与客户会面、响应客户的反馈并采取措施、与客户一起管理变更、将客户发展成为有商业价值的合作伙伴。

- 项目规划与执行：制定并成功实施项目计划、了解并管理项目风险、制定安全健康与环境计划。
- 财务管理：控制成本和利润、按照 KPI 管理现金流。
- 团队管理：有效管理与指导项目团队成员、培养团队氛围。
- 技术管理：确保执行与项目计划一致、实现优质交付成果。
- 业务拓展：按照约定交付项目、了解 AECOM 的服务、谋求交叉销售和进一步合作的机会。
- 自身发展：参与正式和非正式培训、不断提升自我。

(2) 项目经理的能力

依据项目要素，AECOM 将项目经理应具备的能力划分为计划和监控、沟通、风险管理、变更管理几项要素，每项要素包含着需要的知识技能，对应着若干关键指标，如表 2.8 所示。

表 2.8 AECOM 项目经理能力要素

项 目 要 素	能 力 要 素	
范围(Scope) 交付成果(Deliverables) 进度(Schedule) 预算(Budget) 资源/采购(Resources/Procurement) 安全(Safety) 韧性(Resilience) 合同(Contract) 项目交付(Project Closeout)	计划 & 监管	• 考虑合同、客户、AECOM 组织和法规等要求，制定项目计划 • 能够识别强制性和"很好"的要求并确定优先级 • 识别资源并在"最适合项目"的基础上确保资源合理分配 • 具备管理计划、资源、进度和预算的经验 • 能够有效地监控项目状态，并将之与计划相比 • 能够根据每月审查评估和更新预测完成时间 • 具有挣值管理的运用经验 • 发现实际与计划差异，并采取就纠偏措施
	沟通	• 与利益相关者在会议上的表达能力 • 良好的沟通和媒体技巧 • 通过沟通与团队和公众建立信任 • 通过较强的人际交往能力管理利益相关者期望
	风险 管理	• 良好的商业判断力，深刻理解专业服务合同 • 作决策时考虑风险评估 • 能够识别和管理项目相关的风险 • 识别并减轻项目活动可能产生的潜在环境影响 • 根据风险影响配置预算、时间或资源 • 能够定期动态评估风险是否发生，根据评估作分配调整

续表

项目要素	能力要素	
范围(Scope) 交付成果(Deliverables) 进度(Schedule) 预算(Budget) 资源/采购(Resources/Procurement) 安全(Safety) 韧性(Resilience) 合同(Contract) 项目交付(Project Closeout)	变更管理	• 清晰定义和明确项目范围 • 运用项目管理技能制定变更控制系统,包括计划重建策略 • 发生更改时,及时采取纠正措施,分析原因,吸取经验 • 了解变更对所有相关项目要素的影响

（3）项目经理的行为

除了应当具备相应的经理能力要素,更重要的是项目经理能否将具备的能力付诸于实践,在实践中的行为表现是否有助于完成自身的职责。AECOM认为优秀的项目经理的表现应当是有榜样作用、以客户为中心、有影响力和有决断力的,这些行为表现下有若干项行为特征和对应的具体行为,如表2.9所示。

表2.9 AECOM项目经理的行为表现(PM Behaviors)

行为表现	行为特征	行为内涵	具体行为
成为榜样	以身作则	公平对待每个人,并表现出与他人有效合作的能力,获得同事的信任和尊重	• 为团队成员寻求提升能力的机会 • 适当授权,适当给予认可 • 汲取自己和他人的经验教训 • 向团队成员提供绩效反馈 • 通过坦诚的沟通建立团队信任感 • 承担项目交付责任,同时明确团队成员责任 • 指导成员
	追求卓越	积极寻求创造价值并产生高质量成果的机会	• 与利益相关者共同发展 • 成为思想领袖 • 与利益相关者一起讨论时,展现出知识和信心 • 确保质量管理措施 • 在定期的项目监控与审查活动中展示卓越的项目管理能力 • 管控提交给客户成果的质量

续 表

行为表现	行为特征	行为内涵	具 体 行 为
成为榜样	坚持安全和诚信	保持最高诚信标准,将安全放在首位	• 所有项目实施安全健康与环境计划 • 项目计划和实施遵循"安全至上" • 独立决定停止不安全的工作 • 出现问题时,及时制定解决方案并寻求支持 • 及时承认自身错误并承担责任
以客户为中心	合作精神	支持同事展开内部和外部客户的交付工作	• 积极寻找交叉销售 AECOM 服务的机会 • 了解客户的需求并建立信赖关系 • 与关键团队成员共同参与项目计划的制定 • 积极让团队成员参与项目交付,并寻求跨行业合作的机会
	创新意识	钻研行业趋势并分享新想法,满足客户的需求助力其实现目标	• 营造鼓励创新的团队文化 • 与客户共同促进创新 • 寻求创新方法和创造价值的机会,以此作为抵消风险的手段
	战略思考	加深对客户业务领域的了解,并与 AECOM 的服务产品建立联系	• 在与客户打交道和内外部沟通时,代表 AECOM 最大利益 • 了解业务部门绩效的目标,理解项目与部门目标如何相互影响 • 了解客户的业务,包括客户的驱动因素和如何衡量其成功 • 向职能部门代表寻求建议并采取最佳实践
有影响力	明确和经常性沟通	进行目的明确的沟通,倾听他人的经验并向他人学习	• 不断寻求他人建议,吸收意见 • 沟通清晰,目的明确 • 主动为客户提供项目状态更新 • 邀请内部和外部利益相关者参与评审,以便取得全面实际成果 • 定期寻求客户意见反馈,并采取改善措施
	实施并取得成果	专注于通过强大的执行力和行动来取得成果	• 定期了解项目范围,以便识别变更 • 评估变更对项目的影响 • 确保在"最利于项目"的基础上分配资源 • 主动与客户和 AECOM 支持人员联系,优化资金 • 尽早发现问题,以便寻求建议并减小影响 • 与客户和主要利益相关者讨论变更和影响时,展现信心

续　表

行为表现	行为特征	行为内涵	具　体　行　为
有决断力	明确优先级，关注焦点，问责明确	确保任务按时完成，实现目标并对结果负责	• 确保项目资料更新至最终项目成果 • 与利益相关者进行项目总结汇报 • 寻求并采纳利益相关者的反馈意见，以改善项目绩效 • 确保足够时间对交付成果进行内部质量审查
	基于事实做出决定	理解并遵循相关程序，基于事实采取行动	• 仅在收到正式批准后才能开始工作 • 获取股东对交付成果的书面批准 • 独立判断项目风险和复杂性管控情况；酌情向盈亏经理确认 • 进行独立研究以保持清晰的思维

3.4.3　典型企业项目经理胜任力模型的启示

尽管 IBM 的项目经理胜任力模型和 AECOM 项目经理认证在结构方面有所差异，但是部分项目经理胜任特征存在共性的，这些胜任特征在不同的行业、企业代表的具体内涵需要重新定义。从 IBM 和 AECOM 的胜任力模型中可以归纳出一些具借鉴意义的项目经理胜任特征。

成就项目与客户：从"成就客户""客户为尊"和"客户管理""以客户为中心"都说明了无论什么企业，由于项目经理的总体职责是要成功交付项目，所以项目经理需要充分理解客户需求，以客户为导向，成就客户。

诚信可靠：从"诚信负责""值得信赖""勇于负责""保持最高诚信标准""承担项目交付责任"可以看出，典型企业均十分看重项目经理是否诚信可靠，具有责任感，值得企业和客户信赖。

自我驱动与发展：从"自我驱动""追求卓越""自身发展""不断提升"可以看出，项目经理为了更好地促进项目成功，需要有很强的内在驱动力，持续地学习与提升自我。

沟通能力："沟通能力""沟通技巧""目的明确的沟通"说明企业认为沟通能力对项目经理至关重要，因为项目经理的大部分工作是沟通。

创新意识："创新为要""创意解题""创新意识"意味着项目经理需要创新意识和行为来解决一些项目问题，为项目带来增值，这是企业和客户所期望的。

团队协作能力:"与业务伙伴合作""团队协作""合作精神""支持同事展开内外部的交付工作"说明,项目经理开展工作需要在项目内部和外部积极寻求支持与合作,需要具备协作共赢能力。

关系维护与发展:"业务挖掘""业务拓展""谋求交叉销售机会""较强的人际交往能力"说明,企业对项目经理的要求不局限于管理,同样要求项目经理具备人际和商务关系的拓展和维护能力。

除共性的胜任特征之外,通过 AECOM 的模型还可以分析出项目经理应当具有"分析决策能力""影响力""自信""平等尊重""计划控制能力"等。IBM 的模型还要求"组织变革能力""系统集成"等能力。

3.5 全过程工程咨询服务项目经理胜任特征提取

3.5.1 胜任特征提取与转化原则

前文四个维度下识别的项目经理胜任特征既有重叠部分也有差异部分,在进行全过程工程咨询项目经理胜任特征提取的过程中,需要基于多方面的因素综合考量。本篇在胜任特征提取过程中遵循以下几个原则。

(1) 兼顾角色的普适性要求。全过程工程咨询项目经理是项目经理中的一类,应具备的项目经理普适性要求,这一类要求主要体现在成为项目经理的基本条件与素质。

(2) 体现行业背景与特色。项目经理的角色因行业和组织不同而有所差异。项目经理的胜任力应与特定行业在社会经济中所处的地位,行业所处的发展阶段,行业的政策环境等因素相适应。对于本篇而言,全过程工程咨询项目经理的角色是管理工程建设项目,其次是代表咨询方主持项目工作,在提取胜任特征是要综合考虑咨询项目经理在工程建设项目中发挥的作用,工程咨询行业发展现状等因素。

(3) 以职位的具体要求为依据。胜任力模型是基于具体的岗位所建立,最终目的是为了甄选和培养优秀的人才。在本章中,胜任力模型是基于全过程工程咨询的组织模式对项目经理的岗位职责、权限、角色等要求上,提取出反映项目经理胜任力的特征,同时赋予各项特征在全过程工程咨询情境下的涵义。

3.5.2 初始胜任特征提取

全过程工程咨询项目经理作为项目经理中的一类,必然应当具有项目经理的一些普适性胜任特征,这一部分特征不体现项目经理所处的行业属性,更多是反映项目经理的个人特质,能力素养等。本章首先对文献资源、协会胜任力模型、企业胜任力模型中的共性特征进行提取,在提取过程将部分含义相近的特征进行合并。提取出包含沟通能力、诚信可靠、目标/结果导向、冲突管理能力、公共关系发展与维护、自信开放、谈判能力、问题解决能力、创新/灵活性、自我驱动和自我发展、决断能力、成就客户、团队协作、自我反思和自我管理、影响力与激励能力、前瞻性/战略规划、系统思维与集成能力、倾听/亲和力、职业道德和行为准则在内的19项适用于全过程工程咨询项目经理的普适性胜任特征,具体分析提取过程如表2.10所示。

表2.10 普适性的项目经理胜任力提取

胜任力特征	特征提取依据						
	文献	协会/学会项目经理胜任力模型				典型企业项目经理胜任力模型	
	30篇	IPMA	PMI	APC	CSCPM	IBM	AECOM
沟通能力	13次	沟通能力	沟通	沟通与谈判	沟通	沟通技巧;沟通能力	沟通;表达能力;沟通和公关技巧
诚信可靠	11次	个人诚信和可靠性	对项目负责;项目承诺			勇于负责;值得信赖;诚信负责	保持最高诚信标准
目标/结果导向	10次	结果导向	目标导向解决问题				
冲突管理能力	8次	冲突和危机	解决项目团队与利益相关者的冲突	冲突规避、管理和争议			
公共关系发展与维护	7次	关系和参与;构建并维护关系网络和联盟关系	建立并保持高效的关系;处理好个人与团队的关系				了解客户建立信任关系;业务拓展

续　表

胜任力特征	特征提取依据						
	文献	协会/学会项目经理胜任力模型				典型企业项目经理胜任力模型	
	30篇	IPMA	PMI	APC	CSCPM	IBM	AECOM
自信开放	7次	鼓励和支持开放的、有创意的环境					展现信心
谈判能力	7次	谈判能力			沟通与谈判	有效谈判	
问题解决能力	7次		高效解决问题			问题解决技术	及时制定解决方案并寻求支持
创新/灵活性	6次			创新、创造力和工作灵活性		创意解题；适应能力；创新为要	创新意识
自我驱动和自我发展	6次				驱动持续改进；双循环学子	自我驱动；工作热忱	追求卓越；自身发展
决断能力	6次	准备并推动项目决策					有决断力；基于事实作决定
成就客户	5次			客户关怀		客户为尊；成就客户	以客户为中心的文化
团队协作	5次	团结合作		团队合作		与业务伙伴合作；团队协作	合作精神
自我反思和自我管理	5次	自我反思和自我管理					汲取自己和他人的经验教训
影响力与激励能力	5次	对他人运用适当的权力和影响力	运用影响力技巧；激励支持相关者		激励、动员		有影响力；成为榜样

续　表

胜任力特征	特征提取依据						
	文献	协会/学会项目经理胜任力模型				典型企业项目经理胜任力模型	
	30篇	IPMA	PMI	APC	CSCPM	IBM	AECOM
前瞻性/战略	5次					战略规划	钻研行业趋势
系统思维与集成能力	4次		整合运作；整体观察项目		系统思维和集成	系统集成方法论	
倾听他人/亲和力	3次	倾听、理解和支持展现同理心	积极聆听利益相关者				公平对待每人，给予适当认可
职业道德和行为准则	1次	合规、标准和规定		行为准则、职业道德			

以上特征反映了普遍项目经理应该具备的特征，这些特征不具有行业和岗位特色的针对性。本篇认为全过程工程咨询项目经理除了应具有普适性胜任特征，在专业技能、专业知识等方面还应具备体现工程咨询行业和全过程工程咨询项目经理岗位能力要求的特色胜任特征。

国家层面和各省份的全过程工程咨询政策文件对全过程工程咨询项目经理提出了明确要求。"担任全过程工程咨询项目的项目负责人应当取得工程建设类注册执业资格且具有工程类、工程经济类高级职称，并具有类似工程经验"意味着胜任服务要求的全过程工程咨询项目经理首先应具有"执业资格""专业职称""相关的项目经历与经验"。政策中就人才培养指出，"咨询单位要高度重视全过程工程咨询项目负责人及相关专业人才的培养，加强技术、经济、管理及法律等方面的理论知识培训"，说明全过程工程咨询项目经理应具有特定的知识结构，这往往与项目经理接受的教育相关，因此全过程工程咨询项目经理应当具备"相关的教育背景"。故教育背景、执业资格、专业职称、经历与经验这四项硬性指标是成为全过程工程咨询项目经理应具备的基本前提。

在ICB的实践能力领域、PMCD的实践能力，APC的核心能力以及AECOM的项目经理能力元素中均体现了项目经理应当具备项目管理相关专业技能。这些专业管理技能与项目要素相关，包括项目的需求、进度、投资、质量、采购、组织和信息、利益相关者、风险等方面。全过程工程咨询项目经理在协助业主单位进行工程项目管理时也需要很强的专业技能，但是全过程工程咨询项目经理应具备的专业技能与施工项目经理和传统专项咨询项目经理有所区别。施工项目经理管理重点在于工程项目的建设实施阶段，指挥开展项目的各项生产活动。全过程工程咨询项目经理的服务本质是强化甲方管理活动，管理重点不仅在施工阶段，可能涵盖项目全生命周期中的一个或多个阶段，管理活动也可能涵盖一项或多项专业服务。传统的专项咨询项目负责人要求对于特定业务具有很高理解和熟悉程度。全过程工程咨询的背景下，服务团队由项目经理、专项负责人和专业工程师等组成。全过程工程咨询服务的项目经理不一定需要精通每一项具体的专项技能，但是需要对各专项业务有深入理解和整体把控，通过整合资源，组织协调专项团队完成任务。前文已经在基于全过程工程咨询项目经理的岗位特征分析了全过程工程咨询项目经理的能力要求，提炼出项目目标管理的相关专业技能（项目进度、质量、投资等）、采购管理和合同管理的能力、工程信息管理的能力、工程组织协调能力、工程管理系统的统筹策划能力。这些技能是进行项目管理应具备的专业技能，结合全过程工程咨询服务的特色进一步细化为7项相关专业技能，并解释相应内涵。

（1）工程进度与计划管理技能。对工程实施的进度计划编制和动态控制具备全局性把握能力，能够编制或组织编制、审核工程实施计划，并在实施过程中发现问题，提出总体性的纠偏措施。

（2）工程投资管理技能。对工程投资组成、投资控制的影响因素、投资控制的主要措施具有深入理解，能够在项目实施各阶段针对性地构建投资控制体系，并在发生偏差时具备纠偏能力。

（3）工程质量、安全、职业健康、环境管理技能。对工程质量、安全、职业健康、环境管理的内涵有深入理解，能够组织开展针对工程特点分析工程质量、安全、职业健康、环境管理的影响因素并提出针对性的管理措施，并在发生偏差时具备纠偏能力。

（4）工程采购管理和合同管理技能。熟悉工程采购流程、法规，熟悉全国或当地的工程建设市场情况，对主要的设计及相关咨询顾问、施工、供货等供应方市场有深入了解。熟悉工程建设主要合同类型的条款，具备通过合同管理约束、协调主要参建单位维护项目秩序的能力。

（5）工程信息管理技能。对工程信息、工程档案、信息管理系统有整体性的了解，具备通过信息文档开展工程协调、辅助工程推进的能力，能够组织重要工程文档、工程报告的编制与审核。

（6）工程管理系统的策划和集成能力。对工程建设全生命周期的管理系统、管理任务和管理组织体系具有深入的理解，能够承担全生命周期工程实施策划，并在实施过程中进行必要的调整。针对具体项目分析总结其工程特点、技术难点和管理重点的能力。

（7）工程组织协调能力。能够组织内部员工高效开展咨询工作，协调外部单位有序有效开展工程建设，保持良好的合作氛围与工作关系。

综上所述，基于前面4节的分析与启示，本节从普适性和能体现全过程工程咨询服务特色两方面，初步识别出30项全过程工程咨询项目经理的胜任特征，见表2.11。

表 2.11　全过程工程咨询项目经理的初始胜任特征

序号	胜任特征	序号	胜任特征	序号	胜任特征
1	沟通能力	12	成就客户	23	经历与经验
2	诚信可靠	13	团队协作	24	工程进度与计划管理技能
3	目标/结果导向	14	自我反思和自我管理		
4	冲突管理能力	15	影响力与激励能力	25	工程投资管理技能
5	公共关系发展与维护	16	系统思维与集成能力	26	工程质量、安全、职业健康、环境管理技能
6	自信开放	17	前瞻性/战略规划		
7	谈判能力	18	职业道德和行为准则	27	工程采购管理和合同管理技能
8	问题解决能力	19	倾听/亲和力	28	工程信息管理技能
9	创新/灵活性	20	教育背景	29	工程管理系统的策划和集成能力
10	自我驱动和自我发展	21	执业资格		
11	决断能力	22	专业职称	30	工程组织协调能力

3.5.3　胜任特征调整

前面通过四个维度的资料分析，结合一定的提取原则，已整理出全过程工咨询项目经理的初始胜任特征。为使胜任特征更加合理和全面,针对前面整理的初始胜任特征,这里采用专家访谈的方式对上述特征进行补充删减。此处的专家访谈并非以半结构访谈方式呈现,而是将整理的全过程工程咨询项目经理初始胜任特征提供给各个专家,专家根据自身的见解对胜任特征进行删减、添加或合并,将反馈的意见搜集汇总调整后,再次征询各专家意见,直至专家无明显分歧,胜任特征稳定为止。本节选取了6名专家,其中2名专家为高校教授,2名专家为国内知名工程咨询企业的总经理,2名专家为具备10年以上从业经验的咨询企业项目经理。通过6名专家反复4次专家意见搜集与整合,各位专家对于全过程工程咨询项目经理胜任特征不再出现明显异议。根据专家的访谈结果,建议补充了5项特征,删减合并了1项特征,具体调整及调整原因如下:

(1) 增加"抗压能力和气氛缓和能力"。全过程工程咨询项目经理是重要沟通枢纽,不仅要代表业主与各参建方协调,也要组织协调团队内部事务,承担的压力是多方面的,需很强的抗压能力。在长期面临压力的同时,仍需要缓和团队气氛,鼓舞团队和参建方士气。

(2) 增加"成就服务项目"。全过程工程咨询项目经理的总体职能是实现项目成功交付,通过提供务实专业的咨询服务来实现项目目标,故全过程工程咨询项目经理应具备成就服务项目的意识与使命。

(3) 增加"成就服务企业"。全过程工程咨询项目经理受咨询企业授权,代表咨询企业主持项目工作,对业主和参建方而言,全过程工程咨询项目经理代表了咨询企业的形象。因此全过程工程咨询项目经理应该遵循企业的价值观,具备成就企业可持续发展的意识与使命。

(4) 增加"工程可持续发展技术、工程管理创新技术的掌握"。随着建筑业的转型升级,建筑节能与可持续、科技创新和信息化的发展方向将逐步推进,部分工程项目为了提升建设质量效益可能应用可持续发展或创新技术,因此全过程工程咨询项目经理需要对一些主流的可持续发展和创新技术有一定程度了解,能够筹划与实施相应技术。

(5) 增加"全过程工程咨询项目文化"。为了促使项目参建方的高度协同和高效协作。全过程工程咨询项目经理要理解并致力于促进跨组织成员形成"项目利益高于一切"和在"增值于项目"的项目文化。

(6) 删除"问题解决能力"。项目中的问题解决是需要多方面的能力来实现,通常是通过组织协调、沟通与谈判、冲突管理等。因此问题解决能力与其他胜任特征有重合的地方,故删去。

最终,通过初始胜任特征的识别,结合专家的意见,得出 34 项全过程工程咨询项目经理的胜任特征,每一项特征在全过程工程咨询背景下特定的内涵,见表 2.12。

表 2.12 全过程工程咨询项目经理的初始胜任特征及描述

编号	胜任特征	胜任特征描述
X1	沟通能力	具有良好的表达能力和沟通技巧,能够准确清晰表达意见并被他人理解
X2	诚信可靠	言行一致,讲求信誉,待人真诚,勇于承担责任,建立咨询服务团队和业主及其他参建各方的信任关系
X3	目标/结果导向	从项目最终目标、结果的角度去考虑问题,付诸强大的执行力
X4	冲突管理能力	采取措施预测和避免冲突产生,冲突发生时采取恰当的应对方式,从容处理
X5	公共关系发展维护	主动与利于项目实施的各方建立和维护良好关系,积极获取更多合作机会
X6	自信开放	认同自己和团队的咨询价值,在与项目参建各方打交道时展现自信,积极从他人之处获取经验与知识,创造鼓励探讨的开放环境
X7	谈判能力	识别和分析各谈判参与方的利益,制定谈判策略,促进谈判参与方达成最利于项目成功的决定
X8	灵活创新	积极寻求创新方法和机会,灵活应对并适应项目的变化
X9	自我驱动和自我发展	具有渴求项目成功的内在驱动力,追求卓越,持续学习和发展
X10	自我反思和自我管理	识别和反省自身优势和劣势,利用自身意志调节自身行为
X11	影响和激励能力	通过自己的言语、行为、情绪等影响和感染团队成员,激发下属信心与干劲
X12	决断能力	保持清晰的思维,分析和判断项目状况,及时作出最有利于项目的决策
X13	成就服务客户	理解并遵循所服务客户组织的价值观,转化为服务项目的一致性行动,成就客户可持续发展

续　表

编号	胜任特征	胜任特征描述
X14	团队协作能力	为实现项目成功展现出来的团结团队成员、与项目相关方协作互补的动机与愿望
X15	系统思维和集成能力	从项目全生命周期管理的角度系统全面地看待问题,采用系统集成方法来解决项目的问题
X16	前瞻性/战略规划	研判市场动向,对事物认知深刻,具有战略视野
X17	职业道德和行为准则	遵守建筑行业的各项法律法规、职业规范以及合同约定的各项标准,保持行为合规、公正、廉洁
X18	倾听/亲和力	待人公平和善,愿意倾听别人的经验和意见
X19	教育背景	具有与工程规模和复杂性相匹配的工程建设类教育背景,取得相关专业高等教育毕业证书和学位证书,具体以满足招标文件要求为准
X20	执业资格	具有与工程规模和复杂性相符,与委托内容相适应的注册建筑师、勘察设计注册工程师、注册建造师、注册监理工程师、注册造价工程师等一项或多项工程建设类注册执业资格,具体以满足招标人招标文件要求为准
X21	专业职称	具有与工程规模和复杂性相符的工程类、工程经济类专业职称,具体以满足招标人招标文件要求为准
X22	经历与经验	具有与客户所在行业、项目所属领域相匹配的工程管理经历和经验;或不同专项咨询经历和经验,特别是业主方项目管理或全过程项目管理咨询经历和经验,积累了技术、经济、管理及法律等方面综合知识,具体以满足招标人招标文件要求为准
X23	工程进度与计划管理技能	对工程实施的进度计划编制和动态控制具备全局性把握能力,能够编制或组织编制、审核工程实施计划,并在实施过程中发现问题,提出总体性的纠偏措施
X24	工程投资管理技能	对工程投资组成、投资控制的影响因素、投资控制的主要措施具有深入理解,能够在项目实施各阶段针对性地构建投资控制体系,并在发生偏差时具备纠偏能力
X25	工程质量、安全、职业健康、环境管理技能	对工程质量、安全、职业健康、环境管理的内涵有深入理解,能够组织开展针对工程特点分析工程质量、安全、职业健康、环境管理的影响因素并提出针对性的管理措施,并在发生偏差时具备纠偏能力

续　表

编号	胜任特征	胜任特征描述
X26	工程采购管理和合同管理技能	熟悉工程采购流程、法规,熟悉全国或当地的工程建设市场情况,对主要的设计及相关咨询顾问、施工、供货等供应方市场有深入了解。熟悉工程建设主要合同类型的条款,具备通过合同管理约束、协调主要参建单位维护项目秩序的能力
X27	工程信息管理技能	对工程信息、工程档案、信息管理系统有整体性的了解,具备通过信息文档开展工程协调、辅助工程推进的能力,能够组织重要工程文档、工程报告的编制与审核
X28	工程管理系统的策划和集成能力	对工程建设全生命周期的管理系统、管理任务和管理组织体系具有深入的理解,能够承担全生命周期工程实施策划,并在实施过程中进行必要的调整。针对具体项目分析总结其工程特点、技术难点和管理重点的能力
X29	工程组织协调能力	能够组织内部员工高效开展咨询工作,协调外部单位有序有效开展工程建设,保持良好的合作氛围与工作关系
X30	压力和气氛管理能力	能乐观地面对长期压力,并能够有效鼓舞团队成员和其他参建团队成员的士气,通过各种正式和非正式方式持续缓和团队紧张气氛的能力
X31	成就服务项目	遵循通过提供专业和务实的全过程工程咨询服务,实现建设项目生命周期目标,满足并超出客户的期望的观念
X32	成就服务企业	理解并遵循所服务工程咨询企业的价值观,转化为服务项目的一致性行动,成就企业可持续发展
X33	工程可持续发展技术、工程管理创新技术的掌握	对主流的可持续发展技术(如装配式建筑、绿色建筑设计、绿色建造技术等)有深入理解,可以组织针对所服务工程的可持续发展技术应用筹划和实施。对主流的工程管理创新技术(如 BIM 技术、大数据技术、云计算技术、复杂性管理技术)有一定程度的了解与掌握
X34	服务文化	促使建设项目各参与方形成并实施"项目利益高于一切"的项目文化和"增值于项目"的项目文化

第4章 全过程工程咨询服务项目经理胜任力模型构建

在识别出全过程工程咨询项目经理胜任特征的基础上,本章将进一步探索胜任特征的层次结构,确定项目经理模型胜任力的维度划分,进而构建模型。已有学术研究显示,探索性因子分析是有效的降维方法。因此本章根据前文识别的34项胜任特征展开初始问卷,一方面通过初始问卷调查分析问卷内容设置是否合理,是否存在需要调整之处;另一方面利用数据进行探索性分子分析,实现胜任特征的降维,进而构建全过程工程咨询项目经理胜任力模型。

4.1 探索性因子分析原理

在统计分析中常用到的降维、提取关键因素的方法有因子分析、主成分分析和聚类分析。其中因子分析是主成分分析的改善与延伸。该方法在主成分分析的基础上,不仅可以将原始信息用少数几个关键因子表示,而且能够使关键因子的解释性更强,命名程度也更高。

因子分析(Factor Analysis)是用少数几个因子来描述多个指标或因素之间的关联,反映原始资料的大部分信息的统计方法。

1) 因子分析的模型

假如从p个变量的样本数据通过因子分析提取出m个共同因子,那么m个共同因子在某种程度上可以反映每一个变量的变化,对应的回归方程组如下:

$$X_1 = a_{11}F_1 + a_{12}F_2 + \cdots + a_{1m}F_m + \varepsilon_1$$
$$X_2 = a_{21}F_1 + a_{22}F_2 + \cdots + a_{2m}F_m + \varepsilon_2$$
$$\cdots\cdots$$
$$X_p = a_{p1}F_1 + a_{p2}F_2 + \cdots + a_{pm}F_m + \varepsilon_p$$

其中符号分别代表如下含义:

① $X=(X_1, X_2, \cdots, X_p)^T$ 为样本数据的变量,是均值为零,标准差为 1 的标准化变量。

② $F=(F_1, F_2, \cdots, F_m)^T$ 是提取的公共因子向量,m<p,即公共因子数不能超过样本变量数。其各个分量 $F_1, F_2, \cdots, F_m$ 是彼此独立的。

③ a_{ij} 为因子荷载,表示第 i 个原有变量在第 j 个因变量上的荷载。

④ ε_i 表示特殊因子,即原有变量不能被公共因子表示的部分。

2) 因子分析的基本步骤

目前 spss 软件可以实现因子分析处理。其处理方式包括以下步骤:

(1) 因子分析的前提检验。在样本数据进行分析之前,首先要检查数据间的关联性是否适用于进行因子分析。如果原始变量之间相关性很强,则可以从中提取公共因子,那么就能够因子分析。一般来说,可以通过巴特利特球形检验、KMO 检验和反像相关矩阵检验来确定是否适合做因子分析。

KMO 检验主要是对变量间简单相关系数和偏相关系数进行对比分析,根据 KMO 值大小作出判断。KMO 的值越接近 1,原变量之间的相关程度就越高。当 KMO 大于 0.9 时,作因子分析最佳;当 KMO 在 0.8~0.9 之间时,适合做因子分析;当 KMO 值处在 0.7~0.8 区间时,适合程度一般。0.6~0.7 则适用性较差,0.6 以下就应放弃做因子分析。Bartlett 球度检验是判断样本变量是否不同,同时取值在 0~1 内,如果球形检验差异性显著,则适合作因子分析。

(2) 提取公共因子。因子分析的出发点就是提取能够反映测量变量的公共因子及其个数。公共因子的个数可以人为确定,也能够通过主成分分析法、主因子法等方法确定。本篇采用主成分分析法,即对测量变量多次进行线性处理,得出包含所有原始变量的主成分荷载矩阵,计算主成分的累计方差贡献率和特征值进而确定因子的数目。在确定因子个数时,有两种选择方法:一是选取特征值大于 1 的变量作为公共因子;二是选择累计方差贡献率达到一定水平时即可选作公共因子,一般认为 60% 的累计方差贡献尚可接受。

(3) 因子旋转,对因子变量命名解释。因子分析获得的每个公共因子都能对原始变量中的每一变量作出一定程度上的解释,因子载荷大小就是这种程度的反映。但如果因子荷载大小不存在明显的差异,则很难归纳出公共因子的内涵。这是就需要对因子荷载矩阵进行旋转变换,使因子荷载之间的差异性更明显,增强可解释性。有不同的旋转方法可以实现因子荷载的差异分化。

4.2 初始问卷发放与回收

根据前文确定的 34 项全过程工程咨询项目经理的胜任特征制作并发放问卷。初始问卷内容包括调研对象的基本信息，调研对象各项胜任特征的重要程度评判。初始问卷采用李克特五点量表来为胜任特征进行重要程度评分。1 分代表该项胜任特征对全过程工程咨询项目经理不重要，重要程度随分值增加而提升，5 分代表重要。具体调查问卷内容见附录 A。

初始问卷调研对象选取为建设工程领域内的从业人员，涵盖建设单位、施工方、咨询方、高校等单位。本次问卷共发放 200 份，有效回收 167 份，回收率 83.5%。回收问卷的基本统计情况如表 2.13 所示。

表 2.13 调查对象基本信息表

年 龄	人 数	学历	人 数	单 位	人 数	工作年限	人 数
30 岁以下	53(32%)	专科	37(22%)	建设单位	25(15%)	5 年以下	39(23%)
31～40 岁	58(35%)	本科	73(44%)	施工单位	29(17%)	5～10 年	47(28%)
41～50 岁	37(22%)	研究生	46(27%)	咨询单位	46(28%)	10～15 年	38(23%)
51 岁以上	19(11%)	其他	11(7%)	监理单位	23(14%)	15～20 年	25(15%)
				高校	37(22%)	20 年以上	18(11%)
				其他	7(4%)		

首先对获得的 167 组数据预处理，获得其均值与标准差，按照均值大小排列，发现仅 X18（倾听/亲和力）的均值在 4 分（比较重要）以下，与其他胜任特征的重要程度得分差距较大，故将这一项因素剔除，选取其余 33 项胜任特征进行下一步的因子分析。

4.3 探索性因子分析

4.3.1 信度效度分析

信度分析是用于检验样本数据的一致性与稳定性，即是检验各项重要程度的可靠性程度。信度分析方法中克朗巴哈 α 系数是现阶段常用的技术方法，其信度系数越接近于 1,数据的信度越高,0.7 是可接受系数边界值。通过 SPSS 软件处理样本数据,信度系数为 0.951 如表 2.14,表明数据可信度良好,可作进一步分析。

表 2.14 克朗巴哈系数(Cronbach's alpha)检验

Cronbach's Alpha	基于标准化项的 Cronbach's Alpha	项 数
0.949	0.951	33

分析判断是否适合作因子分析,本节采用 KMO 与 Bartlett 球度检验,结果如表 2.15。本节的 KMO 值为 0.826,说明各个变量之间有较强关联度。另一方面,巴特利特球度检验的近似卡方值 2 054.384,相应显著性水平 p 小于 0.05,表明相关矩阵与单位矩阵之间差距明显。所以从 KMO 和 Bartlett 球度检验结果表明全过程工程咨询项目经理胜任特征可作因子分析。

表 2.15 KMO 和 Bartlett 的检验

取样足够度的 Kaiser-Meyer-Olkin 度量		0.826
Bartlett 的球形度检验	近似卡方	2 054.384
	df	171
	Sig.	0.000

4.3.2 因子分析

本节选用主成分分析法提取公共因子。使用 SPSS 软件进行该步骤,得出解释总方差表如下。如表 2.16 所示,有前六个主成分的特征值均大于 1,累计方差贡献率为 66.431%,能够反映大部分原始信息。

表 2.16 解释的总方差

成分	初始特征值			提取平方和载入			旋转平方和载入		
	合计	方差的	累积	合计	方差的	累积	合计	方差的	累积
1	14.609	44.271%	44.271%	14.609	44.271%	44.271%	5.215	15.803%	15.803%
2	2.021	6.124%	50.395%	2.021	6.124%	50.395%	3.877	11.748%	27.552%

续　表

成分	初始特征值			提取平方和载入			旋转平方和载入		
	合计	方差的	累积	合计	方差的	累积	合计	方差的	累积
3	1.575	4.774%	55.169%	1.575	4.774%	55.169%	3.863	11.707%	39.259%
4	1.406	4.260%	59.429%	1.406	4.260%	59.429%	3.318	10.055%	49.314%
5	1.248	3.782%	63.211%	1.248	3.782%	63.211%	3.099	9.392%	58.706%
6	1.063	3.220%	66.431%	1.063	3.220%	66.431%	2.549	7.725%	66.431%
7	0.884	2.678%	69.109%						
8	0.676	2.049%	71.158%						
9	0.626	1.898%	73.056%						
10	0.587	1.778%	74.834%						
11	0.610	1.850%	76.683%						
12	0.573	1.738%	78.421%						
13	0.559	1.693%	80.114%						
14	0.540	1.635%	81.749%						
15	0.437	1.325%	83.074%						
16	0.476	1.444%	84.518%						
17	0.455	1.380%	85.898%						
18	0.439	1.330%	87.229%						
19	0.395	1.198%	88.427%						
20	0.380	1.152%	89.579%						
21	0.378	1.145%	90.724%						
22	0.341	1.033%	91.757%						
23	0.337	1.022%	92.778%						

续 表

成分	初始特征值			提取平方和载入			旋转平方和载入		
	合计	方差的	累积	合计	方差的	累积	合计	方差的	累积
24	0.326	0.987%	93.765%						
25	0.315	0.956%	94.721%						
26	0.289	0.875%	95.596%						
27	0.276	0.836%	96.432%						
28	0.264	0.801	97.232%						
29	0.258	0.781%	98.014%						
30	0.237	0.718%	98.732%						
31	0.160	0.484%	99.217%						
32	0.140	0.424%	99.640%						
33	0.119	0.360%	100.000%						

在直接得到的载荷结果中，各项指标在各类因子上的解释不明显，为了更好解释各项因子的意义，转轴旋转法可以使每一项指标在主成分因子中的荷载量差异较大，有助于解释各因子含义。本章采用 SPSS 软件中提供的最大方差法进行因子旋转，最终得到的结果如表 2.17 所示。

表 2.17 胜任特征旋转后的成分荷载矩阵

	成　分					
	1	2	3	4	5	6
X1 沟通能力	**0.789**	0.223	0.125	0.135	0.074	0.117
X4 冲突管理能力	**0.723**	0.273	0.095	0.242	0.082	0.202
X7 谈判能力	**0.680**	0.279	0.080	0.263	0.079	0.012
X15 系统思维和集成能力	**0.674**	0.247	0.186	0.217	0.079	0.371

续 表

	成分					
	1	2	3	4	5	6
X14 团队协作能力	**0.636**	0.377	0.323	0.123	0.136	0.219
X12 决断能力	**0.623**	0.340	0.091	0.265	0.079	0.050
X5 公共关系发展维护	**0.603**	0.359	0.096	0.327	0.001	0.205
X11 影响和激励能力	**0.533**	0.424	0.191	0.292	0.010	0.243
X8 灵活创新	0.118	**0.795**	0.195	0.229	0.168	0.080
X6 自信开放	0.293	**0.721**	0.097	0.192	0.141	0.229
X9 自我驱动和自我发展	0.270	**0.667**	0.415	0.139	0.102	0.078
X30 压力和气氛管理能力	0.379	**0.629**	0.219	0.101	0.044	0.290
X10 自我反思和自我管理	0.417	**0.596**	0.369	0.178	0.087	0.197
X3 目标/结果导向	0.413	**0.478**	0.274	0.320	−0.042	0.050
X2 诚信可靠	0.402	**0.477**	0.397	0.072	0.083	0.022
X17 职业道德和行为准则	0.375	**0.468**	0.413	0.150	0.112	0.282
X31 成就服务项目	0.227	0.159	**0.749**	0.196	0.085	0.183
X13 成就服务客户	0.281	0.213	**0.711**	0.217	0.062	0.010
X34 全过程工程咨询服务文化	0.090	0.198	**0.692**	0.119	0.123	0.243
X32 成就服务企业	0.161	0.243	**0.691**	0.263	0.131	0.248
X27 工程信息管理技能	0.251	0.176	0.127	**0.744**	0.137	0.129
X26 工程采购和合同管理技能	0.214	0.150	0.131	**0.734**	0.076	0.105
X25 工程质量、安全、职业健康、环境管理技能	0.128	0.178	0.226	**0.692**	0.227	0.078
X24 工程投资管理技能	0.328	0.095	0.109	**0.668**	0.035	−0.011
X29 工程组织协调能力	0.312	−0.036	0.271	**0.661**	0.083	0.109

续 表

	成分					
	1	2	3	4	5	6
X23 工程进度与计划管理技能	0.434	0.150	0.315	**0.560**	0.138	0.185
X33 工程可持续发展技术、工程管理创新技术的掌握	0.058	0.418	0.220	**0.560**	0.237	0.215
X28 工程管理系统的策划和集成能力	0.410	0.065	0.155	**0.542**	0.210	0.225
X20 执业资格	0.106	0.037	0.107	0.113	**0.863**	0.132
X21 专业职称	0.102	0.135	0.093	0.191	**0.805**	0.070
X19 教育背景	0.113	0.123	0.133	0.120	**0.723**	0.241
X22 经历与经验	0.349	0.063	0.267	−0.049	**0.505**	0.273
X16 前瞻性/战略规划	0.317	0.373	0.267	0.176	0.088	**0.770**

在因子旋转后得到的成分荷载矩阵中,不同变量在各个主成分均有荷载,负荷量的绝对值是判断变量归属于哪项主成分的依据。一般来说,负荷量绝对值大于 0.3 即可称为显著,大于 0.5 即可说明非常显著。在本篇转轴后的成分荷载矩阵中,提取出 6 项公共因子,每一个变量在归属的公共因子负荷量均大于 0.3,说明提取的公因子能对变量作出良好解释。其中第 6 项主成分中,只有一项胜任特征即 X16 前瞻性/战略规划构成一个因子,考虑在后续的正式问卷中剔除改题项。在初始问卷数据中剔除 X16 变量后,按照同样步骤再进行探索性因子分析,结果显示胜任特征的因子荷载矩阵发生变化,但是最终剩下五个因子中各个变量的构成没有改变。因此本章通过对初始问卷的结果进行因子分析,删除 X16 项后,剩余 32 项胜任特征的样本可以通过 5 个公共因子表示。

4.3.3 因子命名解释

第一个公共因子中,X1 沟通能力、X4 冲突管理能力、X7 谈判能力、X15 系统思维和集成能力、X14 团队协作能力、X12 决断能力、X5 公共关系发展维护、X11 影响和激励能力的因子荷载量较大。这些胜任特征反映了项目经理管理项目事务、领导团队需要的能力。部分学者这些技能归纳为管理技能、辅助性能力、综合管理技能、组织领导技能、领导管理能力等，在最新 PMCD 第三版和 IBM 胜任力模型将这些能力概括成为领导力和高级领导才能。我们将第一个公因子命名为领导力。

第二个公共因子中，X8 灵活创新、X6 自信开放、X9 自我驱动和自我发展、X30 压力和气氛管理能力、X10 自我反思和自我管理、X3 目标/结果导向、X2 诚信可靠、X17 职业道德和行为准则的因子荷载量较大。这些胜任特征反映了项目经理应具备的性格、处事风格、动机等。有的学者将其概括为个人特征、人格特质、个人基本素质、人格魅力等。我们将第二个公因子命名为个人综合素养。

第三个公共因子中，X31 成就服务项目、X13 成就服务客户、X34 全资服务文化、X32 成就服务企业的因子荷载量较大。这些胜任特征反映了全过程工程咨询项目经理遵循的价值理念与文化，IBM 胜任力模型中将其概括为企业价值观。我们将第三个公因子命名为文化价值观。

第四个公共因子中，X27 工程信息管理技能、X26 工程采购和合同管理技能、X25 工程质量、安全、职业健康、环境管理技能；X24 工程投资管理技能、X29 工程组织协调能力、X23 工程进度与计划管理技能、X33 工程可持续发展技术、工程管理创新技术的掌握、X28 工程管理系统的策划和集成能力的因子荷载量较大。这些胜任特征涉及项目管理中的具体实务，反映了全过程工程咨询项目经理应具备的项目管理技能。部分学者将其命名为项目过程管理、项目目标管理、项目管理技能等。我们将第四个公因子命名为全过程工程咨询服务相关专业技能。

第五个公共因子中，X20 执业资格、X21 专业职称、X19 教育背景、X22 经历与经验的因子荷载量较大。这些胜任特征反映了成为全过程工程咨询项目经理应当具备的基本条件，主要是可以反映项目经理的知识背景与经验积累。我们将第五个公因子命名为知识与经验。

4.4 全过程工程咨询服务项目经理胜任力理论模型构建

在上一章提取的全过程工程咨询项目经理胜任特征的基础之上，本章设计并展开问卷调研，将搜集到的样本数据进行探索性因子分析，最终得到五个可以代表胜任特征的公因子，分别是领导力、个人综合素养、文化价值观、全过程工程咨询相关专业技能、知识与经验。因此这五个公因子为胜任力模型中的五个维度，各维度下涵盖了 32 项胜任特征，构建全过程工程咨询项目经理胜任力理论模型，如图 2.4 所示。

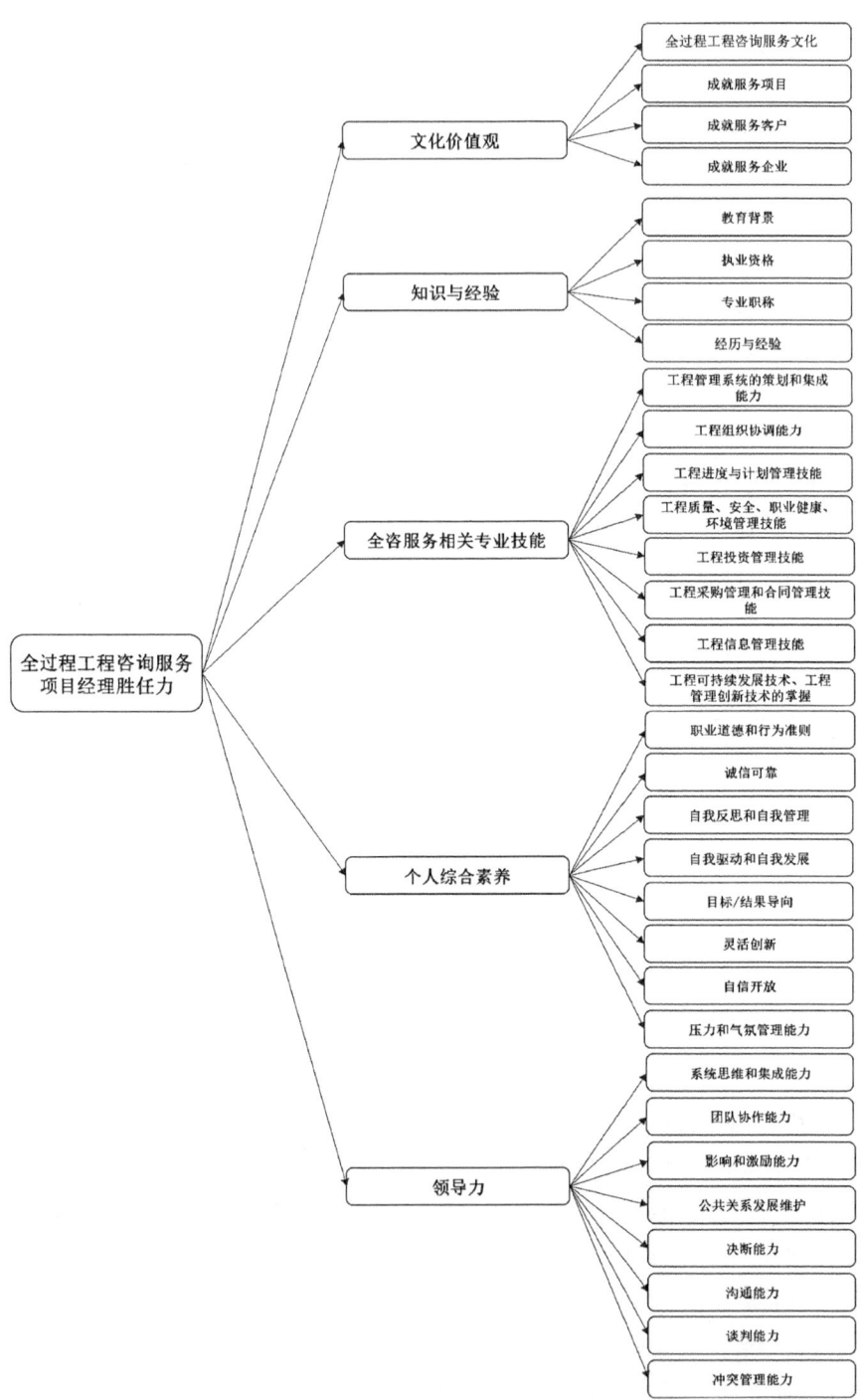

图 2.4　全过程工程咨询项目经理胜任力模型

第5章 全过程工程咨询服务项目经理胜任力模型分析

前文通过初始问卷调查,对胜任特征进行了调整,同时运用探索性因子分析研究了全过程工程咨询项目经理胜任特征的层次结构,建立胜任力模型。本章将根据探索性因子分析的结论,编制正式问卷,将正式问卷结果运用探索性因子分析,进行胜任力模型的验证与修正。同时通过问卷数据分析不同岗位职级和不同类型工程咨询企业对全过程工程咨询项目经理应具备胜任特征的差异检验与分析。

5.1 正式问卷发放与回收

前文通过初始问卷调查,均值排序和因子分析将项目经理胜任特征删减2项,最终正式问卷包含32个变量,结合已有文献分析和专家访谈对每个变量进行定义,形成相应的测量题项。

问卷内容包括两个部分:第一部分为调查对象的基本信息,包括年龄、学历、从业经历、供职企业类型等。第二部分为全过程工程咨询项目经理胜任特征的调查,调查对象根据请自身经验和认知,对各项胜任特征的重要程度进行评判,采用李克特7级量表形式进行测量。

正式问卷的调查对象为国内工程咨询行业的资深从业人员和管理层,以及参与过全过程工程咨询项目的相关建筑领域人士。本次问卷一共发放550份,回收469份,问卷回收率85%。将所有问题答案相同、或答题明显涉嫌敷衍了事的样本判定为无效问卷,进行剔除,最终获得有效问卷434份,有效率92.5%。

5.2 描述性统计分析

5.2.1 样本分析

根据调查对象的个人和所服务企业的基本信息可知(表2.18),81%的受访对象为男性，19%的受访对象为女性，这主要与建设领域的工作强度大有关。相关从业人员的学历大多数为本科，占65%，其次为硕士博士18%，说明工程咨询行业管理层的综合素质较高。受访对象30岁以上累计近90%，其中31~40岁和41~50岁占比最大，分别是39%和33%。从受访对象的从业年限分布来看，77%的受访者工作年限10年以上，11~20年占比37%，20年以上占比40%。从年龄段和工作年限分布能够看出，此次受访对象的相关从业经验丰富。本次受访对象的主要为公司高管（副总裁/副总经理、总工程师及以上）；项目经理/项目负责人；总经理助理、部门经理、事业部经理，分别占比24%、32%、26%，说明受访对象多为企业中高管理层，能够对全过程咨询项目经理这一岗位有一定了解与认知。

由于研究主题为全过程工程咨询项目经理胜任力，故问卷发放大多数为工程咨询相关从业人员，工程咨询涉及企业占比90%以上，小部分受访对象来自高校/科研单位、业主单位、施工企业等。相关工程咨询企业主要开展项目管理、造价/QS咨询（含跟踪审计、决算审计）、工程监理、BIM咨询、招标代理、工程设计中的一项或多项业务。

表 2.18 受访对象基本信息

项　　目	类　　别	人　数	占　比
性　别	男	351	81%
	女	83	19%
年龄段	30岁及以下	48	11%
	31~40岁	171	39%
	41~50岁	144	33%
	51~60岁	70	16%
	60岁及以上	1	0.2%
最高学历	大专及以下	74	17%
	本科	280	65%
	研究生（含硕士和博士）	80	18%

续 表

项　　目	类　　别	人　数	占　比
建筑业相关工作年限	10年及以下	101	23%
	11～20年	161	37%
	21～30年	131	30%
	30年及以上	41	9%
工作岗位	公司高管(副总裁/副总经理、总工程师及以上)	104	24%
	项目经理/项目负责人	138	32%
	总经理助理、部门经理、事业部经理	111	26%
	专业工程师	49	11%
	其他	32	7%
单位类型	高校/科研单位	5	1%
	工程咨询(不含设计)企业	397	91%
	建设单位/业主	5	1%
	设计企业	20	5%
	施工企业	2	0.5%
	其他(会计师事务所、监理协会)	5	1%
工程咨询企业开展业务	工程勘察	37	9%
	项目管理	314	75%
	工程设计	150	36%
	工程监理	292	70%
	造价/QS咨询(含跟踪审计、决算审计)	313	75%
	招标代理	273	65%
	BIM咨询	254	61%
	设施运维管理咨询	46	11%
	其他(如投融资咨询、财务审计、绩效评价等)	71	17%

5.2.2 统计分析

对 434 份样本数据进行统计分析,计算各项胜任特征得分的均值和方差标准差。均值大小反映受访者认为问卷中的各项胜任特征认可程度。标准差反映受访者对于各项特征认知的离散程度。如表 2.19 所示,在 32 项胜任特征中,受访者认为均值靠前的 4 项胜任特征是诚信可靠、沟通能力团队协作能力、职业道德和行为准则,属于个人综合素养和领导力维度。相反教育背景、执业资格、专业职称是均值相对较低,这三项胜任特征均属于专业知识与经验维度,但是专业知识与经验维度中的经历与经验均值排名较高,说明受访者认为全过程工程咨询项目经理应更看重相关实践经验,而非资质、职称等硬性条件。

表 2.19 描述统计均值排序

排序	胜任特征	所属维度	均值	标准差	偏度	峰度
1	诚信可靠	个人综合素养	6.55	0.762	−2.217	7.574
2	沟通能力	领导力	6.48	0.745	−1.661	3.738
3	团队协作能力	领导力	6.48	0.754	−1.900	6.599
4	职业道德和行为准则	个人综合素养	6.48	0.881	−2.371	7.709
5	工程组织协调能力	全过程工程咨询服务相关专业技能	6.44	0.755	−1.236	0.960
6	经历与经验	专业知识与经验	6.39	0.789	−1.185	0.769
7	系统思维和集成能力	领导力	6.37	0.832	−1.347	1.852
8	目标/结果导向	个人综合素养	6.36	0.804	−1.362	2.279
9	谈判能力	领导力	6.36	0.753	−0.988	0.427
10	工程管理系统的策划和集成能力	全过程工程咨询服务相关专业技能	6.32	0.808	−1.074	0.568
11	决断能力	领导力	6.32	0.882	−1.424	2.377
12	冲突管理能力	领导力	6.32	0.763	−0.885	0.177
13	自我驱动和自我发展	个人综合素养	6.14	0.923	−1.101	1.677

续　表

排序	胜任特征	所属维度	均值	标准差	偏度	峰度
14	影响和激励能力	领导力	6.13	0.843	−0.718	−0.141
15	自我反思和自我管理	领导力	6.13	0.842	−0.668	−0.278
16	公共关系发展维护	个人综合素养	6.10	0.936	−1.272	2.767
17	工程进度与计划管理技能	全过程工程咨询服务相关专业技能	6.10	0.884	−0.637	−0.487
18	成就服务项目	文化价值观	6.09	0.928	−1.064	1.592
19	工程投资管理技能	全过程工程咨询服务相关专业技能	6.07	0.831	−0.538	−0.407
20	压力和气氛管理能力	个人综合素养	6.02	0.883	−0.824	1.531
21	成就服务客户	文化价值观	6.02	0.953	−0.725	0.295
22	成就服务企业	文化价值观	5.98	0.961	−0.644	−0.208
23	工程采购管理和合同管理技能	全过程工程咨询服务相关专业技能	5.93	0.929	−0.704	0.502
24	灵活创新	个人综合素养	5.89	0.911	−0.379	−0.735
25	自信开放	个人综合素养	5.88	0.915	−0.789	1.567
26	全过程工程咨询服务文化	文化价值观	5.81	1.064	−0.622	0.045
27	工程质量、安全、职业健康、环境管理技能	全过程工程咨询服务相关专业技能	5.71	1.019	−0.566	0.249
28	工程信息管理技能	全过程工程咨询服务相关专业技能	5.66	0.969	−0.690	0.993
29	工程可持续发展技术、工程管理创新技术的掌握	全过程工程咨询服务相关专业技能	5.65	0.993	−0.456	0.023
30	教育背景	专业知识与经验	5.46	1.026	−0.493	0.569
31	执业资格	专业知识与经验	5.44	1.028	−0.434	0.275
32	专业职称	专业知识与经验	5.21	1.067	−0.562	0.909

5.3 全过程工程咨询服务项目经理胜任特征的差异性分析

不同受访对象来自不同类型的企业、处于不同职位级别，不同对象对全过程工程咨询项目经理胜任特征的重要性程度可能存在认知差异，了解不同环境背景下从业人员的认知，有助于实践过程中有针对性地开展全过程工程咨询项目经理培训、选拔。从研究方法和工具来看，可通过分析不同组别的均值是否存在显著性差异。均值的显著性差异检验的方法有很多，包括单一样本 T 检验、独立样本 T 检验、两配对样本 T 检验、单因素方差分析法、非参数检验法等，不同的检验工具对样本数据有不同要求，本节将根据不同职级和不同企业类型的样本数据进行均值差异检验。

5.3.1 基于岗位职级的项目经理胜任特征差异分析

核查本次调查有效回收的 434 个样本，工作岗位对应于企业高管（总工程师、副总经理及以上），对应于总经理助理、部门经理/事业部经理，对应于项目经理/项目负责人，以及对应于专业工程师的人数分别为 104 人、111 人、138 人、49 人。单因素方差分析是 T 检验的延伸，主要应用于检验两组以上的组别间均值是否存在显著性差异，从而确定因素是否对实验结果产生影响。由于本篇受访对象岗位存在 4 个组别，因此采用单因素方差分析的方法。单因素方差分析的适用前提是：① 每一个总体均服从正态分布；② 每个总体的方差相等，满足方差齐性；③ 每个总体的样本相互独立。在进行单因素方差分析之前，可以通过 SPSS 软件中的相关操作进行数据检验，其中"每个总体样本相互独立"这一前提可以在研究问卷设计中得以保证，因此主要进行组别数据正态分布检验和方差齐性检验。

正态判断方法很多，包括正态 Q-Q 图分析、Shapiro-Wilk 检验、偏度峰度分析等。数据近似服从正态分布，不出现过于严重的偏态即可使用单因素方差分析，否则需要进行数据转换或是采用非参数的秩和检验（Kruskal-Wallis 检验）。方差齐性检验可以在 SPSS 单因素方差分析过程中选择"方差同质性检验"选项输出结果进行判断。原则上方差不齐不可进行方差分析，但 SPSS 软件提供方差不齐假定下的事后多重比较分析，因此方差不齐时，在多重比较过程可选择采用近似检验，如 Tamhane's T2 等方法。单因素方差分析是使用 F 值检验来进行判断，一般以 0.05 为显著性判断标准，若 sig<0.05，说明对应组别间均值存在显著差异，若 sig>0.05，则表明均值差异不显著。当 F 值检验结果出现显著性差异时,还需要事后多重分析(两两分析),进一步查看存在显著差异的具体组别,事后多重分析包括 LSD 法、Bonferroni 法、Scheffe 法、HSD 法等。其中 Scheffe 法适用于组别数据量不等和综合比较的情况,但 Scheffe 法灵敏性最低,可能出现无法两两比较找出具体差异的情况。LSD 法最为灵敏,但可能增加 I 类错误。Bonferroni 法由 LSD 法修正而来,且适用于多种情形的比较,灵敏度适中。

标准正态分布的偏度、峰度均为 0,但往往现实调查数据无法严格满足标准分布,Kline(2016)在 *principles and practice of structural equation modeling* 第四版中给出判断正态的一个粗略数据,即|偏度|<3,|峰度|<10,虽然不是标准正态,但是一般能接受。通过 SPSS 统计发现,本篇中的每个胜任特征下,4 个组别数据不严格符合正态分布,但满足偏度绝对值小于 3,峰度绝对值小于 10 的条件,因此认为各组数据服从近似正态分布,可采用进一步采用单因素方差分析法。本篇在进行单因素方差分析时,F 值检验出现显著性差异,方差齐性的情况下,事后分析采用 Scheffe 法和 Bonferroni 法。若方差不齐,则事后分析采用 Tamhane's T2 法。

首先在 SPSS 中进行 4 组岗位职级对各项特征的均值描述,如表 5.3 所示,不同岗位对特征的重要性评分均值有所不同。

(1) 文化价值观维度:该维度下成就服务项目的均值最高,说明从业人员均认为圆满实现项目目标是该维度中最重要的胜任特征。另一方面,该维度下的胜任特征重要程度评分,企业高管均高于其他三类从业人员,专业工程师则普遍最低,意味着在这些胜任特征上,企业高管认为全过程工程咨询项目经理应满足更高要求。

(2) 专业知识与经验维度:该维度下经历与经验的均值最高,教育背景、专业职称、执业资质的均值在 6 以下,说明各层级从业人员认同相比资质职称等硬性要求,相关实践经历和经验更为重要。除了经历与经验外,专业工程师各项胜任特征的评分均高于其他管理层,说明专业工程师比管理层更看重全过程工程咨询项目经理的硬性要求。

(3) 全过程工程咨询服务相关专业技能维度:该维度下工程组织协调能力的得分均值最高,其次为工程管理系统的策划和集成能力,意味着从业人员均认为这两项胜任特征对全过程工程咨询项目经理最重要。与部门经理、企业高管相比,项目经理对各项胜任特征评分较高,说明项目经理认为全过程工程咨询服务相关专业技能很重要。

(4) 个人综合素养维度:该维度下诚信可靠、职业道德和行为准则均值较高。各项特征均值仍是管理层普遍高于专业工程师,而管理层之间企业高管和项目经理均值高于部门经理,意味着相比之下企业高管和项目经理更看重全过程工程咨询项目经理的个人综合素养。

(5)领导力维度:该维度下团队协作能力、沟通能力均值较高。各项特征均值大致呈现企业高管高于部门经理、项目经理、专业工程师,部门经理与项目经理之间均值相当,专业工程师则均值较低,说明相比之下职级越高则越看重全过程工程咨询项目经理的领导力。

尽管不同岗位职级在特征重要性均值高低有所不同,但岗位职级之间是否存在显著性差异仍需要进行统计检验,在 SPSS 中采用单因素方差检验对四组数据进行分析。结果显示全过程工程咨询服务文化、诚信可靠、团队协作能力 3 项指标下的方差齐性检验的显著性水平小于 0.05,表明这 3 项指标下的分组数据未满足方差齐性。从单因素方差分析的统计结果看,不同岗位职级的从业人员仅在成就服务企业($p=0.038$)、专业职称($p=0.013$)、团队协作能力($p=0.001$)、影响和激励能力($p=0.001$)这 4 项胜任特征均值存在显著性差异,其余特征未出现显著差异。其中团队协作能力由于未满足方差齐性,则进一步事后分析选择 Tamhane's T2 法,其余胜任特征选择 LSD 法和 Bonferroni 法。

表 2.20 基于岗位职级的单因素方差检验

胜任力指标	各组别:均值±标准差				方差齐性检验		单因素方差分析	
	企业高管	部门经理、事业部经理等	项目经理/项目负责人	专业工程师	Levene 统计量	sig	F 值	sig
全过程工程咨询服务文化	6.01±1.01	5.78±1.14	5.86±1.02	5.53±0.96	2.682	**0.047**	2.488	0.060
成就服务项目	6.17±0.82	6.12±0.93	6.14±0.86	5.84±0.83	1.496	0.215	1.819	0.143
成就服务客户	6.05±0.95	6.05±0.97	6.06±0.96	5.76±0.92	0.604	0.613	1.408	0.240
成就服务企业	6.15±0.84	5.92±0.99	6.00±1.00	5.69±1.06	1.363	0.254	2.830	**0.038**
教育背景	5.45±0.91	5.47±1.05	5.39±1.09	5.69±0.87	1.395	0.244	1.064	0.364

续　表

胜任力指标	各组别：均值±标准差				方差齐性检验		单因素方差分析	
	企业高管	部门经理、事业部经理等	项目经理/项目负责人	专业工程师	Levene统计量	sig	F值	sig
执业资格	5.40±0.99	5.46±1.02	5.36±1.03	5.69±0.96	0.335	0.800	1.326	0.265
专业职称	4.97±1.00	5.25±1.05	5.23±1.09	5.55±0.96	1.561	0.198	3.651	**0.013**
经历与经验	6.46±0.70	6.41±0.82	6.46±0.71	6.29±0.87	1.847	0.138	0.706	0.549
工程管理系统的策划和集成能力	6.38±0.77	6.33±0.88	6.41±0.87	6.14±0.94	0.433	0.729	1.176	0.319
工程组织协调能力	6.47±0.68	6.49±0.79	6.46±0.68	6.22±0.82	0.742	0.527	1.656	0.176
工程进度与计划管理技能	6.08±0.89	6.17±0.88	6.15±0.88	5.86±1.04	0.378	0.769	1.590	0.191
工程投资管理技能	6.03±0.84	6.04±0.85	6.18±0.79	5.94±0.88	0.068	0.977	1.198	0.310
工程质量、安全、职业健康、环境管理技能	5.55±0.89	5.83±1.01	5.64±1.12	5.82±0.88	2.405	0.067	1.894	0.130
工程采购管理和合同管理技能	5.94±0.94	5.82±0.91	6.05±0.93	5.86±0.96	0.303	0.824	1.401	0.242
工程信息管理技能	5.56±1.02	5.64±0.99	5.71±0.98	5.67±0.83	0.886	0.449	0.464	0.707
工程可持续发展技术、工程管理创新技术的掌握	5.65±0.86	5.62±0.99	5.71±1.06	5.78±0.94	1.311	0.271	0.413	0.744
职业道德和行为准则	6.59±0.66	6.49±0.83	6.50±0.93	6.33±0.94	2.262	0.081	1.088	0.354
诚信可靠	6.62±0.64	6.59±0.68	6.59±0.67	6.41±0.91	3.841	**0.010**	1.064	0.364

续 表

胜任力指标	各组别：均值±标准差				方差齐性检验		单因素方差分析	
	企业高管	部门经理、事业部经理等	项目经理/项目负责人	专业工程师	Levene统计量	sig	F值	sig
自我反思和自我管理	6.15±0.82	6.12±0.82	6.16±1.01	5.86±0.96	1.526	0.207	1.519	0.209
自我驱动和自我发展	6.13±0.88	6.12±0.90	6.26±0.77	6.02±1.03	1.139	0.333	1.030	0.379
目标结果导向	6.43±0.71	6.36±0.81	6.33±0.85	6.27±0.84	0.662	0.576	0.560	0.642
灵活创新	5.97±0.77	5.83±0.88	5.97±0.95	5.71±0.91	2.411	0.066	1.530	0.206
自信开放	5.85±0.88	5.82±0.91	5.99±0.90	5.84±0.92	0.494	0.687	0.855	0.464
压力和气氛管理能力	6.07±0.80	5.96±0.87	6.12±0.84	5.86±0.91	0.584	0.626	1.385	0.247
系统思维和集成能力	6.48±0.74	6.35±0.79	6.47±0.85	6.20±0.93	0.345	0.793	1.743	0.158
团队协作能力	6.53±0.62	6.59±0.62	6.56±0.64	6.14±0.98	8.140	**0.000**	5.664	**0.001**
影响和激励能力	6.26±0.78	6.20±0.83	6.18±0.80	5.71±0.98	1.659	0.175	5.334	**0.001**
公共关系发展维护	6.13±0.86	6.14±0.82	6.22±0.81	5.90±0.96	0.513	0.673	1.630	0.182
决断能力	6.44±0.71	6.32±0.81	6.33±0.86	6.16±0.87	1.176	0.319	1.372	0.251
沟通能力	6.54±0.61	6.49±0.75	6.50±0.77	6.39±0.86	1.723	0.162	0.466	0.706
谈判能力	6.40±0.73	6.34±0.75	6.40±0.69	6.31±0.82	0.504	0.680	0.315	0.815
冲突管理能力	6.41±0.65	6.33±0.76	6.31±0.77	6.14±0.89	1.562	0.198	1.456	0.226

事后多重分析结果如表 2.21 所示,分析显示在成就服务企业胜任特征上,企业高管的重要性评分显著高于专业工程师。而在专业职称这项胜任特征上,专业工程师的重要程度评分显著高于企业高管。在影响和激励能力上,企业高管(总工、副总经理及以上);总经理助理、部门经理、事业部经理;项目经理/项目负责人的最重要程度均值都显著高于专业工程师。在团队协作能力的胜任特征上,总经理助理、部门经理、事业部经理;项目经理/项目负责人的重要程度均值都显著高于专业工程师。由此可以看出,专业工程师在一些特征上与管理层存在显著的认知差异,除了专业职称特征高于管理人员外,其他特征显著低于管理层人员。管理层之间对 4 项特征的评判差异不存在统计显著性,重要性评分均值来看,企业高管比其他管理人员认为成就服务企业、影响和激励能力更重要,专业职称更不重要。在团队协作能力这项指标上,部门经理、事业部经理和项目经理则给出更高的重要性评分。

表 2.21 基于岗位职级的事后多重分析结果

胜任力特征	岗 位 职 级	均值±标准差	事后比较 Scheffe 法	事后比较 Bonferroni 法	事后比较 Tamhane's T2 法
成就服务企业	A:企业高管(总工、副总经理及以上)	6.15±0.84	n.s.	A>D	/
	B:总经理助理、部门经理、事业部经理	5.92±0.99			
	C:项目经理/项目负责人	6.00±1.00			
	D:专业工程师	5.69±1.06			
专业职称	A:企业高管(总工、副总经理及以上)	4.97±1.00	D>A	D>A	/
	B:总经理助理、部门经理、事业部经理	5.25±1.05			
	C:项目经理/项目负责人	5.23±1.09			
	D:专业工程师	5.55±0.96			

续表

胜任力特征	岗位职级	均值±标准差	事后比较 Scheffe 法	事后比较 Bonferroni 法	事后比较 Tamhane's T2 法
影响和激励能力	A：企业高管（总工、副总经理及以上）	6.26±0.78	A>D B>D C>D	A>D B>D C>D	/
	B：总经理助理、部门经理、事业部经理	6.20±0.83			
	C：项目经理/项目负责人	6.18±0.80			
	D：专业工程师	5.71±0.98			
团队协作能力	A：企业高管（总工、副总经理及以上）	6.53±0.62	/	/	B>D C>D
	B：总经理助理、部门经理、事业部经理	6.59±0.62			
	C：项目经理/项目负责人	6.56±0.64			
	D：专业工程师	6.14±0.98			

5.3.2　基于企业类型的项目经理胜任特征差异分析

根据统计分析，本次调查 434 位受访者中有 417 位来自工程咨询企业，分布于包含设计在内的 93 家工程咨询企业。受访者所在工程咨询企业大多开展一项或多项咨询服务，项目管理、造价/QS 咨询（含跟踪审计、决算审计）、工程监理占比 70% 以上，招标代理和 BIM 咨询占比 60% 以上，设计占比 30%。目前全过程工程咨询服务的落地实践模式中，以监理或项目管理为主营业务的综合工程咨询企业作牵头方的服务模式为主流，例如深圳的大多数全资项目。部分实践项目以造价/QS 咨询企业为牵头方的服务模式，以工程设计为牵头方的项目比例相对较少。因此本节将主要探讨项目管理 & 监理、造价/QS 咨询两种类型的企业对于全资项目经理胜任特征的认知差异。根据 93 家受访企业的综合实力和全过程工程咨询项目经历，筛选了 5 家具有代表性的、以工程监理或项目管理为主营业务的企业，分别是上海市建设工程监理咨询有限公司、上海科瑞真诚建设项目管理管理有限公司、晨越建管集团、浙江五洲工程项目管理有限公司，重庆赛迪工程咨询有限公司，包含 193 个数据量。同时筛选 3 家具有代表性的、以造价和 QS 咨询为主营业务的企业，分别是开元咨询、云南云岭工程造价咨询有限公司、万邦工程管理咨询有限公司，包含 92 个数据量。由于企业类型分为两组，故分析工具选择独立样本 T 检验。独立样本 T 检验的假设前提与单因素方差分析类似，要求每个总体相互独立，服从正态分布或近似正态分布，同时满足方差齐性。不满足正态或方差条件时，可进行数据检验或采用秩和检验。方差不相等，还可使用近似 t 检验。

首先在 SPSS 中进行两类企业对各项特征的均值描述，如表 2.22 所示，不同企业对特征的重要性评分有所不同。

（1）文化价值观维度：相比于造价和 QS 企业，项目管理和监理企业认为成就服务项目重要性更高，更看重全资项目经理能否实现项目目标的能力。

（2）专业知识与经验维度：项目管理和监理企业对该维度的所有指标给出更高的评分，说明项目管理和监理企业更看重项目经理的教育背景、执业资格、专业职称、经历与经验。

（3）全资服务相关专业技能维度：项目管理与监理企业在工程管理系统的策划和集成能力，工程组织协调能力，工程进度与计划管理技能，工程质量、安全、职业健康、环境管理技能给出了更高的重要程度评分，而造价和 QS 咨询企业在工程投资管理技能；工程采购管理和合同管理技能；工程信息管理技能、工程可持续发展技术；工程管理创新技术的掌握给出了更为重要的评分，这主要与两种企业提供的业务性质相关，造价和 QS 咨询主要侧重于项目的投资控制、合约管控等工作，和项目管理和监理则更侧重项目的综合管控工作。

（4）个人综合素养维度：职业道德和行为准则、诚信可靠、自我反思和自我管理、自我驱动和自我发展 4 项胜任力指标，两种类型的企业重要程度评分几乎相等，说明这些个人特质指标对于各类工程咨询企业的全过程工程咨询项目经理同等重要。但项目管理和工程监理企业认为全过程工程咨询项目经理的自信开放、结果导向更重要，造价和 QS 企业更看重全过程工程咨询项目经理的灵活创新、抗压力和气氛管理能力。

（5）领导力维度：项目管理和监理企业认为全过程工程咨询项目经理的系统思维和集成能力、团队协作能力尤为重要，其余胜任特征两类企业的重要程度评判相当，可以反映项目管理和监理业务需要对项目经理的系统集成能力和团队协作能力有更高的要求。

尽管不同企业在特征重要性评分高低有所不同，但企业类型之间是否有显著性差异仍需要进行统计检验，在 SPSS 中采用独立样本 T 检验对两组数据进行分析。如表 2.2 的检验结果所示,只在教育背景(p=0.039);执业资格(p=0.010);工程质量、安全、职业健康、环境管理技能(p=0.049)三项胜任特征上,两类企业的差异才具有统计显著性。结合描述性均值可以看出,这三项胜任特征的重要程度,项目管理和工程监理企业都显著高于工程造价和 QS 咨询企业,主要原因可能是因为工程监理企业对于项目具有质量责任与义务,因此需要对项目经理相关资质、质量安全管理的要求显著高于造价和 QS 咨询企业。

表 2.22 不同企业的胜任特征均值差异检验

胜任力指标	各组别：均值±标准差		T 检验		
	项目管理 & 工程监理企业	工程造价 & QS 咨询企业	t	df	Sig.
全过程工程咨询服务文化	5.77±1.04	5.79±1.09	−0.161	283	0.873
成就服务项目	6.15±0.86	5.99±0.99	1.363	283	0.174
成就服务客户	6.02±0.95	6.05±0.91	−0.283	283	0.777
成就服务企业	5.94±0.99	6.16±0.82	−1.852	283	0.065
教育背景	5.58±1.04	5.32±0.94	2.078	283	**0.039**
执业资格	5.60±1.00	5.28±0.93	2.578	283	**0.010**
专业职称	5.37±1.04	5.17±1.02	1.521	283	0.129
经历与经验	6.42±0.77	6.27±0.89	1.417	157.491	0.158
工程管理系统的策划和集成能力	6.36±0.84	6.30±0.84	0.548	283	0.584
工程组织协调能力	6.46±0.76	6.36±0.72	1.085	283	0.279
工程进度与计划管理技能	6.16±0.89	6.08±0.85	0.711	283	0.478
工程投资管理技能	6.06±0.80	6.10±0.85	−0.344	283	0.731
工程质量、安全、职业健康、环境管理技能	5.83±0.93	5.57±1.10	1.984	154.500	**0.049**
工程采购管理和合同管理技能	5.87±0.94	6.05±0.92	−1.555	283	0.121
工程信息管理技能	5.67±0.95	5.83±0.96	−1.267	283	0.206

续 表

胜任力指标	各组别：均值±标准差		T检验		
	项目管理&工程监理企业	工程造价&QS咨询企业	t	df	Sig.
工程可持续发展技术、工程管理创新技术的掌握	5.64±0.96	5.76±1.00	−0.958	283	0.339
职业道德和行为准则	6.50±0.84	6.51±0.78	−0.080	283	0.936
诚信可靠	6.58±0.70	6.59±0.70	−0.075	283	0.940
自我反思和自我管理	6.12±0.85	6.13±0.93	−0.101	283	0.920
自我驱动和自我发展	6.15±0.87	6.18±0.88	−0.313	283	0.755
目标结果导向	6.42±0.75	6.33±0.80	0.967	283	0.334
灵活创新	5.86±0.88	5.98±0.91	−1.046	283	0.297
自信开放	5.93±0.91	5.88±0.95	0.446	283	0.656
压力和气氛管理能力	6.01±0.87	6.14±0.79	−1.271	283	0.205
系统思维和集成能力	6.38±0.78	6.28±0.89	0.926	159.626	0.356
团队协作能力	6.55±0.65	6.41±0.79	1.496	152.653	0.137
影响和激励能力	6.13±0.82	6.13±0.89	−0.008	283	0.993
公共关系发展维护	6.13±0.81	6.09±0.90	0.449	283	0.654
决断能力	6.33±0.78	6.26±0.89	0.684	283	0.494
沟通能力	6.50±0.76	6.48±0.78	0.197	283	0.844
谈判能力	6.36±0.73	6.38±0.81	−0.185	283	0.853
冲突管理能力	6.33±0.76	6.28±0.86	0.437	283	0.662

5.4 全过程工程咨询服务项目经理胜任力模型验证性因子分析

前文基于探索性因子分析构建了全过程工程咨询项目经理的胜任力模型，但该模型是一个理论构想模型，形成过程存在一定主观判断，可能导致不科学严谨的结论。因此,需要运用验证性因子分析对模型进行进一步验证,分析收集的数据是否支持理论构想模型,判断其是否按照构想模型中的结构方式产生作用。验证性因子分析一般通过结构方程模型来测试,结构方程模型要求分析数据服从正态分布。由前文统计分析,此次问卷收集的数据偏度绝对值最大为2.371,峰度绝对值最大为7.709,满足偏度绝对值小于3和峰度小于10的条件,故测量数据近似服从正态分布,可进行后续分析。

验证性因子分析结果分析主要分为两个方面：一是检验理论构想模型与问卷数据之间的拟合程度,常用的检验参数包括绝对拟合指数、相对拟合参数、综合拟合参数,本篇选取 x^2/df、RMSEA、GFI、AGFI、NFI、TLI、IFI 七项拟合指标进行评价。二是测量模型结构的信度和效度指标,本章选取标准化因子荷载 λ、组合信度(Construct Reliability, CR 值)、平均方差抽取量(Average Variance Extracted, AVE 值)作为潜变量信度效度的评价指标。各项评判指标应满足的标准如表 2.23 所示。

表 2.23 验证性因子分析各项评价指标

拟合指标	要求	信度与效度指标	要求
x^2/df	≤3	λ	λ＞0.5 且 P＜0.05；C.R.＞1.96
RMSEA	＜0.08(合理)；＜0.05(优良)	CR	＞0.7
GFI	＞0.9	AVE	＞0.5
AGFI	＞0.9		
NFI	＞0.9		
TLI	＞0.9		
CFI	＞0.9		
IFI	＞0.9		

5.4.1 数据信度和效度检验

(1) 信度分析

本次调查中,信度分析用于检验各项胜任特征重要程度的稳定性与可靠程度。信度分析主要有克朗巴哈 α 系数法(Cronbach's Alpha)、重测信度法、复本信度法等几种方法。其中克朗巴哈α系数是现阶常用的技术方法,其信度系数越接近于1,数据信度越高。一般来讲,信度系数大于0.9表明信度很高;信度系数在0.8~0.9之间则表明信度高;信度系数在0.7~0.8,表明很可信;信度系数在0.6~0.7表明可信;信度系数小于0.6则应修改题目或是拒绝使用。

本章中,利用SPSS对各维度以及总体数据进行可靠性分析,如表2.24所示,各个维度的克朗巴哈α系数均在0.7以上,总体样本的克朗巴哈α系数达到了0.942,说明从分层面信度和总体信度来看,调查问卷的可靠程度和稳定程度处于较高水平。

表2.24 问卷数据各维度和总体的可靠性统计量

维 度	Cronbach's Alpha	基于标准化项的 Cronbach's Alpha	项 数
文化价值观	0.824	0.828	4
专业知识与经验	0.703	0.705	4
全过程工程咨询服务相关专业技能	0.856	0.857	8
个人综合素养	0.899	0.899	8
领导力	0.902	0.903	8
总 体	0.942	0.945	32

(2) 效度分析

效度分析是用于检验测量工具反映考察内容的程度,主要包括内容效度、准则效度和结构效度。内容效度方面,在本篇中,经过阅读大量文献资源与结合行业资深专家访谈的基础得出初始问卷,将初始问卷进行小样本发放进行分析,对相应的胜任特征进行调整,基于初始问卷分析的结果进一步形成正式问卷,因此可以保障正式问卷的内容效度。准则效度指根据相应理论,选择准则,分析问卷题项与准则之间的关联,在调查问卷的效度分析中,往往很难选择出合适的准则,因此该方法使用受到一定限制。结构效度指测量结果体现出来的某种结构与测值之间的对应程度。结构效度分析方法是使用因子分析,KMO检验和Bartlett球度检验是否适合做因子分析,问卷有结构效度才能进行因子分析。

KMO的值越接近1,原变量之间的相关程度就越高,Bartlett球度检验是判断样本变量是否不同。本篇中 KMO 量为 0.940，Bartlett 的球形度检验表明在 P=0.000 水平上显著，说明问卷适合进行因子分析，如表 2.25 所示。

表 2.25　KMO 和 Bartlett 的检验

取样足够度的 Kaiser-Meyer-Olkin 度量		0.940
Bartlett 的球形度检验	近似卡方	7 742.131
	df	496
	Sig.	0.000

5.4.2　单因子测量模型验证性因子分析

(1) 文化价值观测量模型验证

文化价值观维度包含 4 项胜任特征，运用 AMOS 软件进行计算得到文化价值观维度的标准化估计值模型，如图 2.5 所示。

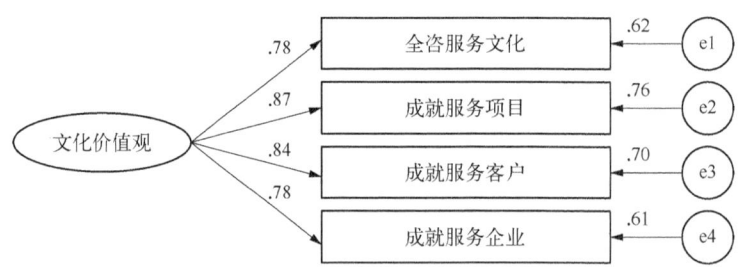

卡方值=2.190 (P值=.335)　自由度=2　卡方自由度比值=1.095
GFI=.998　AGFI=.988　NFI=.998　CFI=1.000
RMSEA=.014

图 2.5　文化价值观验证性因子分析

测量模型的拟合度评价如表 2.26 所示，x^2/df 小于 3，RMSEA 小于 0.05，GFI、AGFI、NFI、TLI、CFI、IFI 均大于 0.9，各项指标均符合要求，说明文化价值观模型拟合良好。

表 2.26　文化价值观模型拟合指标

x^2/df	RMSEA	GFI	AGFI	NFI	TLI	CFI	IFI
1.095	0.014	0.998	0.988	0.998	0.994	1.000	0.994

文化价值观维度测量模型的效度分析如表 2.27 所示,全资服务文化、成就服务项目、成就服务客户、成就服务企业的标准化因子荷载分别为 0.785、0.873、0.839、0.781,均满足大于 0.5 的要求。构建信度 CR 为 0.891,满足大于 0.7 的要求。AVE 为 0.716,满足大于 0.5 的要求。意味着文化价值观维度的测量模型信度与效度均比较理想,可进行后续分析。

表 2.27 文化价值观模型效度分析

胜 任 特 征	Estimate	λ	S.E.	C.R.	P	CR	AVE
全过程工程咨询服务文化	1.000	0.785					
成就服务项目	1.149	0.873	0.057	20.051	***	0.891	0.673
成就服务客户	1.145	0.839	0.060	19.167	***		
成就服务企业	1.116	0.781	0.063	17.822	***		

注:"***"表示 0.01 水平上显著

(2) 知识与经验测量模型验证

知识与经验维度包含 4 项胜任特征。运用 AMOS 软件进行计算分析,得到该维度的标准化估计值模型,如图 2.6 所示。

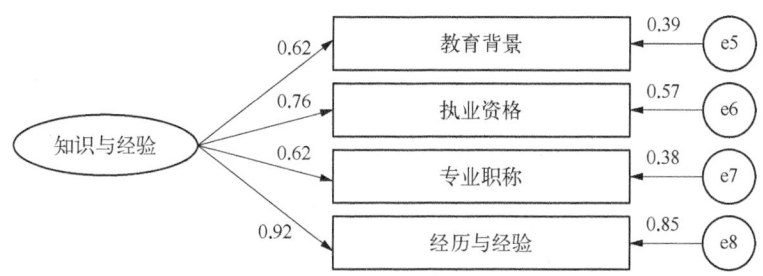

卡方值=5.313 (P值=0.070) 自由度=2 卡方自由度比值=2.656
GFI=0.995 AGFI=0.973 NFI=0.992 CFI=0.995
RMSEA=0.059

图 2.6 知识与经验验证性因子分析

知识与经验测量模型的拟合度评价如表 2.28 所示,x^2/df 为 2.656,小于 3。RMSEA 小于 0.08,在合理范围内。GFI、AGFI、NFI、TLI、CFI、IFI 均

大于 0.9。各项拟合指标均符合要求，说明知识与经验维度的测量模型适配度良好。

表 2.28　知识与经验模型拟合指标

x^2/df	RMSEA	GFI	AGFI	NFI	TLI	CFI	IFI
2.656	0.059	0.995	0.973	0.992	0.986	0.995	0.986

知识与经验维度测量模型的效度分析如表 2.29 所示，教育背景、执业资格、专业职称、经历与经验的标准化因子荷载分别为 0.624、0.756、0.620、0.919，均满足大于 0.5 的要求。构建信度 CR 为 0.825，满足大于 0.7 的要求。AVE 为 0.548，满足大于 0.5 的要求。意味着知识与经验维度的测量模型信度与效度均达标，可进行后续分析。

表 2.29　知识与经验模型效度分析

	Estimate	λ	S.E.	C.R.	P	CR	AVE
教育背景	1.000	0.624				0.825	0.548
执业资格	1.279	0.756	0.097	13.213	***		
专业职称	999	0.620	0.088	11.389	***		
经历与经验	1.475	0.919	0.109	13.541	***		

注："***"表示 0.01 水平上显著

(3) 全过程工程咨询服务相关专业技能维度测量模型验证

全过程工程咨询服务相关专业技能的维度包含 8 项胜任特征，该维度的标准化估计值模型如图 2.7(a) 所示，拟合度评价指标如表 2.30 所示，x^2/df 为 4.690，不符合小于 3 的标准，RMSEA 为 0.089，超出了 0.08，说明模型的拟合度不佳，需要进行调整。根据 Modification Indices 找出残差卡方值最高的共变异数，结合各项胜任特征的实际意义和重要性，删除"工程信息管理技能"和"工程可持续发展技术、工程管理创新技术的掌握"两项胜任特征，得到调整后的标准化估计值模型，如图 2.7(b) 所示。调整后拟合评价指标均符合要求，模型适配度良好。

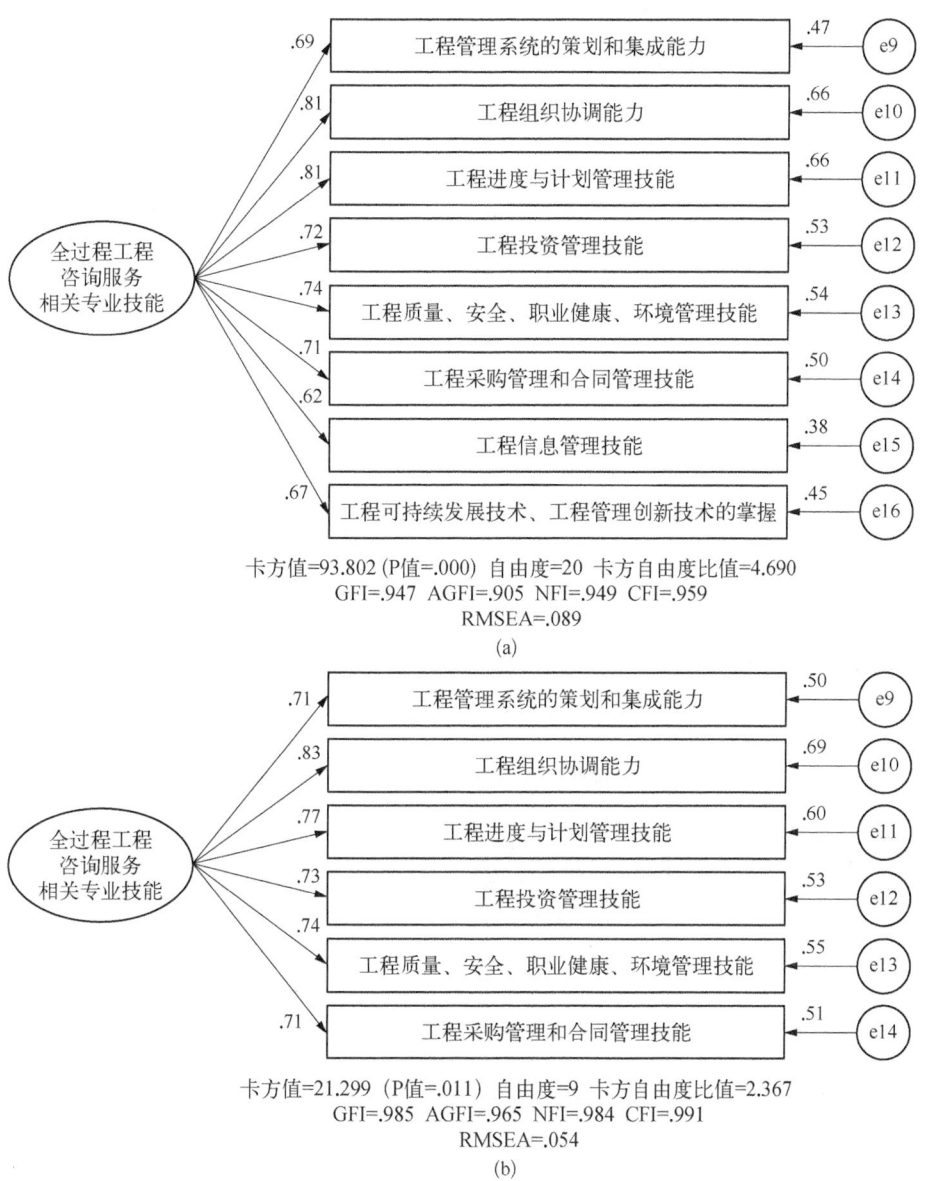

图 2.7 全过程工程咨询服务相关专业技能验证性因子分析

表 2.30　全过程工程咨询服务相关专业技能模型拟合指标

拟合指标	要　　求	修正前	结果评判	修正前	结果评判
x^2/df	≤3	4.690	不达标	2.367	达标
RMSEA	<0.08（合理）；<0.05（优良）	0.089	不达标	0.054	达标
GFI	>0.9	0.947	达标	0.985	达标
AGFI	>0.9	0.905	达标	0.965	达标
NFI	>0.9	0.949	达标	0.984	达标
TLI	>0.9	0.943	达标	0.985	达标
CFI	>0.9	0.959	达标	0.991	达标
IFI	>0.9	0.959	达标	0.991	达标

修正后的全过程工程咨询服务相关专业技能测量模型的效度分析如表 2.31 所示，各项胜任特征的标准化因子荷载在 0.714 至 0.830 之间，均满足大于 0.5 的要求。构建信度 CR 为 0.885，满足大于 0.7 的要求。AVE 为 0.563，满足大于 0.5 的要求。因此修正后的全过程工程咨询服务相关专业技能的测量模型信度与效度均符合，可进行后续分析。

表 2.31　修正后的全过程工程咨询相关专业技能模型效度分析

胜任特征	Estimate	λ	S.E.	C.R.	P	CR	AVE
工程管理系统的策划和集成能力	1	0.708					
工程组织协调能力	1.167	0.830	0.071	16.535	***		
工程进度与计划管理技能	0.99	0.772	0.065	15.338	***	0.885	0.563
工程投资管理技能	0.895	0.731	0.061	14.587	***		
工程质量、安全、职业健康、环境管理技能	1.057	0.741	0.071	14.891	***		
工程采购管理和合同管理技能	0.868	0.714	0.061	14.308	***		

注："***"表示 0.01 水平上显著

(4) 个人综合素养测量模型验证

个人综合素养的维度包含 8 项胜任特征,得到该维度的标准化估计值模型如图 2.8(a)所示,拟合度评价指标如表 2.32 所示,x^2/df 为 4.707,不符合拟合要求,RMSEA 为 0.089,超出了 0.08 的范围,说明模型的拟合度不理想。综合考虑,删除"自信开放"和"灵活创新"两项胜任特征,得到调整后的标准化估计值模型,如图 2.8(b)所示。

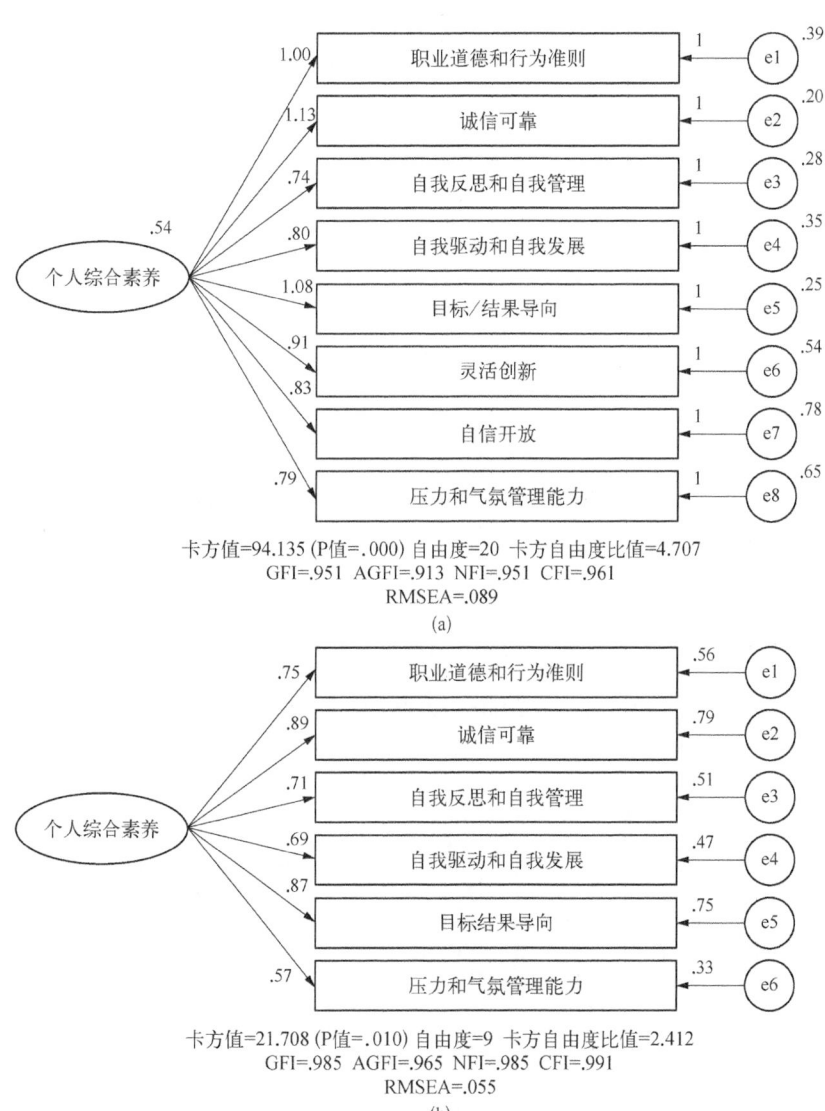

图 2.8 个人综合素养验证性因子分析

个人综合素养模型经调整后,如表 2.31 所示,x^2/df 和 RMSEA 均符合要求,意味着修正后的模型拟合度良好。

表 2.32 个人综合素养测量模型拟合指标

拟合指标	要　　求	修正前	结果评判	修正前	结果评判
x^2/df	≤3	4.707	不达标	2.412	达标
RMSEA	<0.08(合理);<0.05(优良)	0.089	不达标	0.055	达标
GFI	>0.9	0.951	达标	0.985	达标
AGFI	>0.9	0.913	达标	0.965	达标
NFI	>0.9	0.951	达标	0.985	达标
TLI	>0.9	0.946	达标	0.985	达标
CFI	>0.9	0.961	达标	0.991	达标
IFI	>0.9	0.961	达标	0.991	达标

修正后的个人综合素养测量模型的效度分析如表 2.33 所示,各项胜任特征的标准化因子荷载在 0.574 至 0.888 之间,均满足大于 0.5 的要求。组合信度 CR 和平方差提取量 AVE 分别为 0.885、0.568,满足要求。因此修正后的全过程工程咨询服务相关专业技能的测量模型信度与效度良好,可进行后续分析。

表 2.33 修正后的个人综合素养模型效度分析

胜任特征	Estimate	λ	S.E.	C.R.	P	CR	AVE
职业道德和行为准则	1	0.747				0.885	0.568
诚信可靠	1.158	0.888	0.06	19.372	***		
自我反思和自我管理	0.748	0.711	0.049	15.222	***		
自我驱动和自我发展	0.795	0.687	0.054	14.8	***		
目标结果导向	1.128	0.867	0.059	19.045	***		
压力和气氛管理能力	0.789	0.574	0.064	12.291	***		

注:"***"表示 0.01 水平上显著

(5) 领导力测量模型验证

领导力的维度包含 8 项胜任特征,得到该维度的标准化估计值模型如图 2.9(a) 所示,拟合度评价指标如表 2.33 所示,x^2/df 为 4.380,不符合拟合要求,RMSEA 为 0.085,超出了 0.08 的范围,说明模型的拟合度不理想。根据 Modification Indices 进行调整,结合各项胜任特征的实际意义和重要性,删除"影响和激励能力"和"谈判能力"两项胜任特征,得到调整后的标准化估计值模型,如图 2.9(b)所示。

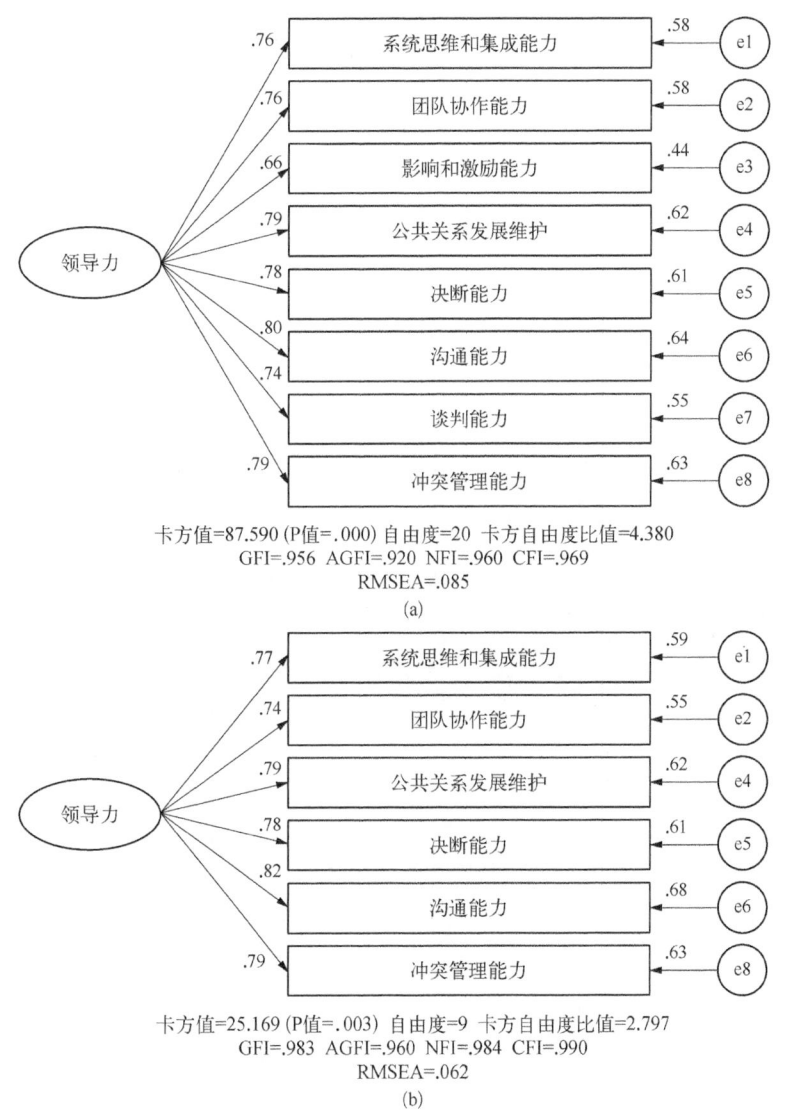

图 2.9 个人综合素养验证性因子分析

领导力模型经调整后,如表 2.34 所示,x^2/df 和 RMSEA 均符合要求,意味着修正后的模型拟合度良好。

表 2.34 领导力测量模型拟合指标

拟合指标	要求	修正前	结果评判	修正前	结果评判
x^2/df	≤3	4.380	不达标	2.797	达标
RMSEA	<0.08(合理);<0.05(优良)	0.085	不达标	0.062	达标
GFI	>0.9	0.956	达标	0.983	达标
AGFI	>0.9	0.920	达标	0.960	达标
NFI	>0.9	0.960	达标	0.984	达标
TLI	>0.9	0.957	达标	0.983	达标
CFI	>0.9	0.969	达标	0.990	达标
IFI	>0.9	0.969	达标	0.990	达标

修正后的领导力测量模型的效度分析如表 2.35 所示,各项胜任特征的标准化因子荷载在 0.740 至 0.823 之间,均满足大于 0.5 的要求。组合信度 CR 和平方差提取量 AVE 分别为 0.904、0.612,满足要求。因此修正后的领导力的测量模型信度与效度良好,可进行后续分析。

表 2.35 修正后的领导力测量模型效度分析

胜任特征	Estimate	λ	S.E.	C.R.	P	CR	AVE
系统思维和集成能力	1	0.767				0.904	0.612
团队协作能力	0.979	0.74	0.06	16.433	***		
公共关系发展维护	1.132	0.79	0.065	17.387	***		
决断能力	1.059	0.78	0.061	17.42	***		
沟通能力	1.105	0.823	0.059	18.618	***		
冲突管理能力	1.058	0.792	0.06	17.678	***		

注:"***"表示 0.01 水平上显著

5.4.3 一阶斜交测量模型验证性因子分析

在前文验证了理论模型各维度的适配度与有效性基础上,可以通过一阶斜交验证性因子分析,进一步判断五个潜变量(维度)之间是否存在相关性。斜交测量模型的验证性因子分析结果如图 2.10 所示。

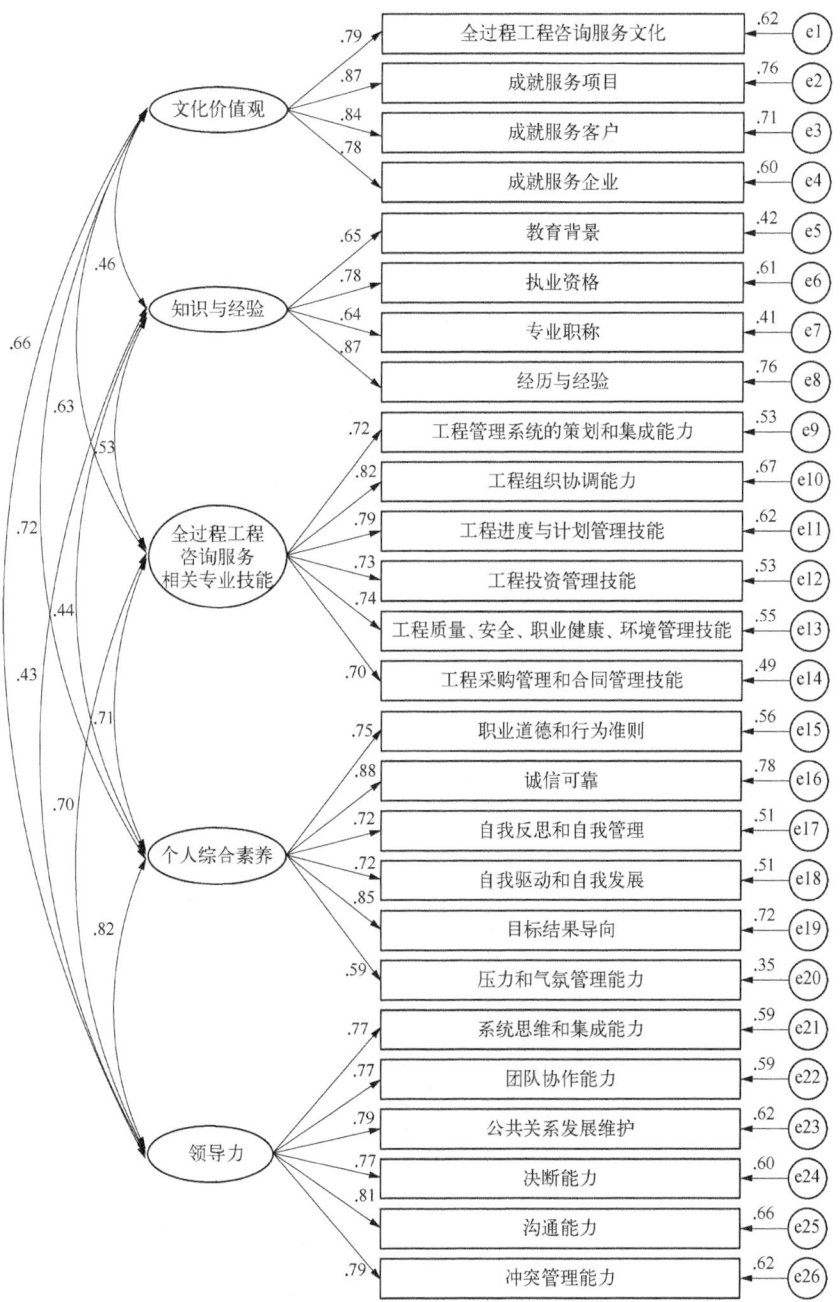

图 2.10 一阶斜交模型验证性因子分析

一阶斜交测量模型的拟合度评价如表 2.36 所示，x^2/df 为 2.443，小于 3。RMSEA 小于 0.56，在合理范围内。GFI、AGFI 分别为 0.893 和 0.869，尽管未严格满足大于 0.9 的要求，但是非常接近 0.9，同时 NFI、TLI、CFI、IFI 均大于 0.9，符合要求，因此认为模型适配度可以接受。由表 2.37 可知，五个胜任力维度之间存在的相关性系数不为 0，在 0.428～0.817 之间，说明本胜任力模型中各个维度之间存在中高度关联。

表 2.36 一阶斜交测量模型拟合指标

x^2/df	RMSEA	GFI	AGFI	NFI	TLI	CFI	IFI
2.443	0.056	0.893	0.869	0.910	0.938	0.945	0.945

表 2.37 一阶斜交测量模型回归系数

潜变量关系			Estimate	λ	S.E.	C.R.	P
个人综合素养	<->	领导力	0.370	0.817	0.035	10.499	***
全过程工程咨询服务相关专业技能	<->	领导力	0.348	0.701	0.036	9.556	***
知识与经验	<->	领导力	0.200	0.428	0.030	6.704	***
文化价值观	<->	领导力	0.318	0.660	0.033	9.616	***
全过程工程咨询服务相关专业技能	<->	个人综合素养	0.406	0.714	0.043	9.472	***
知识与经验	<->	个人综合素养	0.234	0.437	0.035	6.682	***
文化价值观	<->	个人综合素养	0.398	0.723	0.040	9.976	***
知识与经验	<->	全过程工程咨询服务相关专业技能	0.312	0.532	0.042	7.455	***
文化价值观	<->	全过程工程咨询服务相关专业技能	0.381	0.631	0.042	9.086	***
文化价值观	<->	知识与经验	0.262	0.461	0.037	7.038	***

注："***"表示 0.01 水平上显著

5.4.4 二阶测量模型验证性因子分析

二阶因子模型是高阶因子模型中的一种,高阶因子模型是指低层次潜变量被当作观察变量,用来测量更高层次的潜变量。本章中,一阶斜交验证性因子分析发现一阶潜变量之间具有中高度关联,同时单因子测量模型与数据具有良好拟合度,因此可以继续探索 5 项一阶潜变量(维度)是否受到更高阶的潜变量影响,若存在,在本篇的研究情境下高阶潜变量即可理解为全过程工程咨询项目经理胜任力。

前文在进行单因子测量模型验证时,为实现拟合度,在全过程工程咨询服务相关专业技能、领导力和个人综合素养 3 个维度各删去了 2 项胜任特征,将剩余的 26 个观察变量(胜任特征)和 5 个潜变量(维度)整合为二阶测量模型,在 AMOS 软件中进行计算,得到二阶因子标准化估计值模型,如图 2.11 所示。从分析结果标准化模型的路径系数在 0.53 至 0.91 之间,因此该模型没有违反模型辨识规则,可以成功收敛估计。

根据二阶测量模型验证性因子分析的拟合参数,如表 2.38 所示,x^2/df 为 2.487,小于 3。RMSEA 为 0.56,在合理范围内。GFI、AGFI 分别为 0.890 和 0.869,尽管未严格满足大于 0.9 的要求,但是非常接近 0.9,同时 NFI、TLI、CFI、IFI 均大于 0.9,符合要求,因此认为二阶测量模型适配度在可接受范围内。

表 2.38 二阶测量模型验证性因子分析拟合参数

x^2/df	RMSEA	GFI	AGFI	NFI	TLI	CFI	IFI
2.487	0.056	0.890	0.869	0.907	0.936	0.942	0.942

二阶因子模型路径系数如表 2.39 所示,所有胜任特征的因子荷载在 0.527 至 0.913 之间,达到 0.001 水平显著,所有影响路径都可接受,说明模型具有很好解释力和聚敛效度。二阶潜在变量"全过程工程咨询服务经理胜任力"由文化价值观、知识和经验、全过程工程咨询服务相关专业技能、个人综合素养、领导力组成并对其产生影响。

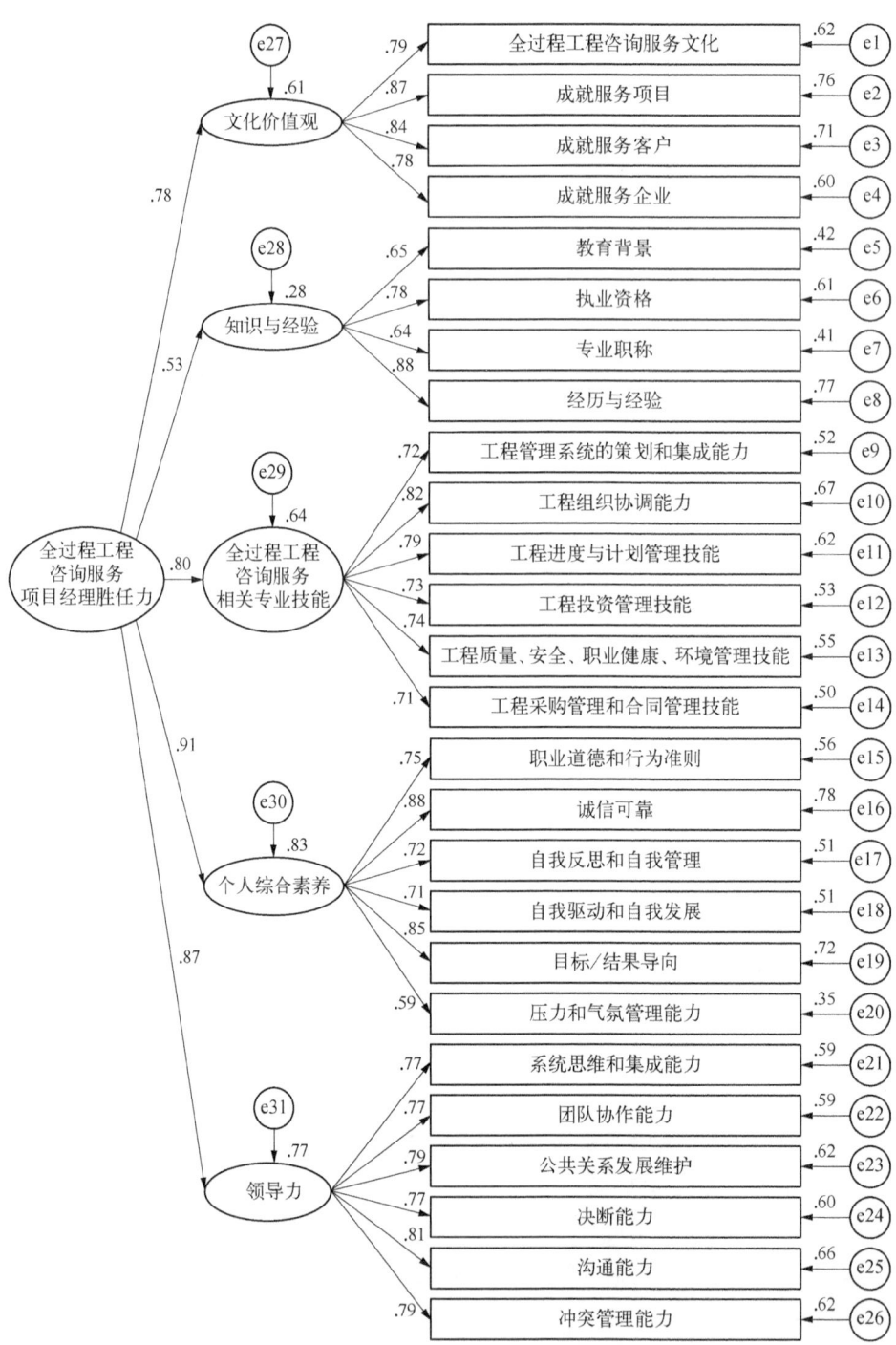

图 2.11 二阶因子标准化估计值模型图

表 2.39 二阶因子模型标准化路径系数表

			Estimate	λ	S.E.	C.R.	P
文化价值观	<--	全过程工程咨询项目经理胜任力	1	0.782			
知识与经验	<--	全过程工程咨询项目经理胜任力	0.652	0.527	0.08	8.17	***
全过程工程咨询服务相关专业技能	<--	全过程工程咨询项目经理胜任力	1.058	0.802	0.09	11.765	***
个人综合素养	<--	全过程工程咨询项目经理胜任力	1.105	0.913	0.085	13.044	***
领导力	<--	全过程工程咨询项目经理胜任力	0.92	0.875	0.071	12.887	***
全过程工程咨询服务文化	<--	文化价值观	1	0.788			
成就服务项目	<--	文化价值观	1.144	0.873	0.055	20.607	***
成就服务客户	<--	文化价值观	1.142	0.841	0.058	19.645	***
成就服务企业	<--	文化价值观	1.105	0.776	0.061	17.996	***
教育背景	<--	知识与经验	1	0.646			
执业资格	<--	知识与经验	1.274	0.78	0.094	13.586	***
专业职称	<--	知识与经验	0.993	0.638	0.084	11.763	***
经历与经验	<--	知识与经验	1.357	0.876	0.094	14.362	***
工程管理系统的策划和集成能力	<--	全过程工程咨询服务相关专业技能	1	0.724			
工程组织协调能力	<--	全过程工程咨询服务相关专业技能	1.123	0.817	0.066	16.962	***
工程进度与计划管理技能	<--	全过程工程咨询服务相关专业技能	0.986	0.786	0.061	16.14	***

续 表

			Estimate	λ	S.E.	C.R.	P
工程投资管理技能	<-	全过程工程咨询服务相关专业技能	0.871	0.727	0.058	14.997	***
工程质量、安全、职业健康、环境管理技能	<-	全过程工程咨询服务相关专业技能	1.031	0.738	0.067	15.328	***
工程采购管理和合同管理技能	<-	全过程工程咨询服务相关专业技能	0.84	0.706	0.057	14.617	***
职业道德和行为准则	<-	个人综合素养	1	0.749			
诚信可靠	<-	个人综合素养	1.146	0.881	0.058	19.689	***
自我反思和自我管理	<-	个人综合素养	0.751	0.716	0.048	15.544	***
自我驱动和自我发展	<-	个人综合素养	0.826	0.715	0.053	15.58	***
目标结果导向	<-	个人综合素养	1.101	0.848	0.058	18.971	***
压力和气氛管理能力	<-	个人综合素养	0.809	0.589	0.063	12.74	***
系统思维和集成能力	<-	领导力	1	0.767			
团队协作能力	<-	领导力	1.014	0.766	0.059	17.216	***
公共关系发展维护	<-	领导力	1.132	0.789	0.064	17.704	***
决断能力	<-	领导力	1.051	0.774	0.06	17.503	***
沟通能力	<-	领导力	1.091	0.811	0.059	18.596	***
冲突管理能力	<-	领导力	1.053	0.788	0.059	17.843	***

注:"***"表示0.01 水平上显著

5.4.5 全过程工程咨询服务项目经理胜任力模型解释

由验证性因子分析的结果可知,"文化价值观""知识与经验""全过程工程咨询服务相关专业技能""个人综合素养""领导力"是全过程工程咨询项目经理胜任力的构成因子。根据标准化因子荷载量,个人综合素养(0.91)对项目经理胜任力的影响最为明显,其次是领导力(0.87)和全过程工程咨询服务相关专业技能(0.80),文化价值观(0.78)和知识与经验(0.53)。

个人综合素养维度中,各项胜任特征在该维度中的相对重要性依次为:诚信可靠、目标/结果导向、职业道德和行为准则、自我反思和自我管理、自我驱动和自我发展、压力和气氛管理能力。

领导力维度中,各项胜任特征在该维度中的相对重要性依次为:沟通能力、公共关系发展维护、冲突管理能力、系统思维和集成能力、决断能力、系统思维和集成能力、团队协作能力。

全过程工程咨询服务相关者专业技能维度中,各项胜任特征在该维度中的相对重要性依次为:工程组织协调能力,工程进度与计划管理技能,工程质量、安全、职业健康、环境管理技能,工程投资管理技能,工程管理系统的策划和集成能力,工程采购管理和合同管理技能。

文化价值观维度中,各项胜任特征在该维度中的相对重要性依次为:成就服务项目、成就服务客户、全资服务文化、成就服务企业。

知识与经验维度中,各项胜任特征在该维度中的相对重要性依次为:经历与经验、执业资格、教育背景、专业职称。

5.5 全过程工程咨询服务项目经理的选拔与培养策略

从以上研究可知,胜任服务要求的项目经理应包含多方面胜任特征,是综合型、全面型的管理人才。在咨询企业和业主单位选择项目经理的过程中,应该结合项目实际情况、服务模式类型,对项目经理进行多方面的评估,结合胜任力模型,从五个维度进行衡量:

(1) 个人综合素养是全过程工程咨询项目经理胜任力的基础要素,这些个人特质是驱动项目经理在服务表现的核心动力。个人素养层面应该重点关注项目经理诚信可靠的品质和目标/结果导向的处事方式。

(2) 领导力要素代表了全过程工程咨询项目经理软管理技能,软管理技能是比专业技能更高阶的管理能力,体现在项目经理组织咨询团队内外的利益相关者投入项目当中,并与其团队、客户和其他方建立良好关系的能力。软管理技能中应重点关注沟通能力和公共关系发展与维护。

(3) 全过程工程咨询服务相关专业技能是全过程工程咨询项目经理应具备的硬技能,硬技能与项目具体的管理内容挂钩,体现专业性,全过程工程咨询服务相关专业技能中工程咨询协调能力和三大目标管理技能尤为重要。

(4) 文化价值观是项目经理服务过程中展现的理念与意识,应当关注项目经理是否具备以项目为重,成就服务项目的意识。

(5) 知识与经验中,项目经理具备基本的专业背景很重要,但是更重要的是应积累与服务相匹配的项目经历与经验。

对于企业培养全过程工程咨询项目经理队伍而言,不同企业看重项目经理的胜任特征有所差异,故企业首先应当结合自身业务类型梳理全过程工程咨询项目经理的岗位要求和胜任要求。其次是盘点公司内部人才,根据胜任力模型遴选出一批具有潜力的后备人才。然后对后备人才展开培养,不同维度的培养方式有不同侧重。文化价值观层面可通过企业文化氛围的不断渗透、宣传贯彻进行培养。知识与经验和全过程工程咨询服务相关专业技能可通过有针对性的学习培训、经验交流、考试和具体岗位实践积累等方式进行提升。相对而言,个人综合素养和领导力是较难通过企业外部作用得以提升的,是需要人才在长期的专业学习和项目实践中历练、反思、总结形成的,并非所有人才都能实现。最后,企业应当建立完善的激励和考核制度进行管理。

第6章 结论与展望

6.1 主要结论

本篇聚焦、研究全过程工程咨询项目经理的胜任力。通过分析全过程工程咨询项目经理的岗位特征、相关文献资源、国际协会/学会(PMI、IPMA、RICS、ICCPM)项目经理胜任力标准、典型企业(IBM、AECOM)的项目经理认证,结合专家意见,提取了具有工程领域适用性和全过程工程咨询特色的34项胜任力特征。为进一步探索全过程工程咨询项目经理胜任力的内在层次结构,本篇通过初始问卷的发放与回收,对胜任特征进行优化调整,同时运用探索性因子分析实现降维,进而构建涵盖5大维度32项胜任特征的全过程工程咨询项目经理胜任力模型。在构想模型和初始问卷的基础上,设计正式问卷,通过收集的434份有效问卷数据进行模型的验证以及各项胜任特征的差异性分析,得出最终的全过程工程咨询项目经理的胜任力模型。

(1) 收集不同资料来源,系统地梳理已有胜任力模型的特点,结合全过程工程咨询的特点,逐条整理出34条全过程工程咨询项目经理胜任特征以及各项特征在全过程工程咨询情境下的内涵。

(2) 通过初始小样本问卷,运用探索性因子分析构建了全过程工程咨询项目经理的胜任力初始模型,该模型分为5大维度,32项胜任特征,分析结果为正式的问卷调查奠定基础。

(3) 针对行业资深人士展开正式问卷调查,收集434条有效数据,通过验证性因子分析对构建模型进行验证与修正,提出最终包含5个维度,26项胜任特征的全过程工程咨询项目经理胜任力模型,以及各项特征的相对重要性。其中个人综合素养对项目经理胜任力的影响最为明显,其次是领导力和全咨服务相关专业技能,然后是文化价值观和知识与经验。

(4) 分析了不同岗位下、不同企业类型下,从业人员对全过程工程咨询项目经理胜任力的认知以及要求差异。大多数胜任特征上,不同企业、不同职级从业人员之间不存在认知差异。在成就服务企业、专业职称、影响和激励能力、团队协作能力4项特征上,管理层与专业工程师之间存在显著性差异,管理层之间并未出现显著性差异。在教育背景;执业资格;工程质量、安全、职业健康、环境管理技能3项胜任特征上,项目管理和工程监理企业认为其的重要程度显著高于工程造价和QS咨询企业。

(5)根据全过程工程咨询项目经理的胜任力模型构建与验证,胜任特征的差异分析,提出了全过程工程咨询项目经理的选拔过程中应当考虑的要素,以及企业培养全过程工程咨询项目经理应当采取的措施。

6.2　研究局限与展望

在进行全过程工程咨询项目经理胜任力因素识别时,主要采用的已有资料和文献分析,专家访谈法来进行胜任特征提炼,具有一定的主观性和局限性,文中未识别的胜任特征还有待进一步探索和讨论。在进行正式问卷调查过程中,由于时间原因,受访对象大多为工程咨询行业的中高管和资深从业人士,政府单位、业主单位的受访者较少,问卷收集的意见更多代表工程咨询行业的声音。全过程工程咨询服务模式的推广需要多方力量,包括市场需求端的业主单位、供应端的咨询行业以及行业学会和政策相关管理部门,因此还应当对建筑业的其他方展开进一步调查,为本研究提供更全面、更科学的观点。

胜任力与特定情境密切相关,本篇的胜任力模型是全过程工程咨询服务模式下的项目经理应具备的共性胜任力。但现阶段全过程工程咨询服务的落地模式多种多样,不同模式对项目经理胜任要求的侧重有所不同,因此后续可以进一步研究不同细分模式下,全过程工程咨询项目经理胜任力的差异。本篇构建并验证了一体化咨询服务模式下的全过程工程咨询项目经理胜任力模型,如何将模型应用于实践,对项目经理进行培养、评价和选拔仍需要进一步深入研究。

参 考 文 献

[1] 官仁.住建部印发建筑业发展"十三五"规划通知,六大目标多管齐下[J].建筑工人,2017(6):52.
[2] SHI L, YE K, LU W, et al. Improving the competence of construction management consultants to underpin sustainable construction in China[J]. Habitat International, 2014(41):236-242.
[3] 吴健咏.全过程工程咨询对咨询企业的机遇与挑战[J].中国水利,2018(14):54-55+14.
[4] 徐志浩.适应市场发展需求,探索全过程咨询业务[J].中国工程咨询,2005(2):27-29.
[5] 尹贻林,张勇毅.中国工程咨询业的发展与演进[J].土木工程学报,2005(10):133-137.
[6] 李建军.工程监理企业开展全过程工程咨询服务的优势与探索[J].建筑,2018(17):38-41.
[7] 肖红亮,彭朵花,张慧杰.工程咨询机构开展全过程工程咨询的策略研究[J].中国工程咨询,2019(4):39-42.
[8] 陆帅,吴洪橄,宁延.全过程工程咨询政策分析及推行建议[J].建筑经济,2017,38(11):19-22.
[9] 阮明华,贺晓东.全过程工程咨询的实践研究[J].建筑经济,2019,40(10):9-12.
[10] 郁勇,陶红,徐莉莉.基于BEI的全过程工程咨询人员胜任力模型研究[J].建设监理,2018(8):22-24.
[11] 张志刚.提升工程咨询企业核心竞争力的管理策略研究[D].天津:天津大学,2014.
[12] 王洋,陈勇强.工程承包企业项目经理对项目团队能力的影响分析[J].科技管理研究,2013,33(6):119-122.
[13] 王冠林.胜任力研究综述[C].《建筑科技与管理》组委会.2013年5月建筑科技与管理学术交流会论文集.《建筑科技与管理》组委会:北京恒盛博雅国际文化交流中心,2013:146-147+125.
[14] 王雅文,马新建,环丽慧,等.基于胜任力的工程咨询项目经理绩效考核研究[J].商情(教育经济研究),2008(5):376-377.
[15] CRAWFORD L. Senior management perceptions of project management competence[J]. International Journal of Project Management, 2005(23):7-16.
[16] JEWELL C, FLANAGAN R, ANA C. Understanding UK construction professional services exports: definitions and characteristics[J]. Construction Management and Economics, 2010, 28(3):231-239.

[17] ANDREW SHING-TAO CHANG, YA-WEN TSAI. Engineering Information Classification System[J]. Journal of Construction Engineering & Management, 2003, 129 (4): 454-460.

[18] LING F Y Y, GUI Y. Strengths, Weaknesses, Opportunities, and Threats: Case Study of Consulting Firms in Shenzhen, China[J]. Journal of Construction Engineering and Management, 2009, 135(7): 628-636.

[19] JOHNSON R, CLAYTON M, XIA G, et al. The strategic implications of E-commerce for the design and construction industry. Eng. Construct. Architect. Manage., 2002, 9(3), 241-248.

[20] LU, SHU-LING, SEXTON M. Innovation in small construction knowledge-intensive professional service firms: a case study of an architectural practice[J]. Construction Management and Economics, 2006, 24(12): 1269-1282.

[21] MOORHOUSE D C, MILLET R A. Identifying causes of failure in providing geotechnical and environmental consulting services [J]. Journal of Management in Engineering-ASCE, 1994, 10(3): 56-64.

[22] AVILA E A. Demystifying the local agency procurement and selection process for professional engineering consultant services[J]. Journal of Management in Engineering, 1997, 13(2): 92-95.

[23] PG CARR, lGJM DE, MC VORSTER. Relationship between personality traits and performance for engineering and architectural professionals providing design services [J]. Journal of Management in Engineering, 2002, 18(4): 158-166.

[24] STOUT, BRUCE L. Is competitive price bidding for professional services ethical? another view[J]. Journal of Professional Issues in Engineering Education and Practice, 1995, 121(4): 256-258.

[25] CHRISTODOULOU S, GRIFFIS F H, BARRETT L, et al. Qualifications-based selection of professional A/E services[J]. Journal of Management in Engineering, 2004, 20(2), 34-41.

[26] MA DEL CARMEN HARO-DOMÍNGUEZ, DANIEL ARIAS-ARANDA, FRANCISCO JAVIER LLORÉNS-MONTES, et al. The impact of absorptive capacity on technological acquisitions engineering consulting companies[J]. Technovation, 2007, 27(8): 0-425.

[27] MANOLIADIS O G, PANTOUVAKIS, JOHN-PARIS, et al. Improving qualifications-based selection by use of the fuzzy Delphi method[J]. Construction Management and Economics, 2009, 27(4): 373-384.

[28] CHOW L K, NG S T. A fuzzy gap analysis model for evaluating the performance of engineering consultants[J]. Automation in Construction, 2007, 16(4): 425-435.

[29] ROGERS J, CHONG H Y, PREECE C. Adoption of Building Information Modelling technology (BIM): Perspectives from Malaysian engineering consulting services firms [J]. Engineering Construction & Architectural Management, 2015, 22(4): 424-445.

[30] 何淑杰,李雅萱.浅谈我国工程咨询业的发展趋势——全过程工程咨询[J].建筑市场与

招标投标,2011(2): 30-34.
- [31] 韩光耀,沈翔.关于全过程工程咨询的再思考[J].中国工程咨询,2019(1): 30-34.
- [32] 丁士昭.全过程工程咨询概念和核心理念[J].建筑知识,2018(9): 20-21.
- [33] 皮德江.全过程工程咨询解读[J].中国工程咨询,2017(10): 17-19.
- [34] 杨学英.监理企业发展全过程工程咨询服务的策略研究[J].建筑经济,2018,39(6): 29-32.
- [35] 周倍立.全过程工程咨询发展的分析和建议[J].建筑经济,2019,40(1): 5-8.
- [36] 琚娟.基于VETS的全过程工程咨询价值评估体系研究[J].建筑经济,2019,40(6): 24-29.
- [37] 严玲,张思睿.基于交易特征的全过程工程咨询合同研究[J].建筑经济,2019,40(8): 48-53.
- [38] 李建军.全过程工程咨询能力建设与实践——工程监理企业开展全过程工程咨询服务的优势与探索[J].建设监理,2018(11): 5-8+12.
- [39] 乔俊杰,钟炜,尹贻林,王智欣.工程造价咨询企业发展全过程工程咨询的策略研究[J].项目管理技术,2019,17(7): 59-63.
- [40] 王宏海,邓晓梅,申长均.全过程工程咨询须以设计为主导建筑策划先行[J].中国勘察设计,2017(7): 50-57.
- [41] 陶升健,胡新赞.项目管理公司在全过程工程咨询服务中的优势简析[J].建设监理,2019(3): 11-12+55.
- [42] 曲涛.从建设单位角度论述全过程工程咨询项目经理的综合素质要求[J].建设监理,2018(8): 16-18.
- [43] TONG L. Capability training and improvement of engineering consulting project manager[J]. Nonferrous Metals Engineering & Research, 2010.
- [44] F A GROOTBOOM, J H C PRETORIUS, L PRETORIUS. A case study of leadership in consulting engineering[C]//2011 Proceedings of PICMET '11: Technology Management in the Energy Smart World (PICMET), Portland, OR, 2011: 1-6.
- [45] RABIE A M. Management in engineering: principles and practice[J]. IIE Transactions, 1997, 29(9): 808.
- [46] MARTIN G L. Training programs for engineering consulting firms[J]. Journal of Construction Engineering and Management, 1988, 114(1).
- [47] MAYO R D. Roles and responsibilities of the aquaculture engineering consultant[J]. Aquacultural Engineering, 1998, 17(2): 95-110.
- [48] 郭俊峰,何晓光,刘会明,等.基于常用绩效评价方法的项目经理绩效评价模型研究——以A工程咨询公司为例[J].项目管理技术,2017,15(2): 49-54.
- [49] 毕356旭.全过程项目管理公司评价指标体系研究[D].天津:天津大学,2012.
- [50] 孙骑斌.工程项目管理企业发展研究[D].杭州:浙江工业大学,2017.
- [51] 赵蕴.管理咨询团队的领导有效性研究[D].南京:南京航空航天大学,2008.
- [52] 何伯森,张水波.论国际工程管理人才素质要求与培养[J].国际工程与劳务,2016(3): 68-71.

[53] 工程勘察设计行业发展现状[J].武汉勘察设计,2015(3):21-28.

[54] 王甦雅,钟晖.基于"1+N"项目管理思维的全过程工程咨询分析[J].建筑经济,2019,40(3):5-8.

[55] MCCLELLAND D C. Testing for competence rather than for "intelligence."[J]. American psychologist,1973,28(1):1.

[56] ZEMKE, RON, KRAMLINGER, et al. Figuring things out: a trainer's guide to needs and task analysis reading[M]. MA:Addison-Wesley,1982.

[57] SPENCER L M,SPENCER S M.Competence at work:models for superior performance [M].New York:John Wiley &Sons,Inc,1993.

[58] ATHUR K YEUNG. Competencies for HR professionals: an interview with Richard E. Boyatzis[J]. Human Resource Management,1996:119-332.

[59] KOEPPEN K, HARTIG J, KLIEME E, et al. Current issues in competence modeling and assessment[J]. Zeitschrift für Psychologie, 2008, 216(2):61-73.

[60] MIRABILE R J. Everything you wanted to know about competency modeling[J]. Training & Development,1997,51(8):73-77.

[61] PARRY S R. The quest for competencies[J]. Training,1996(7):48-56.

[62] ELENA P A, LOUISE F. Reframing competency in management development[J]. Human Resource Management Journal,1996,6(1):27-48.

[63] JORGEN SANBERG. Understanding human competence at work: an interpretative approach[J].Academy of Management Journal,2000,43(1):9.

[64] 时勘,王继承,李超平.企业高层管理者胜任特征模型评价的研究[J].心理学报,2002(3):306-311.

[65] 仲理峰,时勘.胜任特征研究的新进展[J].南开管理评论,2003(2):4-8.

[66] BOYATZIS R E. The competent manager:a model for effective performance[M]. New York:Wiley-Interscience,1982.

[67] ALPHA ASSOC, WATELOO. A hierarchy of management training requirements: the competency domain model[J]. Journal of Public Personnel Management,1998,22(1):43-62.

[68] EGBU,CHARLES O. Skills, Knowledge and competencies for managing construction refurbishment works[J].Construction Management &Economics,1999,17(1):15-29.

[69] OSHINS, M LEWIS. Identifying a competency model for hotel managers[M]. Boston:Boston University Bulletin,2002.

[70] PRAHALAD C K. HAMEL,G. The core competence of the corporation[J]. Harvard Business Review,1990,68(3),79-91.

[71] ULRICH D. Human resource champions delivering results[M]. Harvard Business The Next Agenda for Adding Value School Press,1997

[72] CRADY R L, SEVARAJAN T T. Competencies:alternative frameworks for competitive advantage.[J]. Business Horizons,2006,49:235-245.

[73] 吴振东.项目管理团队胜任力模型及案例研究[J].武汉理工大学学报(信息与管理工程版),2010,32(3):511-514.

[74] MARGERISON C. Team competencies[J]. Team Performance Management, 2001, 7(7/8): 117-122.
[75] BRANCO C K. Predicting individual team member performance: the role of team competency, cognitive ability, and personality [D]. Halifax, NS: Saint Mary's University, 2003.
[76] LEE T S, KIM D-H, LEE D W. A competency model for project construction team and project control team[J]. KSCE Journal of Civil Engineering, 2011,15(5): 781-792.
[77] 王思琦,张惠波,吕文学.海外 EPC 项目管理团队胜任力评价研究[J].工程管理学报,2015,29(6): 85-90.
[78] 孙月峰,许明昊,蒋民阳,等.PPP 模式下高速公路建设项目团队胜任力影响因素[J].土木工程与管理学报,2019,36(1): 42-47.
[79] CINTHIA K B. Predicting individual team member performance: the role of team competency, cognitive ability, and personality[D]. Halifax: Saint Mary's University, 2003.
[80] LIIKAMAA K. Developing a project manager's competencies: a collective view of the most important competencies[J]. Procedia Manufacturing. 2015(3): 681-687.
[81] XU H H, WANG Y H. Training system design for middle-level manager in coal enterprises based on post competency model[J]. Procedia Earth and Planetary Science, 2009, 1(1): 0-1771.
[82] 康飞,张水波.项目经理胜任力研究：现状及展望[J].天津大学学报(社会科学版),2013,15(1): 35-40.
[83] PETTERSEN N. Selecting project managers: an integrated list of predictors[C]. Project Management Institute, 1991.
[84] ODUSAMI K T. Perceptions of construction professionals concerning important skills of effective project leaders[J]. Journal of Management in Engineering, 2002, 18(2): 61-67.
[85] CHEN P, PARTIN GTON D, WANG J N. Conceptual determinants of construction project management competence: a Chinese perspective[J]. International Journal of Project Management,2008,26(6): 655-664.
[86] PATANAKUL P, MILOSEVIC D. A competency model for effectiveness in managing multiple projects[J]. Journal of High Technology Management Research, 2008, 18(2): 118-131.
[87] 施骞.复杂环境下项目经理的领导素质与技能研究[J].项目管理技术,2006(9): 21-23.
[88] 张文江.项目经理胜任力评估指标研究[J].中国人力资源开发,2007(9): 98-99.
[89] 蒋天颖,丰景春.基于贝叶斯网络的工程项目经理胜任力评价研究[J].科技管理研究,2010,30(1): 58-60.
[90] 崔彩云,王建平.建筑工程项目经理胜任力模型研究[J].建筑经济,2012(11): 28-30.
[91] ZHANG F, ZUO J, ZILLANTE G. Identification and evaluation of the key social competencies for Chinese construction project managers[J]. International Journal of Project Management, 2013, 31(5): 748-759.

[92] 张水波,康飞,李祥飞.基于支持向量机的建设工程项目经理胜任力评价[J].中国软科学,2013(11):83-90.
[93] 王雪青,刘鹏,陈杨杨.基于O*NET的工程项目经理胜任特征研究[J].广西大学学报(自然科学版),2014,39(1):199-205.
[94] 袁尚南,强茂山.水利工程项目经理所需能力素质研究[J].水力发电学报,2015(1):229-236.
[95] 陈为公,王会会,闫红,等.基于向量夹角余弦的建设工程项目经理胜任力评价[J].土木工程与管理学报,2018,35(2):32-38+84.
[96] ODUSAMI K T, IYAGBA R R O, OMIRIN M M. The relationship between project leadership, team composition and construction project performance in Nigeria[J]. International Journal of Project Management, 2003, 21(7):519-527.
[97] RALF MÜLLER, TURNER R. Leadership competency profiles of successful project managers[J]. International Journal of Project Management, 2010, 28(5):437-448.
[98] SKULMOSKI G J, HARTMAN F T. Information systems project manager soft competencies: a project-phase investigation[J]. Project Management Journal, 2010, 41(1):61-80.
[99] GOMES C F, YASIN M M, SMALL M H. Discerning interrelationships among the knowledge, competencies, and roles of project managers in the planning and implementation of public sector projects[J]. International Journal of Public Administration, 2012, 35(5):315-328.
[100] 康飞.项目经理胜任力对项目绩效的影响机制研究[D].天津:天津大学,2014.
[101] 张术丹.房地产企业项目经理胜任力对绩效影响的研究[J].工程管理学报,2015,29(1):154-158.
[102] COESMANS P. IPMA competence baseline: ICB: Version 4.0[M]. International Project Management Association, 2015.
[103] PMCD. Project manager competency development framework[C]. Newtown Square, PA: Project Management Institute, 2007.
[104] ROYAL INSTITUTION OF CHARTERED SURVEYORS. APC requirements and competencies[C]. 2015.
[105] INTERNATIONAL CENTRE FOR COMPLEX PROJECT MANAGEMENT. Complex project manager competency standard[C]. 2012.
[106] 周全,卢毅.组织级项目管理体系规划构建与IBM全球实践[M].北京:电子工业出版社,2009.

附录 A 全过程工程咨询项目经理胜任力初始问卷

尊敬的受访者：

您好！

感谢您在百忙之中对本研究的大力支持与配合。相比于传统的建设组织模式，全过程工程咨询服务模式对项目经理的能力提出更高的挑战，本次问卷则是为研究全过程工程咨询项目经理应具备哪些胜任力而设计。问题回答无对错之分，请您根据您的工作实践和专业知识，如实反映真实想法且实际情况。

第一部分 基本信息

1. 您的性别？
   ☐ 男　　　　　　　　　　☐ 女
2. 您的年龄？
   ☐ 25 岁以下　　☐ 25～30 岁　　☐ 31～40 岁　　☐ 40 岁以上
3. 您已获得的最高学历？
   ☐ 高中/中专及以下　　　　☐ 大专
   ☐ 本科　　　　　　　　　☐ 硕士及以上
4. 您从事建筑业相关工作的时间？
   ☐ 0～5 年　　　　　　　　☐ 5～10 年
   ☐ 10～15 年　　　　　　　☐ 15～20 年
   ☐ 20 年以上
5. 您所在单位的性质？
   ☐ 业主单位　　☐ 施工单位　　☐ 咨询单位　　☐ 其他
6. 您目前的工作岗位是？
   ☐ 董事长　　☐ 总经理　　☐ 副总经理　　☐ 项目经理
   ☐ 总工　　　☐ 部门经理　　其他_____

7. 若您所在单位为咨询单位,则贵单位主要开展的咨询业务有(多选)?
□ 项目管理　　　□ 工程勘察　　　□ 工程设计　　　□ 工程监理
□ 造价咨询　　　□ 招标代理　　　□ 投资决策咨询　□ 运维及设施管理
□ 其他

第二部分　全过程工程咨询项目经理胜任特征

要成为一名优秀的全过程工程咨询项目经理,以下胜任特征的重要程度如何?接下来请根据您的认知与经验,对各胜任特征重要程度作出评判。衷心感谢您的支持与合作!

序号	胜任特征	胜任特征描述	重要程度 (1-不重要,2-不太重要,3-一般,4-比较重要,5-非常重要)				
			1	2	3	4	5
X1	沟通能力	具有良好的表达能力和沟通技巧,能够准确清晰表达意见并被他人理解					
X2	诚信可靠	言行一致,讲求信誉,待人真诚,勇于承担责任,建立咨询服务团队和业主及其他参建各方的信任关系					
X3	目标/结果导向	从项目最终目标、结果的角度去考虑问题,付诸于强大的执行力					
X4	冲突管理能力	采取措施预测和避免冲突产生,冲突发生时采取恰当的应对方式,从容处理					
X5	公共关系发展维护	主动与利于项目实施的各方建立和维护良好关系,积极获取更多合作机会					
X6	自信开放	认同自己和团队的咨询价值,在与项目参建各方打交道时展现自信,积极从他人之处获取经验与知识,创造鼓励探讨的开放环境					
X7	谈判能力	识别和分析各谈判参与方的利益,制定谈判策略,促进谈判参与方达成最利于项目成功的决定					

续 表

序号	胜任特征	胜任特征描述	重要程度 (1-不重要,2-不太重要,3-一般,4-比较重要,5-非常重要)				
			1	2	3	4	5
X8	灵活创新	积极寻求创新方法和机会,灵活应对并适应项目的变化					
X9	自我驱动和自我发展	具有渴求项目成功的内在驱动力,追求卓越,持续学习和发展					
X10	自我反思和自我管理	识别和反省自身优势和劣势,利用自身意志调节自身行为					
X11	影响和激励能力	通过自己的言语、行为、情绪等影响和感染团队成员,激发下属信心与干劲					
X12	决断能力	保持清晰的思维,分析和判断项目状况,及时做出最有利于项目的决策					
X13	成就服务客户	理解并遵循所服务客户组织的价值观,转化为服务项目的一致性行动,成就客户可持续发展					
X14	团队协作能力	为实现项目成功展现出来的团结团队成员、与项目相关方协作互补的动机与愿望					
X15	系统思维和集成能力	从项目全生命周期管理的角度系统全面地看待问题,采用系统集成方法来解决项目的问题					
X16	前瞻性/战略规划	研判市场动向,对事物认知深刻,具有战略视野					
X17	职业道德和行为准则	遵守建筑行业的各项法律法规、职业规范以及合同约定的各项标准,保持行为合规、公正、廉洁					
X18	倾听/亲和力	待人公平和善,愿意倾听别人的经验和意见					

续 表

序号	胜任特征	胜任特征描述	重要程度 (1-不重要,2-不太重要,3-一般,4-比较重要,5-非常重要)				
			1	2	3	4	5
X19	教育背景	具有与工程规模和复杂性相匹配的工程建设类教育背景,取得相关专业高等教育毕业证书和学位证书,具体以满足招标文件要求为准					
X20	执业资格	具有与工程规模和复杂性相符,与委托内容相适应的注册建筑师、勘察设计注册工程师、注册建造师、注册监理工程师、注册造价工程师等一项或多项工程建设类注册执业资格,具体以满足招标人招标文件要求为准					
X21	专业职称	具有与工程规模和复杂性相符的工程类、工程经济类专业职称,具体以满足招标人招标文件要求为准					
X22	经历与经验	具有与客户所在行业、项目所属领域相匹配的工程管理经历和经验;或不同专项咨询经历和经验,特别是业主方项目管理或全过程项目管理咨询经历和经验,积累了技术、经济、管理及法律等方面综合知识,具体以满足招标人招标文件要求为准					
X23	工程进度与计划管理技能	对工程实施的进度计划编制和动态控制具备全局性把握能力,能够编制或组织编制、审核工程实施计划,并在实施过程中发现问题,提出总体性的纠偏措施					
X24	工程投资管理技能	对工程投资组成、投资控制的影响因素、投资控制的主要措施具有深入理解,能够在项目实施各阶段针对性地构建投资控制体系,并在发生偏差时具备纠偏能力					

续 表

序号	胜任特征	胜任特征描述	重要程度 (1-不重要,2-不太重要,3-一般,4-比较重要,5-非常重要)				
			1	2	3	4	5
X25	工程质量、安全、职业健康、环境管理技能	对工程质量、安全、职业健康、环境管理的内涵有深入理解,能够组织开展针对工程特点分析工程质量、安全、职业健康、环境管理的影响因素并提出针对性的管理措施,并在发生偏差时具备纠偏能力					
X26	工程采购管理和合同管理技能	熟悉工程采购流程、法规,熟悉全国或当地的工程建设市场情况,对主要的设计及相关咨询顾问、施工、供货等供应方市场有深入了解。熟悉工程建设主要合同类型的条款,具备通过合同管理约束、协调主要参建单位维护项目秩序的能力					
X27	工程信息管理技能	对工程信息、工程档案、信息管理系统有整体性的了解,具备通过信息文档开展工程协调、辅助工程推进的能力,能够组织重要工程文档、工程报告的编制与审核					
X28	工程管理系统的策划和集成能力	对工程建设全生命周期的管理系统、管理任务和管理组织体系具有深入的理解,能够承担全生命周期工程实施策划,并在实施过程中进行必要的调整。针对具体项目分析总结其工程特点、技术难点和管理重点的能力					
X29	工程组织协调能力	能够组织内部员工高效开展咨询工作,协调外部单位有序有效开展工程建设,保持良好的合作氛围与工作关系					
X30	压力和气氛管理能力	能乐观地面对长期压力,并能够有效鼓舞团队成员和其他参建团队成员的士气,通过各种正式和非正式方式持续缓和团队紧张气氛的能力					

续 表

序号	胜任特征	胜任特征描述	重要程度 (1-不重要,2-不太重要,3-一般,4-比较重要,5-非常重要)				
			1	2	3	4	5
X31	成就服务项目	遵循通过提供专业和务实的全过程工程咨询服务,实现建设项目生命周期目标,满足并超出客户的期望					
X32	成就服务企业	理解并遵循所服务工程咨询企业的价值观,转化为服务项目的一致性行动,成就企业可持续发展					
X33	工程可持续发展技术、工程管理创新技术的掌握	对主流的可持续发展技术(如装配式建筑、绿色建筑设计、绿色建造技术等)有深入理解,可以组织针对所服务工程的可持续发展技术应用筹划和实施。对主流的工程管理创新技术(如 BIM 技术、大数据技术、云计算技术、复杂性管理技术)有一定程度的了解与掌握					
X34	服务文化	促使建设项目各参与方形成并实施"项目利益高于一切"的项目文化和"增值于项目"的项目文化					

如果您还有意见或看法,请在此留言:

附录B 全过程工程咨询项目经理胜任力正式问卷

尊敬的受访者:

您好!

感谢您在百忙之中对本研究的大力支持与配合,本问卷重点围绕全过程工程咨询项目经理胜任力展开,探索全过程工程咨询项目经理应具备哪些胜任特征,不同胜任特征的重要程度。希望能得到您对问卷涉及问题的观点,问题回答无对错之分,请您根据自身工作实践和体会,如实填写您本人和所在企业的想法和情况。

您的观点对完善课题研究成果非常重要,恳请您惠予支持并耐心填写! 预祝您身体健康,生活愉快!

第一部分

1. 您的姓名

————

2. 您所供职单位名称

————

3. 您的联系方式(电话或邮箱,选填)

————

4. 您的性别?
   □ 男 □ 女

5. 您的年龄?
   □ 30岁以下(含30岁) □ 31~40岁
   □ 41~50岁 □ 51~60岁
   □ 60岁以上(不含60岁)

6. 您的最高学历?

☐ 大专及以下

☐ 本科

☐ 研究生（含硕士和博士）

7. 您从事建筑业相关工作的时间？

☐ 10 年及以下

☐ 11～20 年

☐ 21～30 年

☐ 30 年以上

8. 您所在单位的类型？

☐ 工程咨询（不含设计）企业　　☐ 建设单位/业主

☐ 设计企业　　☐ 施工企业

☐ 高校/科研单位　　☐ 其他（请注明）_____

9. 您目前的职务或工作岗位？

☐ 公司高管（副总裁/副总经理、总工程师及以上）

☐ 总经理助理、部门经理（负责人）/事业部经理（负责人）

☐ 项目经理/项目负责人

☐ 专业工程师

☐ 其他_____（请注明）

备注：不同企业职务或工作岗位设置有其个性化和差异性，如您的职务或工作岗位与以上定义类别不同，请选择你认为最接近的一栏，并在最后注明您的职务或工作岗位。

10. 若您所服务企业为工程咨询或设计企业，开展的工程咨询业务包括（多选）？

☐ 投资决策咨询　　☐ 工程勘察

☐ 工程设计　　☐ 项目管理

☐ 工程监理　　☐ 造价/QS 咨询（含跟踪审计、决算审计）

☐ 招标代理　　☐ BIM 咨询

☐ 设施运维管理咨询

☐ 其他（请注明）_____（如投融资咨询、财务审计、绩效评价等）

第二部分

请您根据自身的知识、经验和认知，对以下全过程工程咨询项目经理胜任力特征的重要程度作出独立判断并打分。

胜任特征	胜任特征描述	重要程度 (1-非常不重要,2-不重要,3-比较不重要,4-一般,5-比较重要,6-重要,7-非常重要)						
		1	2	3	4	5	6	7
服务文化	促使建设项目各参与方形成并实施"项目利益高于一切"的项目文化和"增值于项目"的项目文化							
成就服务项目	遵循通过提供专业和务实的全过程工程咨询服务,实现建设项目生命周期目标,满足并超出客户的期望							
成就服务客户	理解并遵循所服务客户组织的价值观,转化为服务项目的一致性行动,成就客户可持续发展							
成就服务企业	理解并遵循所服务工程咨询企业的价值观,转化为服务项目的一致性行动,成就企业可持续发展							
教育背景	具有与工程规模和复杂性相匹配的工程建设类教育背景,取得相关专业高等教育毕业证书和学位证书,具体以满足招标文件要求为准							
执业资格	具有与工程规模和复杂性相符,与委托内容相适应的注册建筑师、勘察设计注册工程师、注册建造师、注册监理工程师、注册造价工程师等一项或多项工程建设类注册执业资格,具体以满足招标人招标文件要求为准							
专业职称	具有与工程规模和复杂性相符的工程类、工程经济类专业职称,具体以满足招标人招标文件要求为准							
经历与经验	具有与客户所在行业、项目所属领域相匹配的工程管理经历和经验;或不同专项咨询经历和经验,特别是业主方项目管理或全过程项目管理咨询经历和经验,积累了技术、经济、管理及法律等方面综合知识,具体以满足招标人招标文件要求为准							

续 表

胜任特征	胜任特征描述	重要程度 (1-非常不重要,2-不重要,3-比较不重要,4-一般,5-比较重要,6-重要,7-非常重要)						
		1	2	3	4	5	6	7
工程管理系统的策划和集成能力	对工程建设全生命周期的管理系统、管理任务和管理组织体系具有深入的理解,能够承担全生命周期工程实施策划,并在实施过程中进行必要的调整。针对具体项目分析总结其工程特点、技术难点和管理重点的能力							
工程组织协调能力	能够组织内部员工高效开展咨询工作,协调外部单位有序有效开展工程建设,保持良好的合作氛围与工作关系							
工程进度与计划管理技能	对工程实施的进度计划编制和动态控制具备全局性把握能力,能够编制或组织编制、审核工程实施计划,并在实施过程中发现问题,提出总体性的纠偏措施							
工程投资管理技能	对工程投资组成、投资控制的影响因素、投资控制的主要措施具有深入理解,能够在项目实施各阶段针对性地构建投资控制体系,并在发生偏差时具备纠偏能力							
工程质量、安全、职业健康、环境管理技能	对工程质量、安全、职业健康、环境管理的内涵有深入理解,能够组织开展针对工程特点分析工程质量、安全、职业健康、环境管理的影响因素并提出针对性的管理措施,并在发生偏差时具备纠偏能力							
工程采购管理和合同管理技能	熟悉工程采购流程、法规,熟悉全国或当地的工程建设市场情况,对主要的设计及相关咨询顾问、施工、供货等供应方市场有深入了解。熟悉工程建设主要合同类型的条款,具备通过合同管理约束、协调主要参建单位维护项目秩序的能力							

续 表

胜任特征	胜任特征描述	重要程度 (1-非常不重要,2-不重要,3-比较不重要,4-一般,5-比较重要,6-重要,7-非常重要)						
		1	2	3	4	5	6	7
工程信息管理技能	对工程信息、工程档案、信息管理系统有整体性的了解,具备通过信息文档开展工程协调、辅助工程推进的能力,能够组织重要工程文档、工程报告的编制与审核							
工程可持续发展技术、工程管理创新技术的掌握	对主流的可持续发展技术(如装配式建筑、绿色建筑设计、绿色建造技术等)有深入理解,可以组织针对所服务工程的可持续发展技术应用筹划和实施。对主流的工程管理创新技术(如BIM技术、大数据技术、云计算技术、复杂性管理技术)有一定程度的了解与掌握							
职业道德和行为准则	遵守建筑行业的各项法律法规、职业规范以及合同约定的各项标准,保持行为合规、公正、廉洁							
诚信可靠	言行一致,讲求信誉,待人真诚,勇于承担责任,建立咨询服务团队和业主及其他参建各方的信任关系							
自我反思和自我管理	识别和反省自身优势和劣势,利用自身意志调节自身行为							
自我驱动和自我发展	具有渴求项目成功的内在驱动力,追求卓越,持续学习和发展							
目标/结果导向	从项目最终目标、结果的角度去考虑问题,付诸于强大的执行力							
灵活创新	积极寻求创新方法和机会,灵活应对并适应项目的变化							

续 表

胜任特征	胜任特征描述	重要程度 (1-非常不重要,2-不重要,3-比较不重要,4-一般,5-比较重要,6-重要,7-非常重要)						
		1	2	3	4	5	6	7
自信开放	认同自己和团队的咨询价值,在与项目参建各方打交道时展现自信,积极从他人之处获取经验与知识,创造鼓励探讨的开放环境							
压力和气氛管理能力	能乐观地面对长期压力,并能够有效鼓舞团队成员和其他参建团队成员的士气,通过各种正式和非正式方式持续缓和团队紧张气氛的能力							
系统思维和集成能力	从项目全生命周期管理的角度系统全面地看待问题,采用系统集成方法来解决项目的问题							
团队协作能力	为实现项目成功展现出来的团结团队成员、与项目相关方协作互补的动机与愿望							
影响和激励能力	通过自己的言语、行为、情绪等影响和感染团队成员,激发下属信心与干劲							
公共关系发展维护	主动与利于项目实施的各方建立和维护良好关系,积极获取更多合作机会							
决断能力	保持清晰的思维,分析和判断项目状况,及时作出最有利于项目的决策							
沟通能力	具有良好的表达能力和沟通技巧,能够准确清晰表达意见并被他人理解							
谈判能力	识别和分析各谈判参与方的利益,制定谈判策略,促进谈判参与方达成最利于项目成功的决定							
冲突管理能力	采取措施预测和避免冲突产生,冲突发生时采取恰当的应对方式,从容处理							

您认为本维度划分、胜任特征提取和描述有完善和补充之处:

第三篇

深度变革时代工程咨询企业发展战略研究
——以上海 A 工程咨询公司为例

陈 静

摘　　要

近年来,国内工程咨询行业的改革已进入关键时刻,全过程工程咨询、BIM 技术,乃至区块链技术等的应用,迫切要求工程咨询企业逐步通过发展战略的重新布局,实现如整合企业的资本、核心技术和服务能力。在这一过程中,作为大型工程咨询企业,如何在原有的基础上实现可持续性跨越发展,需要从逐步建立适合该类企业的发展战略着手。故此,本篇对于上海 A 工程咨询公司(简称"A 公司")发展战略的规划,对于研究处于深度变革时代的工程咨询行业具有较大的借鉴意义。

关键词: 深度变革,工程咨询,全过程咨询,服务创新,SWOT 分析

第一章 绪 论

1.1 研究的背景

工程咨询属于咨询业的范畴,但这一概念在实践运用中,与如管理咨询等的概念侧重点不同:工程咨询不仅涉及管理方法的使用,还涉及工程建设技术等。工程咨询属知识密集型行业并以人力资源为本。近几年,我国经济发展迅速,城镇化建设加速推进,因此对各类工程咨询的需求大量增加,工程咨询行业面临着一个巨大的机会。

目前,国内的工程咨询行业正在发生着深度的变革。具体表现为随着科技的发展,新技术和客户的新需求推动着工程咨询的模式的改变,跨界咨询、全过程工程咨询等都逐渐渗透工程咨询行业的各个角落。同时,伴随着政策的改变及专业服务业对于服务的质量要求越来越高的情况下,更加凸显了工程咨询这一行业不仅与工业制造的特性完全不同,甚至与一般的服务业特质迥异。随着社会的快速发展,地铁、高铁、特长特大桥等崭新的工程建设次第推出,市场竞争越来越激烈,业主的需求及条件也产生诸多变化,例如技术标准的渐趋严格、工作难度的持续提高、资源效率日益紧缩等,各个技术服务项目逐渐面临前所未有的挑战。预期未来数年国内各级政府的基础建设投资将不增反减,工程咨询企业另一条路即国际化发展也非易事,这些都让部分国内专业技术服务企业常觉内外交困。因此,企业营业利润越来越薄,工程咨询的履约争议与日俱增,无形中浪费更多的交易成本[1]。

从咨询公司的角度看,与国外发达国家相比,我国的工程咨询行业的市场化程度和集中程度还有待提高,还缺乏一批综合性的品牌咨询公司。考察工程咨询行业的发展趋势,国际上的工程咨询都有一个从专业咨询发展到综合咨询,从单纯的技术咨询发展到战略咨询、管理咨询等扩展的过程,如美国的 AECOM 设计集团,JACOBS 工程集团公司,美国福陆公司等[2]。也就是说,对于工程咨询公司而言,单一业务形态已不能为公司创造更大的利润,因此许多大型的工程咨询公司纷纷选择转型为多元化的综合性工程咨询公司，以期让其公司服务项目涵盖整个工程的生命周期——从最初的工程可行性评估、规划、设计、施工管理乃至最后的营运阶段等都是其涵括的服务范围。

本篇的研究对象是上海 A 工程咨询公司（以下简称 A 公司）的发展战略。这是一家依托同济大学所成立的综合性工程咨询公司，也是全国最早开展工程项目管理和工程咨询服务的试点单位之一。

目前，A 公司正处于发展的关键阶段，面临的问题主要是两个：一个是发展的广度有限，一个是发展的深度有限。这导致 A 公司难以实现可持续发展的目标。基于此，A 公司计划通过系统的战略分析，建立和优化战略规划，同时在战略实施中弥补短板，提高企业的经营管理水平。

1.2　研究的目的与意义

笔者作为 A 公司的管理人员之一，有义务从公司发展战略目标、发展战略规划等角度去研究，积极探索企业向多元化和纵深化发展的思路。故此，本篇的研究目的在于，在深度变革的环境下，针对具有一定规模和影响力的现代工程咨询公司而言，如何用现代企业管理思路和方法，通过系统研究战略理论、方法和工具，探索工程咨询企业发展的方向，促进各个业务板块的布局，加强体系组织优化和发展，推动企业的持续改进。本篇的研究，具有以下两点意义。

（1）有助于 A 公司实现可持续性发展

发展战略的规划制定虽然属于企业内部核心机制，但外部环境是其生存环境。近年来，我国基础实施建设行业也面临新的转型，国家投入也从之前公路交通逐步转向新型城镇化和城市基础设施建设，PPP、EPC、BIM、装配式、全过程咨询等新技术、新模式正在深刻地改变工程咨询行业。同时，在市场环境中竞争对手成长也非常快速，新的机制随着时间推移也会被竞争对手如法炮制；因此，在新的市场环境下 A 公司也面临更多的挑战。作为国内工程咨询企业第一方阵中的一员，A 公司要实现可持续发展，除了利用这一行业发展机会外，更应从内部管理着手，通过发展管理战略的制定，研究已经存在的原有核心竞争力和劣势，重新架构适应未来的发展思路。

（2）便于行业内多元化服务企业进行企业发展战略时参考

本篇通过文献探讨与 SWOT 分析，以发展的观点找出国内工程咨询产业主导地位关键的发展模式及管理的问题点与未来竞争发展的策略，希望能在工程咨询行业给后进者一些管理上的建议,作为企业经营决策的参考依据。同时,还可以启示其他同类型企业。

1.3 国内外相关研究综述

1.3.1 工程咨询方面的研究

关于工程咨询的定义和发展,在国外,按照 Kchen 的观点,工程咨询一直是作为专业技术服务机构的角色存在的,其任务是通过机构成员同心协力的事业发展,为业主提供优异的服务,从中获得报酬并实现专业成长。所以专业服务机构的营运应该确保三大目标的均衡:市场服务需求的满足、专业人员事业发展的适足、机构本身的财务自足。其具体可以变现为:让业主满意的服务项目、让员工满意的事业环境,以及能创造合理利润的营收表现[3]。而工程咨询企业的发展,大致经历了三个时期:一是个体咨询时期,具有代表性的是由美国估计师 W. A. Bethtel 创立的个人执业公司,著名的柏克德公司,独立承担土木工程建设中的技术业务咨询;二是合伙咨询时期;三是综合咨询时期。第二次世界大战以后至今,工程咨询业发生了三大变化,工程咨询向纵深发展,全过程咨询不断成熟并成为主流[4]。

Felixl 认为,工程咨询公司比较特别的是,通过工程技术咨询公司管理条例这项法律的规定,这类技术服务机构的组织型态必须是营利性质的公司,其余较小规模的机构,则是由工程师独立或是联合组织的工程师事务所,此二者都可以提供专业技术服务。因此,工程咨询公司的组织,不同于律师、会计师、建筑师事务所,也不同于诊所或是医院,反倒是与财务咨询公司有些类似,必须以商业经营的方式,参与市场的业务竞争。专业技术服务的大都是公共工程以及主要投资企业的大型开发项目,所以其业务的取得,并非通过广告揽到或是以一般消费者为对象,较常见的是通过竞标评选而获得评选委员会的青睐,获得标的机会。较少的情况是通过公开比价而以底价以下最低价得标的,但这大多是小型业务或是与营造企业合作的统包(或设计/建造)业务[5]。

关于工程咨询的内容及管理要点,很多学者认为工程咨询(含技术顾问业、建筑师、工程师等专业建设工程业者)属于企业对企业之范畴,在国家经济发展及重大公共建设上占有极重要角色,其素质及经营环境之健全与否,都直接影响到工程的质量与工程咨询。

Kembel 认为,工程咨询工程期短则数月,长则数年,因需要与客户保持长期的互动关系，而良好的关系维持，除了使彼此合作顺利进而达成互惠之目的外，也有助于提升企业竞争价值[6]。同时，工程咨询的管理重点之一就是工程咨询专业人员，这一点中外相同。以日本为例，其工程咨询人员，一般称之为"技术士"，其执业方式或独立设立事务所，或受聘于建设顾问业（即我国所称工程咨询公司），或建设公司。在国外，工程咨询行业由于业主需求单纯，主要以最大化投资效益为考量，注重施工效率，规划模式化的产品，而在竞标中获得业主的青睐，建筑物的设计表现并不突出，但施工的精准，装修与设备的精良，也可以成为一个良好的住宅商品，使业主的收益获得保障。所以，工程咨询管理的重点之一就是要审核和修正设计图中对于施工考虑的不周之处。例如，施工团队已进行多项调整及变更设计，并将结构工程改为半预铸工法，整体工期将可大幅缩短，可见设计与施工单位的密切协调至为重要，如果能在设计阶段多考量施工实务，应该可以更和谐地达成设计与施工的双赢。原本不必每次都要设计一个新的轮子，至于每个个案需求不同，机能实用如非单一课题，需不需要设计一个新的轮子，需要业主自行斟酌，而现代的工程咨询产业，也有需要全面了解市场、成本、技术、品牌，并做综合性经营考量。

  关于工程咨询管理的发展前景方面，刘雪婷指出，随着工程咨询科技的日益复杂，工程咨询的技术和深度已越来越高，许多工程咨询的理论与运作技术，并非一般专业人员所能完全了解，促使工程咨询成为一项高度技术导向的专业，导致一般使用者对于工程咨询所具有的工程咨询，相对较不充分。而"工程咨询标准"的存在，可降低企业因为处于这种欠缺专业技术所产生的问题，减少发生风险的可能性，并可通过"标准"的使用，减少工程咨询相关决策选择的复杂度，作出可信赖的决策。单位选择采用工程咨询的标准时，原则上必须考虑所选择的工程咨询标准能否充分地满足经营上的需求与目标达成。认为工程咨询只要仰赖最先进的工程咨询技术与产品，这是工程咨询的迷茫，若仅导入技术工程咨询控制，并不能取得及维持一个高层次的工程咨询[7]，如同王野所言，工程咨询管理的重点不仅是工具（通过技术的控制），更重要的是实施（通过程序的控制）[8]。而在新业务的开拓前景方面，目前已经出现了很多大型工程咨询公司在海外拓展如 BOT 等新型业务。一般要选择政治风险较低，经济活动稳定，并对建设市场之控管限制较低的地区。普遍采用模式有几种，一是与当地开发商合作并提供融资，开发商取得开发资格，工程咨询公司则负责工程的顾问事项；二是购置废弃大楼重新整修，或是直接购地开发，后再售出以获取利润，施工部分则由当地厂商负责，而仅担任出资者、设计者或施工管理等角色。在这种状况下,要重视且持续投入技术研发,以确保其竞争优势,使其不用与当地业者或是其他国家等厂商低价竞争,而是以专门与特殊技术、工法取得较高利润的工程项目。

1.3.2 工程咨询企业发展战略方面的研究

在国外,对于发展战略的探讨一直是管理学者研究的核心;不过,策略管理学者对于策略的看法已渐渐由个别公司独特性的探讨转变为对策略势态的探讨,即探讨公司间存在着某些共同性[9]。而策略群组研究则介于"个别公司"和"产业"间之研究。而对于工程咨询企业的战略,Hatten 和 Hatten 延续此一研究之课题,他们认为策略群组是这类企业策略管理中一项很有力的工具[10]。在国内,张皓洁进行了关于贯彻咨询公司发展战略的国内外相关研究,有提到史隆管理评论的分析说明,企业能提供客户基本需求或是超越本身所提供的需求,使客户从其待购买到决定购买中的过程,企业可以从客户购买服务的过程中寻找线索,并改善给予客户满意的服务,而那些客户满意度高的企业就能在竞争者当中脱颖而出[11]。金桂明将工程咨询服务企业的核心优势区分为"组织内部""外在环境""工程咨询科技"等三大构面,并加以探讨工程咨询构面因素与各项评估指标,以提供企业建构工程咨询绩效时的重要参考依据[12]。宋勇通过分析其工程咨询公司的发展战略,认为可以通过多元的业务组合进而抢占多个市场,从而降低企业的风险[13]。在工程咨询业务产品创新方面,琚娟指出"单一的业务类型难以应对工程咨询行业的巨大变革"[14],但没有指出如何突破单一化的经营方式和如何创新,在本篇中,将对这方面进行重点论述。

在对于工程咨询企业发展战略的具体实施策略方面,何琦认为,工程咨询公司在市场中竞争非常激烈,内部经营成效和外部各种不确定因素外,金融风暴后,考验各家工程咨询的经营绩效,营业收入多寡影响甚巨。在这种情况下,工程咨询企业在经营面临巨大的挑战,其具体应对策略有如下几项:要稳定经营,追求更好的获利,减少不良债权和维持稳定的现金流,工程咨询公司背负着政府的期许及对公司企业的责任;要将经营能力、获利能力、清偿能力、产业规模及业务成长性作为重要的评估指标[15]。而陈龙则认为,除了经营的能力外,工程咨询企业对承接的案件的判断能力也非常重要,除了业绩营收的多寡,不良债权的控管是否能获利也是重要课题[16]。汪明崇提出了在工程咨询企业内部推动各项节能环保方案如:节能减碳、推广电子单据之使用,生态保育、节省水资源、流程电子化、减少纸张用量等各项措施,号召企业携手爱护资源,透过身体力行环保贡献心力[17]。怀悦认为,在发展战略的实施过程中,工程咨询公司要关注顾客售后服务、内部资源有效应用、建立良好的顾客关系。经营工程咨询业最需要在顾客与公司的资源之间做好每一次顾客与公司之间的交易,提供优质的服务包括完整的售后服务并且建立良好的顾客关系,形成口碑,才有竞争优势。且让顾客每一次在面临投资机会时,都会想到使用工程咨询商品来活化公司资产创造出双赢局面,让资方以及投资人都会想到投资以及经营工程咨询业,这是最主要的意涵[18]。高巍认为,工程咨询企业因为收入和升迁完全取决于自身的努力与能力,完整的培训制度及畅通的升迁管道,完善的教育培训,相当适合具有业务特质的新人来接受培训。在教育培训中获得技能、态度、与知识,并且充分应用在工作上的程度称为专业能力。强化经营体质,使公司稳健发展,才提高竞争力。有关工程咨询业成功经营之外部因素,包括整体环境产业经济分析、市场规模分析、国际化经营的策略、竞争者同业分析[19]。董春盈以 Y 工程咨询公司为例,依 FAHP 的运算后,建议应以整体环境产业经济分析为优先考量,而市场规模分析亦为重要参考指标。在工程咨询业成功经营之策略上,认为除了内部资源有效应用外,相对于其他准则其重要性较低,但仍为重要的参考。建议工程咨询业在经营特色因素上,除最重要准则(顾客售后服务、内部资源有效应用跟建立良好的顾客关系)及次重要准则(培育专业的人才永续经营、提供优质的服务质量、标的物市场的债权确保,为永续经营之理念)外,公司治理、完善的财务规划、整体环境产业经济分析,也是必须考量的[20]。

1.3.3 相关文献评述

可以发现,对于以提供专业服务为主的工程咨询公司,与其他类型的企业相比较,在深度变革环境下容易受行业因素的影响,国内传统工程咨询企业之生存发展,在深度变革环境下受到极大的冲击。所以,工程咨询企业除了思考如何将上述所面临的问题(威胁)视为挑战(机会)外,更应积极思考如何迈向思考创新、有效治理、共创价值及环境永续的转型之道,来应对当前的产业趋势。工程咨询企业制定发展战略,首先应该按照自身特点,完善企业内部结构,在充分分析发展战略理论基础上,制定出一套适合自身情况的管理方案。当然,与国外的工程咨询企业相比,我国的工程咨询行业具有一定的特殊性,从目前而言,工程咨询在很多领域依然受到计划经济思维的影响,尽管国内这几年一直在进行改革,但是,对于如全过程工程咨询、BIM(Building Information Modeling,建筑信息模型)技术的应用等只是在部分企业应用得较为广泛。而国内的一些先进经验,有助于我们冲破传统的工程咨询理论的束缚。

故此,本篇探讨的重点是当国际化企业或大型企业一路往企业永续的方向前进时,其他企业如何追随。所以,工程咨询企业有必要应各产业的特性,结合推动企业永续策略的现况与趋势,制定一套产业适用的企业永续发展策略,作为企业的核心领航力,并结合企业的核心价值,引领企业深化永续经营并善尽企业社会责任,但是,对于工程咨询企业在深度变革环境下发展战略的研究成果,知网等文献资料平台上收集到的还比较少,本篇的研究,将会丰富这一领域的研究内容。

1.4 研究内容、方法与技术路线

1) 研究内容

本篇通过 PEST、波特五力分析模型及内部资源能力、SWOT 分析等手段,从广度上,拓展业务领域,计划采用"1+X"全过程工程咨询服务模式,在原先工程项目的前期决策咨询和评估、工程项目管理与代建等业务的基础上,拓展工程造价咨询、招投标与采购代理、工程监理、工程技术咨询与管理、第三方评价与后评估等贯穿项目建设全过程的综合性或阶段性专项管理咨询服务,在跨区域、全过程、多元化方向发展,在深度方面,计划采取专业化协同发展打磨技术先导型特色产品,导入 BIM 技术等工程咨询工具,加强企业内控等,以增强实力。

2) 研究方法

(1) 文献法:根据过去总结的经验和过去工程咨询发展战略相关文献的探究,能够知道世界各国关于该项探究的进展状况。在目前已经获得的探究成果可知,能够确定该篇文章的研究内容与研究方法,找寻到研究的起点,为后文的探究提供有价值的参考。

(2) 案例分析法:以 A 公司为研究的例子,根据现阶段研究情况和内外部的环境对其进行探究,并根据其特殊性,借助 SWOT 探究法、波特探究模型等工具,对其优劣程度、机遇与挑战的方面进行探究。

(3) 比较分析法。对国内外工程咨询的发展,结合国内的实际情况进行针对性的比较分析。

3) 技术路线

本篇的技术路线是建立在增长型战略的理论以及一般战略管理理论系统的框架上的。其总体的研究框架见图 3.1。

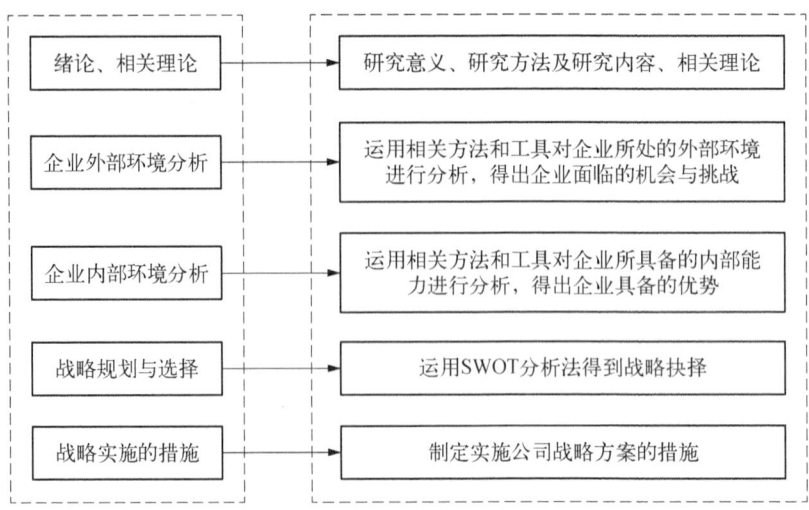

图 3.1　本篇技术路线图

第二章 相关理论基础

2.1 战略环境分析理论

通过战略环境分析,可以了解企业在产业中所属的竞争地位,有利于企业在进行经营策划时,提出相对应的经营策略。例如企业在具有优势项目且处于市场商机的环境中下,就可以规划成长型策略,把公司的资源及行动方案聚集在有优势和机会较多的地方,提高企业的营业成长。

(1) 内部环境分析

内部环境分析是指对于企业的内部领导、组织架构,以及各项可以运用的资源,如人力、设备、财务等资源进行分析,经由分析后得到的项目,区分成优势与劣势两种类别,优势项目表示拥有优于竞争对手的独特能力或资源,劣势项目则是相较于竞争对手,不擅长或欠缺的能力或资源[21]。

(2) 外部环境分析

外部环境分析是指对企业所处的环境,小环境如产业结构、竞争对手;大环境如社会、文化、政治、经济等,经由分析后得出企业具有的机会与面临的威胁,机会包括在任何环境中有利于现况或未来展望的因素,让企业得以增强其竞争地位。威胁是指在任何环境中不利于现况或未来情势、可能伤害或威胁其竞争能力的因素[22]。外部环境分析,一般首先采用 PEST 分析,是进行宏观环境分析的常用方法,是对企业外在条件的整体研判。实践中分析会根据企业的不同产生不同的结果。就企业经营而言在分析过程中,一般集中于政治(Political)、经济(Economic)、社会(Social)和技术(Technological)四个方面。而这四要素的英文首字母分别为 P、E、S、T,所以就将这种分析方法叫做 PEST 分析法。其次是波特五力分析法。该方法是由波特首次提出的,该理论一经提出就受到了广泛的关注,成为 20 世纪 80 年代管理界之一件大事。核心理念是从供应商的讨价还价能力、购买者的讨价还价能力、潜在竞争者进入的能力、替代品的替代能力、行业内现有竞争者的竞争能力五个方面进行分析。在实践中经常看到,这五个方面的组合变化会对企业乃至产业产生重要影响。

在进行内外部环境分析后,一般要运用战略工具去彻底分析企业的现状及对企业之外部环境、内在条件进行确认企业目前所遭遇的困境和拥有的有利条件,及其在发展中面临的机遇与挑战。一般称之为 SWOT 分析。在运用该方法进行策略管理过程中,需要经过规划、执行与评估。这当中,策略规划的程序包括界定目标、环境分析、组织与资源分析、界定机会与威胁、界定优势与劣势、S 分析及策略形成等七项步骤。在策略管理程序中策略规划的重要性可见一斑。同时企业也因策略规划周密而慎重,得以降低执行风险,并增加获利的机会。

2.2　多元化发展战略理论

1957 年,Ansoff 在 *Harvard Business Review* 发表 *Strategies For Diversification* 一文,为最早针对多元化提出的系统性论述。之后,多元化广泛地为企业历史、产业经济、财务经济、法律及营销管理等不同领域之学者所探讨[23]。

为了解释多元化之意涵,Ansoff 提出了著名的产品-市场矩阵,Ramanujam 和 Varadarjan 定义多元化是企业或公司以内部发展或并购的方式来进行相关产业活动,多元化会造成企业内部管理结构、流程以及组织系统有所改变。有的学者对于多元化的定义不以投入新的市场或新产业做直接判定,而是以企业经营多元化的动机(如何增进组织的成长并且能降低组织风险)、模式(组织内部的发展、购并、合资或是授权),以及特性(使组织管理结构、内部系统以及其他组织管理流程的改变)等面向来定义企业或公司多元化经营。综合以上不同学者对于多元化的定义,可以归纳出专家们对于多元化有相同看法的地方:多元化是企业或公司投入一项新的产品、新的市场或是新的产业的过程,多元化会使企业或公司组织管理结构、系统或是管理的流程有所改变,对企业或公司管理上来说是一项重大的改变与挑战。参考多元化经营的相关文献后,笔者认为多元化经营是指公司经营两种以上的商品或商品市场,或是公司经营跨足两个以上的行业或产业营销,拥有多元化的收入来源。多元化为企业追求成长的一种扩张方式,代表企业同时推出新产品线及进入新市场的行为。与之相应的其他扩张方式分别为市场渗透(Market Penetration)、市场开发(Market Development)以及产品延伸(Product Development)。前述四种扩充方式分别可以用产品—市场矩阵的四个象限代表[24]。

(1) 水平多元化(Horizontal Diversification)。指新事业与既有事业在市场型态上相同,无论新产品与既有产品在技术上是否相关。此类多元化可充分利用既有的营销通路以达成综效(如 IBM 原只贩售主机硬设备,后来增加商用工程前期规划咨询业务,商用工程前期规划咨询与硬体在技术上不相关、产品任务也有不同,但因其具有相同之营销通路,故可被视为是水平多元化)[19]。

(2) 垂直多元化(Vertical Diversification)。指新事业为既有事业的上游或下游企业。此类多元化因与原有事业在同一产业体系,对于环境的变动较敏感,也较不具风险分散的弹性。另外,当新产品技术与现有技术相关性高时,其多元化综合效益将得以发挥。前述两类多元化所进入的新事业,其产业周期与既有事业之产业周期相近,因而对于多元化的目的之一"提供经营弹性及稳定性(分散风险)"仅能提供有限的帮助,为其与集中式及复合式多元化的主要差异[26]。

(3) 集中式多元化(Concentric Diversification)。指新事业与既有事业在技术或市场(产品任务)上或多或少有相关性,但新事业所属产业之产业周期与既有事业之产业周期通常不一致。与复合式多元化相比较,集中式多元化能达到多元化分散经营风险、增进经营弹性之目的,并因其易于发挥综合效益,通常较能获利且风险较低(如台积电进入太阳能电池领域,因在技术上有相关性,可视为是集中式多元化)[26]。

(4) 复合式多元化。企业或公司开拓一个新的事业领域,且该领域是和企业或公司正在经营的事业没有直接相关性。以下为复合式多元化经营的主要利益。① 降低企业的营运风险:不同产品具有不同的生命周期,借此平衡企业营业收入的不稳定,降低企业的破产机率。② 提升财务综合效益:复合式多元化经营能提升企业各项营业收入与现金的流量,方便向银行取得更高的贷款额度。③ 生产高利润产品:企业从多元化复合经营关系当中,选取高利润的产品进行生产,提高经营效益。而复合多元化经营最大的缺点是企业或公司建立了各种的投资组合,而企业的股东其实私下就能自行买卖不同公司的股票,不再需要通过企业或公司的经理人,因此可能提高企业股东之财务损失。

2.3　差异化发展战略理论

差异化策略一直是企业经营的重要课题。Porter 在其所著的三本经典著作中,不止一次地强调:若要拥有比竞争对手更强的竞争力量,差异化是三个主要思考的策略之一(另外两个是成本领导与核心能力)。"持续的竞争优势"是企业表现长期维持在平均水平以上的重要基础,纵然每个企业自有其优缺点,但企业能够获得的两种基本竞争优势仍是低成本或差异化。因时代趋势及民心向背,目前公务机关也仿效企业界永续经营模式,均朝向差异化及创新服务理念精神努力,并作为公务部门差异化服务策略之参考[27]。

所谓差异化(Differentiation)策略,系使企业的产品或服务有别于竞争对手,而形成与众不同的特点,为他人所无可企及。也即通过塑造产品或服务的独特性,以造成与竞争者的有利差异,借以获得竞争优势。差异化策略可因客户的品牌忠诚度提高对价格较不敏感,而能避免竞争者的抗争,使产品有别于竞争者,以创造防御地位来应付各种竞争,并形成竞争者的进入障碍。如生产独特性产品,使购买者愿意以较高价格购买,而以较多的收入来弥补因追求差异化所多耗费的成本[28]。

差异化策略的来源很多,可以是产品本身质量的差异,可靠度、创新、与特性的差异化、运送系统的差异、市场营销手法的差异,或其他经营因素的差异及服务作业与外围服务的差异化等。企业必须在产业内客户广泛重视的某些领域,发展独特性,让自己独树一帜[29]。许多方法或策略都能产生持续性的差异化,包括:使用差略性信息系统、全方位的思考模式、具创新性、客户至上或使用独特配销系统。大部分成功的策略都牵扯到整个组织,它的结构、系统、人力与文化。综合前述学者论点,唯有低成本及差异化的产品或服务才能在产业中相对于竞争者取得独特且具竞争的优势,而竞争优势具体的表现是比竞争者更有能力去满足顾客的需求,为顾客创造价值。工程咨询公司的经营如同一般企业,为了永续发展与生存,唯有取得竞争优势,眷及第一线服务人员的真正需求,才能克服内、外环境的急速变化,对抗不确定因素的威胁。纵然身处同一产业,不同的厂商或不同群组的厂商,基于不同的优势、劣势、机会与威胁,在选择与执行策略的过程中,所采取的策略、行为将有所不同,从而将进一步造成其在经营绩效上差异。差异化策略,就是与众不同,别人的产品都如此,唯独我们的产品具特性。基于此,工程咨询企业的经营者应思考如何做对的服务、减少浪费及降低成本,又兼顾服务质量、提升服务效能,并寻找差异化机会,创造特色,尝试从每一个价值活动中寻求差异化是极重要的策略课题。因此,经营者在制定或选择任何策略时,若能以顾客为导向(Consumer-oriented),思考顾客的认知价值,将能创造更高的顾客价值。所以,服务业之创新顾客价值模式和许多创新的经营方式,皆是建立在企业价值链与顾客价值链间彼此互动,将两者价值链上的活动相互参与或交换。

2.4 企业资源基础理论

资源基础观是向企业"内在"的组织资源进行探讨的一种策略逻辑,自 Wernerfelt 提出资源基础观点(Resource-Based View,RBV)以来,引发了策略管理主流对企业资源面研究与探讨的兴趣与重视。Wernerfelt 在"企业资源基础观点"中提出一定要善于利用企业的资源[30]。

资源基础观点主张,企业竞争优势的建构来自企业对内拥有价值。如果较为稀有和有价值,则可以创造出持续竞争力。从资源基础观点的角度,企业是由实体资产、无形资产及能力所组成。因此企业只要在有形资产(像厂房、设备、产品),无形资产(像品牌、员工忠诚度、知识、技能)及组织能力(供应链管理、客户关系管理等良好的管理决策能力),通过培养、学习养成,提升资源的能量并找到最佳的资源及能够发挥营运效益的组合方式,成为企业有价值的资源,而使得企业拥有比对手更好的效能,或更低的成本,建构出企业的竞争优势[31]。

Hamel 和 Prahalad 于 1990 年以资源基础观的主张,提出企业核心竞争力(Core Competencies)概念,认为"企业的竞争力来自具有全面渗透性的核心能力",并能从生产客户所需要的产品及服务上获得利润的独特能力。企业核心竞争力让企业在特定的事业上提供竞争能力及优势基础,并结合企业内个人及群体,让组织间紧密的结合以发挥综合效益,让企业面对诡谲多变的环境时,具有更弹性的应变能力。他们延伸了资源基础理论观点,阐述了资源对企业核心能力建构的重要性[32]。

第三章 A公司的发展环境与现状分析

为了获得如A公司这样的工程咨询企业在深度变革时代的发展战略,有必要首先对其外部的发展环境与公司的现状等进行论述。

3.1 工程咨询行业发展环境的五力分析

在企业的整体策略管理类中,对企业所处外部环境的分析至关重要,从实际的很多例子可以看到,企业制定策略是否可行会在很大程度上受到环境的影响,之所以如此是因为任何组织活动都不可能孤立存在,都需要环境的配合。作为企业决策者,务必时时刻刻密切关注企业面临的竞争环境以及政策环境等外部环境的情况,本节将运用波特的行业五力分析模式,进行工程咨询行业的环境分析。

3.1.1 工程咨询行业供应商与客户的议价能力

(1) 供应商的议价能力

在工程咨询行业,把供求关系发生改变时供应商讨价还价能力称之为供应商的议价能力。而供需关系的变化是对其产生重大影响的主要因素,供应商的议价能力与供需之间的关系是如果供应量大于需求量的时候能力小。在工程咨询领域,向工程咨询公司提供相关资源的商家即为供应商。对于工程咨询企业而言,供应商所提供的产品仅限于企业所使用的各类工程计价规范、电子设备、工程前期规划咨询、办公材料、用具等。

(2) 客户的议价能力

在判断客户的议价能力时,需要根据不同情况作出合理的判断,如企业客户——建筑企业、商业办公楼宇业主等,它们委托主要目的是为了提高工程质量,这一客户群体主要关注的是质量,价格敏感度低。咨询行业的服务费用通常是项目总造价的 0.5%~1.5%,所占总成本的比较非常小。因此,买方通常不会对咨询公司的服务费过于计较。这一领域竞争的日趋激烈,在很大程度上提升了这类客户的议价能力。

3.1.2 工程咨询行业现有竞争者

(1) 狭义工程咨询服务领域的竞争者分析

我国目前的工程咨询公司一般是指狭义的工程咨询领域内,目前以编写投资项目可行性研究报告、项目建议书、项目申请报告、资金申请报告、规划咨询、评估咨询等服务为主。国内主要有中国国际工程咨询公司、北京市工程咨询有限公司、A公司、上海建科工程咨询有限公司、同济大学建筑设计研究院(集团)有限公司、上海市政咨询、现代工程咨询公司等,对于本篇所研究的上海A工程咨询公司而言,主要的竞争者为上海地区的如上海建科工程咨询有限公司、现代工程咨询公司等。

(2) 广义工程咨询产业领域的竞争者分析

如果按照国际上通常采用的广义的工程咨询的概念,在大的工程咨询领域,还有一批综合性工程服务集团公司等,这些企业在开展工程建设的过程中,也会涉及一定的咨询服务。虽然目前这些企业的主力还是在进行工程建设项目,但是随着工程领域的竞争激烈,这些企业也会进入工程咨询服务领域,竞争力量不容忽视。虽然近年来受到国内外经济低迷的影响,中国的工程咨询行业不可避免地出现了很多不尽如人意的地方,如上涨乏力,销售不旺等,但是与其他行业相比,这一市场仍然大有潜力。调查发现,总体而言对工程的投资力度不但没有下降反而有所上升,工程建设在国民经济中依然占据着重要份额,这就吸引了很多其他领域的竞争者进入该市场。

表3.1为我国工程咨询行业从2013年到2018年的营业额统计,从整个统计可以看出,工程咨询的营业额逐年增加,这显示了这一行业的广阔发展前景,这种状况有助于如本篇研究的工程咨询公司的发展,但总另一方面看,也说明这一行业的吸引力的增强。

表3.1　1997—2018年我国工程咨询行业营业额

年份	2013	2014	2015	2016	2017	2018
营业额(单位:亿元)	4 987	5 421	5 800	6 989	7 400	8 178

(资料来源:中国工程咨询协会,2019)

另一方面，随着我国近几年对外开放政策，越来越多的外资企业和民营企业进入我国工程咨询市场，对其冲击力极大。所以，我国工程咨询行业在内部的竞争激烈，但是集中度还远远不够。按照智研咨询发布的《2018—2024 年中国工程咨询行业深度调研报告》，现有工程咨询企业竞争较为激烈，能够在此市场生存并发展下来的企业并不容易。例如，通过统计发现，规模以上的工程咨询公司从 2012 年的 2 478 家减少到 2016 年 1 944 家。不过，从 2017 年开始，发改委正式取消了有关工程咨询单位资格认定之行政审批，今后工程咨询公司的数量将会急剧上升。中国工程咨询协会发布的《2018 年工程咨询企业统计公报》显示，2018 年，全国共有 2 965 个具有资质的工程咨询公司参加了统计，其中，综合资质企业 94 个，甲级资质企业 987 个，乙级资质企业 1 078 个，丙级资质企业 806 个（表 3.2）。

表 3.2　2018 年全国工程咨询企业分布数量情况

资 质	综 合	甲 级	乙 级	丙 级	合 计
个数（个）	94	987	1 311	1 470	2 965
比 率	3.17%	33.29%	44.21%	49.58%	100%

（3）A 公司与其他竞争者的比较分析

A 公司与其他竞争者的比较，如表 3.3 所示。

表 3.3　A 公司与其直接竞争者对比状况

名 称	优 势	劣 势
上海建科工程咨询有限公司	具有较强的品牌优势，其服务模式获得客户的认可，在铁路及轨道交通监理领域具有绝对的优势	业务类型相对单一，且研发技术及业务人员等后续支持有限
现代工程咨询公司	具有较强的品牌优势，通过企业的整合后，由于股东的支持，使得实力强大，具有多领域同时作战的能力	研发及后续服务等有待提升
上海 A 工程咨询公司	因其具有同济大学的品牌支撑，具有较强的品牌影响力，且研发能力较强	由监理业务转型为主，其他业务规模正在行程中

通过以上行业内的竞争者描述,发现无论是在狭义的工程咨询服务抑或是广义上的工程咨询产业,均有较为强劲的竞争对手。而对于 A 公司,最直接的可知的主要竞争者有现代工程咨询公司和上海建科工程咨询有限公司。

目前,与这两个公司相比,A 公司在规模上差距较小,但在业务多元化及创新战略上,还有一定差距,故 A 公司有必要向竞争对手学习。

3.1.3　工程咨询行业潜在竞争者与替代品

(1) 潜在竞争者

在工程咨询行业,入门有一定的专业门槛,这里面包含了企业的行业背景、技术手段、公司资质、招投标规则等条件的限制。这些限制形成了一定的行业壁垒。但是随着 2017 年我国取消对工程咨询企业的审批,导致一些在工程行业里面从业的传统工程公司或其他如设计院、咨询公司开始重新对工程咨询领域关注并转型。

这些传统的公司包含:建筑企业、建设工程公司、建筑设计院、工程监理等领域的专门公司。尤其是一些工程设计及招标代理公司,还有一些工程造价公司、某些综合性的会计师事务所及资金管理公司也正向工程咨询领域拓展。

(2) 替代品

而从当前的发展趋势看,个性化服务和综合性工程咨询服务同时走上舞台。客户对于综合性工程咨询服务的需求旺盛,也有越来越多的企业推出各种差异化的专项服务。但是这些专项服务都需要专业的团队来运维和服务支撑,从短时间内看,工程造价咨询公司它与工程咨询在经营范围上面部分是重合的。

3.2　A 公司概况

3.2.1　公司简介

A 公司来自历史悠久的百年学府——同济大学。公司成立于 2006 年 5 月,由部分高管和个别业务骨干共同创立,隶属于同济大学的某创新创业类型的控股集团,见图 3.2。公司传承并发扬百年同济精神,依托同济大学杰出的专业、人才、技术优势,正在不断发展壮大。

A 公司也是全国最早开展工程项目管理和工程咨询服务的试点单位之一。公司成立以来,一直深耕工程咨询产业,秉持着创新、专注、尊重的经营理念,迅速成为工程咨询产业最佳典范的企业愿景。目前将项目管理(含代建)、建设监

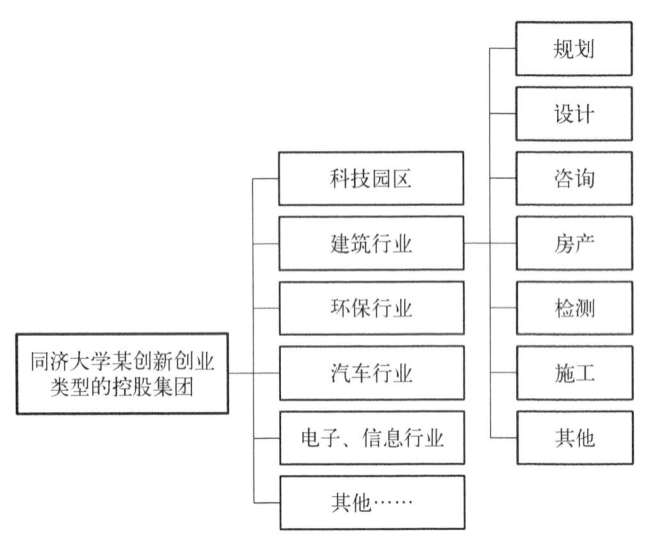

图 3.2　A 公司所从事的咨询业在集团公司业务群中的位置

理、招投标代理、造价咨询等有机整合为一个具备全过程、全方位、多专业的综合性建设咨询企业,进一步提高综合实力和市场竞争能力,为 A 公司拓展建设工程项目管理总承包奠定基础。具备国家发改委、住建部、财政部、质量监督局等多部委、多行业颁发的在工程咨询、工程项目管理、工程造价咨询、招投标代理、政府采购代理、工程监理、节能评估等领域的甲级资质或资格。A 公司为客户提供与工程建设相关的投资咨询、管理咨询与技术咨询服务,主要包括工程项目的前期决策咨询和评估、工程项目管理与代建、工程造价咨询、招投标与采购代理、工程监理、工程技术咨询与管理、第三方评价与后评估等贯穿项目建设全过程的综合性或阶段性专项管理咨询服务,并积极为政府、行业、企业的发展提供决策和管理咨询服务。

3.2.2　组织架构

A 公司与大多数工程咨询公司类似,采用线性的组织结构,结构相对简单,下设的部门主要包括行政部门业务部门和下属控股分子公司。见图 3.3。

检视 A 公司组织的机能设计,国内类似公司大体都不脱传统的阶层式结构,尽管业务上是以一个一个的服务合同方式接受委托,但横向的项目成员联系力量往往不如垂直方向的功能部门层属关系,除了传统习惯外,主要由于垂直方向的考核及奖惩途径的牵动力太强。

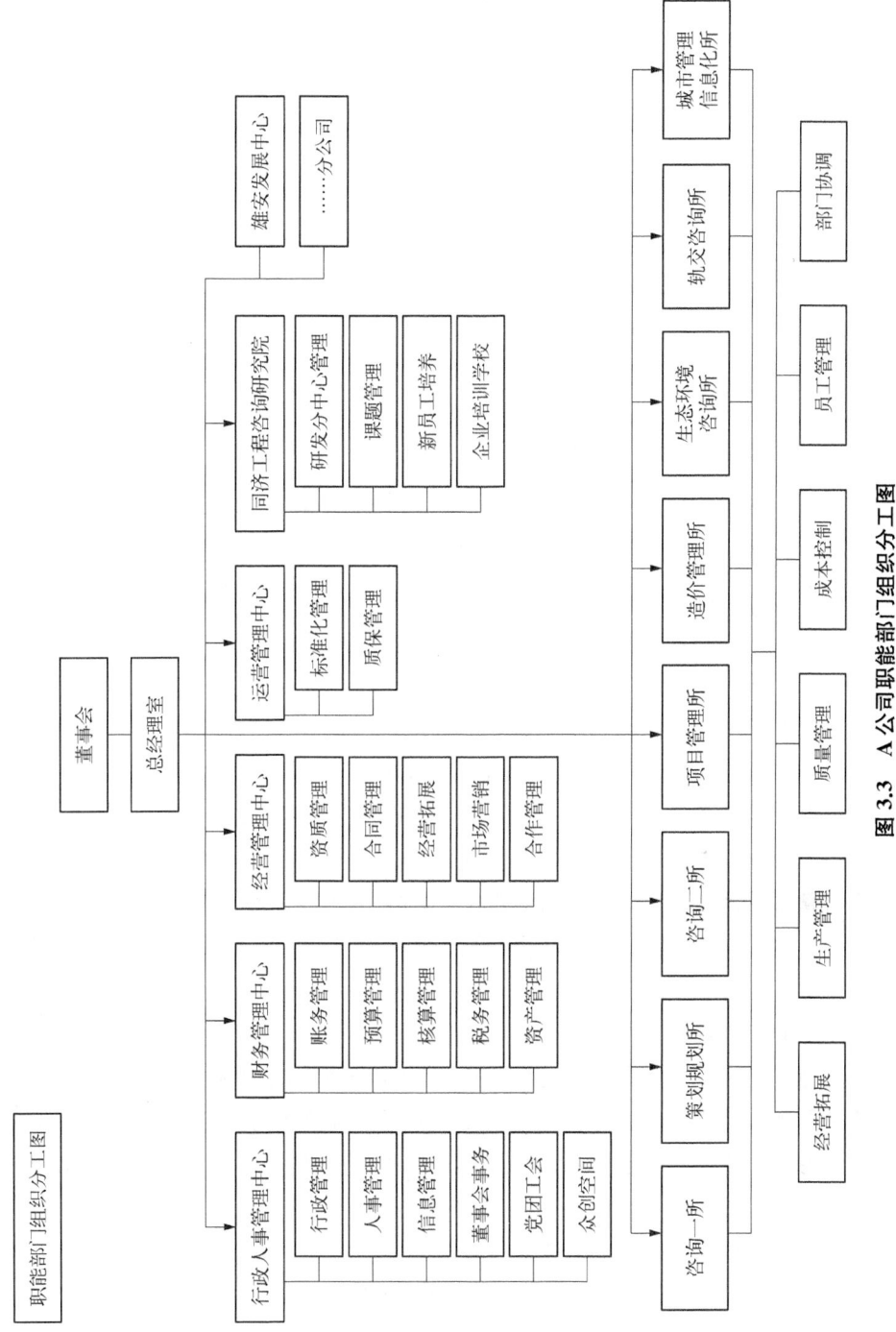

图 3.3　A 公司职能部门组织分工图

近年来,虽对组织架构已略作调整,但仍然仅能将阶层组织转换为弱矩阵组织,距离均衡或是强矩阵组织尚远,未能达到扁平式的项目导向组织。团队成员在初始编队及结案解编人力调度上的困难,一级公司员工面临项目的起始或结束,为项目经理带来相当大的不确定性。

同时可以发现,A公司的管理职能层级中,有一般公司没有的属于A公司自己的咨询研究院。咨询研究院的设立,为A公司拓展新业务、培养新人提供了极大的支持,也为专业技术管理人员的专业知识更新和新技术新方法新工具的掌握运用提供了支撑服务,以及随着市场需求及时建立的新的业务部门,如"雄安发展中心"等;可以看出,A公司的组织架构虽然属于传统型,但仍有其独特性和创新性。

3.2.3 业务的主要特点

A公司属于知识密集的智能型服务产业,有别于一般劳力密集型商业性的传统服务业,随着科技进步,经济社会活动日益复杂,工程技术之复杂程度与需求日新月异,工程咨询业的活动已发展成专业性、集中性的群体活动,而且成为多学科、跨行业、融合多项专业的综合性产业,其业务特性表现在以下几个方面。

(1) 周期长、风险高

一项工程无论是前期决策咨询,还是建设期的管理服务,包括投资监理、工程监理或项目管理等,短则数月长则好几年,在与客户互动过程需要一段时间的交易过程才能有产品交付,例如完成一个投资项目的可行性研究报告,或者一个项目的全过程造价控制成果等。工程施工期间的工程监理或项目管理业务,存有不可预知的经营变量风险,易受业主、营造商、政策、景气、物价波动及通货膨胀等经济变动因素影响,因此依合同条件及成本如期完工所承受之风险较高。

(2) 属于知识密集智能型产业

有别于一般劳力密集商业性传统产业,工程咨询因工程特性关系,各类咨询业务仍必须仰赖专业知识、专业技术、业务能力、沟通能力、管理能力,以及相关咨询业务的实践经验的积累和灵活运用来完成,属知识密集型、竞争力大的产业形态。

(3) 属于各种专业技术的整合与合作

在各项工程建设过程中遇到的问题绝非单一学科、单一方法或单一技术的专业者可以完成,为完成工程咨询,需相当多不同咨询工程师协力完成,如各类投资类咨询工程师、造价工程师、招标工程师、监理工程师、项目管理师、规划师、建筑师、结构工程师、机电设备工程师、环境工程师、信息技术工程师、建造师,以及相应的律师、财税师等,咨询工程师种类多,管理界面也较复杂。

(4) 产品影响对象具有公共性

工程咨询业若规划错误或施工不当影响是全面的、复杂的和长期的,若不幸失败,付出之成本相当巨大,甚至是人的生命。

(5) 工作环境较恶劣

施工过程大多属于户外进行生产的行业,工作受自然环境、气候变化影响大,日晒雨淋在所难免,属于需要和大自然斗争的辛苦行业。

(6) 产业关联性及地域属性强

与工程咨询服务业相关的行业有城市规划、勘察设计、工程施工、材料与设备生产供应、工程保险、法律和金融等,关联性非常强,互相之间的影响大。工程咨询业对象分布广,全国各地都会涉及。而各地均有各自的地方法规、规定,地域属性很明显。

3.3 A公司内部资源与能力状况

3.3.1 人力资源状况

在深度变革的时代,知识经济最讲究的是创新与服务,而其核心的要素便是专业人员及相关的人力资源,因为这类型产业的价值相当程度是由智慧资产所赋予,包括受到法律保障的专利权、著作权以及相关的商业秘密,但若从知识管理的角度,也应该同时重视显性及隐性知识,以及智慧经验的传承文化。由于这类资产多非具体化、条理化的工程咨询,因此,工程咨询公司在业务竞争或是履行合同时,便必须时时妥善管理这些无形的承载力,这些力量如行云流水,充满不确定性,如何将人员行为的消极、被动转化为积极、主动,或是如何让员工以公司成败为己任而发挥团队的最高绩效,此等变量的风险管理可能是组织行为最高难度的议题之一。

A公司工程咨询技术服务队伍强大,服务力量雄厚。A公司所在的集团公司现有员工3 600人,而A公司本身约600人。专业技术服务的人力还有一项特色,就是专业证照资格。工程咨询公司是以工程师为主体的专业服务机构,如同医师之组成医院、律师之组成法律事务所等情况。但因为工程师这项特许证照,以及工程咨询公司之前系属特许行业,均对公司主要的负责人员或工程师定有行为规范,一旦发生违规,便有可能带来撤销或废止公司相关专业的资质资格许可证书,或是对工程师的执业执照给予撤销或停业之处分。

在具体在岗员工数量方面,2017—2019 年 A 公司在岗员工数量如表 3.4 所示,显示整体员工数量在整个工程咨询行业具有较强的竞争力,且人员的增长速度较快。

表 3.4 2017—2019 年 A 公司在岗员工数量

年　份	在岗员工数(人)
2017	401
2018	548
2019	621

而 A 公司在专业执业(职业)专业技术人才方面也有较大的优势:现有注册咨询工程师(投资)、建筑师、环境影响评价工程师、招标工程师、结构工程师、造价工程师、监理工程师、建造师等各类国家注册工程师 1 700 余人次。此外,还拥有一批具有国际影响力的项目管理师 IPMP,以及 RICS 和 CIOB 等。同时,多年的工程咨询实践项目的培养和积累,造就了一批实战经验丰富的现场专业人员。

另外,从人才结构看,A 公司本科以上人员占比 62%,其中硕博学历、留学背景人才集中部门有:生态环境部、工程咨询化技术应用与咨询部、前期咨询部、研究中心等。表明 A 公司的人才结构较为合理,且较为高端。见图 3.4。

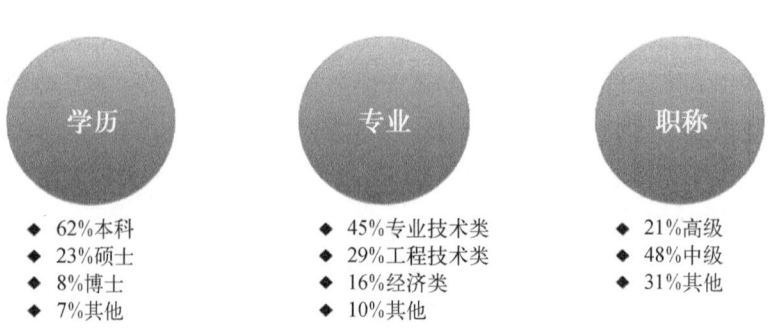

图 3.4 A 公司人才结构

在工程咨询行业,很多公司都存在着人员的不确定性问题,经常出现无法按时提供人员和工作条件保障的情况,或是项目人员的流动性太高,导致项目的委托方有意见,或是替换前后的人员资质不相匹配的问题,也值得注意。为此,A公司广泛吸纳人才,挖掘潜在资源,扩充有经验有能力的管理及技术人才,完善人才体系架构构建双创基地,引进建筑规划、信息技术等多个团队,打造工程咨询服务生态圈。积极开展校园招聘,以2018年为例,校园招聘共收到300余份简历,10余位被面试者曾经就读的高校有清华、北大、同济、人大、天大、上海财大、伦敦大学学院、曼彻斯特大学、伦敦大学国王学院等。

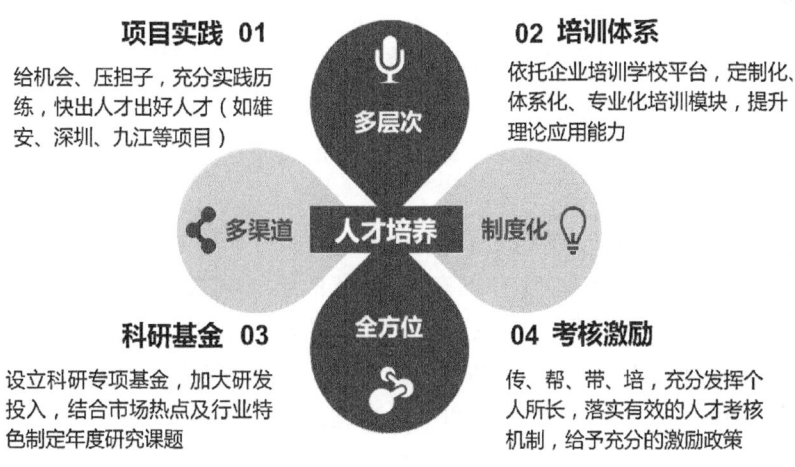

图 3.5　A 公司人才培养与激励机制

A 公司还建立了较为健全的人才培养与激励机制(图 3.5)。就人力资源管理方面而言,公司具有自身的优势,这些优势主要体现在公司有比较强的培训机制上。经过多年的探索实践,遵循"高级补新、中级补能、初级补缺"的培训思路,A 公司早已将"以企业发展需要为导向,自主培训为主、企校联合办学"的培训机制建立了起来。在培训内容的设置上更加注重贴近 A 公司业务与管理的实际情况。在实际的运作过程中具体的做法就是:

其一,有的放矢,针对高级人才高起点培训。把"三高"人才团队建设作为重点,通过各种形式,培养出一批具有统揽全局能力的高级管理人员,培养出一批能够在市场竞争的战场上攻城略地的战将。同时,还能够培养出科技领域掌握最新技术的技术人才。这些人才的培养可以不拘形式,比如委外培训、邀请专家举办专题讲座等,都是可行的。

其二，加大高新技术培训力度。随着时代的发展，高新技术在基础设施建设中的应用越来越广泛，进一步强化咨询工程师在新领域施工的专业技术培训，也是不断适应公司未来拓展高速铁路建设、客运专线建设、建筑智能化施工、城市交通规划建设等新领域施工的客观需求。

其三，对专业咨询工程师进行再教育培训。主要的目的就是使相关人员的专业技术知识不断获得更新，使他们的专业技术水平能够有较大的提升，在此基础上使团队的整体素质得到提高。为了进一步把公司的竞争力提高，必须进一步强化造价师、建造师等各类专业人才的执业资格认证培训。

其四，对作业层员工进行技能培训。主要对象就是现场作业人员，重点是职业技能培训。具体做法可以通过各种形式的岗位练兵和师傅带徒弟，使得一线员工的专业技能得以快速提高并能独立开展工作。就拿 2015 年来说，A 公司举办了 60 期各类培训班，超过 2 000 人次接受了培训；同时，在各个层面积极开展战略性、实效性、互动性培训，通过全公司的共同努力，所有培训计划得到了全部落实。

事实上，工程咨询公司关注所有专业咨询工程师在职场上的投入度、攸关专业机构的获利能力。例如，工作的态度、团队的士气、创新的激励、服务的热心等，有时资深的专业人员持续在做的，一直是多少年前初入行时的类似内容，不求成长或是改变，此种因工作的稳定而缺乏投资未来应变能力的心态，反而成为专业机构创新改进的障碍，徒增项目人力组织的不确定性。为了避免这一点，A 公司建立了相应的激励机制，如图 3.5 所示。选择了更为优质的方案来奖励优秀的工作者，如果工作人员正处于瓶颈期，在这时受到企业的鼓励，自然会给员工以鼓舞，使员工与企业都有新突破。尤其是对那些有重大贡献的工作人员，A 公司不仅对员工本人给予奖励而且对员工家属予以关怀来作为鼓励方式，使得员工全家都对公司有了更多的肯定与认同。

3.3.2 技术与品牌资质能力

依托同济大学得天独厚的知识资源，A 公司具备了高端、高效的工程咨询能力，同时，公司也是在同行业内掌握最先进的咨询技术、工具和方法，涉及全行业各类建设工程项目，包括建筑工程、市政工程、轨道交通、高速公路、特大桥和隧道，以及各类设备安装和改造维护技术咨询的企业之一。A 公司承建的各项工程咨询项目到目前为止全部合格，并且达到了 97% 以上的优良率，有数十项工程还被评为"国优"工程。通过对实践经验的不断总结，目前，A 公司的规章制度以及管理标准更加健全,从而使得公司成为国内最具竞争力的公司之一,这是由A公司独具特色的管理、组织模式决定的,也是公司的关键竞争力所在,是其他企业所无法比拟的。在技术成果方面,A公司获得了多项专利,同时,还获得多项行业资质认证及奖励。历年累计承接、完成各类工程及咨询项目近万项。大、中型工程的优良率达95%以上,获包括鲁班奖、詹天佑奖、优秀工程咨询成果奖、国家银质奖、白玉兰奖、金钢奖、中国市政金奖在内的各类奖项600余项。

A公司发展历程中,不断地开拓和积累,目前已经初步具备了投资建设工程领域开展工程咨询所需要的各专业各项资质或资格许可,如图3.6所示。

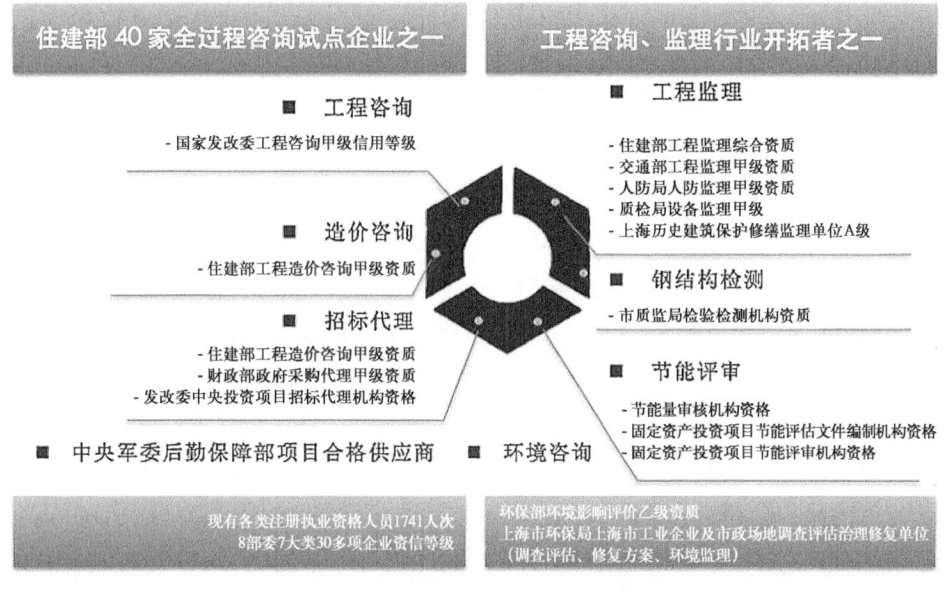

图3.6　A公司获得的行业资质

3.3.3　市场推广与服务能力

A公司虽然是以技术起家的企业,然而A公司在新技术新方法新工具的研发上仍然不断投入,以持续增强企业的核心竞争力。同时,以自有的核心竞争力来积极开展市场营销和推广。由于工程咨询服务的标准规格与转换成本增加,一旦使用者体验了咨询企业的服务带来的价值和增值服务,往往选择与之长久合作的公司。A公司非常强调公司的核心竞争力、服务价值和增值服务,以及品牌形象。

市场推广与服务能力的一个重要体现就是其客户开发方面的成绩。以2018年为例,A公司全年累计开发客户数645户;大客户120户,完成率99.6%。如由2016—2018年的客户发展的状况统计可知,其呈现逐年增多的态势,如表3.5所示。

表 3.5 2016—2018 年 A 公司客户增长状况

客户分层	客户年度增长数		
	2016 年	2017 年	2018 年
大客户数	79	98	120
全年总客户数	430	576	645

同时,A公司还和同济大学专家教授长期合作。同济大学的建筑设计院以及相关资源让A公司具有雄厚的实力、技术经济支撑,对A公司创新咨询技术以及业务都提供了保障。值得一提的是A公司重视产学研合作,充分挖掘校内学科优势,加强多专业领域的产学研合作。例如,与同济大学经济与管理学院合作,建立同智PPP研究和IDI&TIS联合研究中心;与同济大学土木工程学院合作,联合培养土壤修复方向博士后和双创项目(基于BIM的装配式建筑运营平台)及合作设立联合实验室;与环境科学与工程学院合作,建立了环境规划、水处理、环境影响评价咨询业务,同时,也加强了与同济设计院集团、同济规划院、控股集团内兄弟公司合作联盟。

3.3.4 财务及运营能力

在财务方面,图3.7~3.8所示为A公司在近年来内的业务状况及总资产收益率等。2018年合同额突破3亿元,同比增幅13%;另计,投资咨询院在设计院集团合同额为5 165万元,合计35 306万元。

2018年到款额2.64亿元,连续三年到款超过2亿元,同比增幅19%;另计,投资咨询院在设计院集团到款额5 306万元。2018年利润总额2 657万元,净利润2 319万元,同比增幅54%。

通过以上统计图能够得出结论,A公司从2011至2018年无论是总资产收益率还是利润状况,总体来看还是呈上升趋势。这组数据说明A公司在发展过程中整体收益能力较强,但这并不表明A公司盈利的稳定性以及持续性都强。

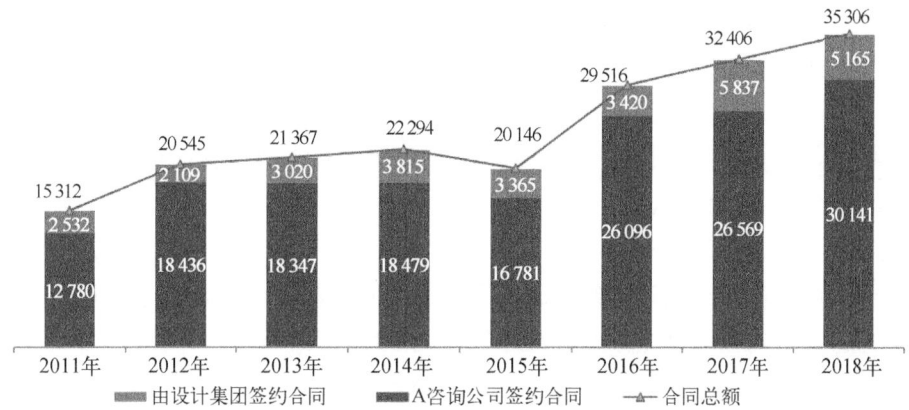

图 3.7　A 公司合同额状况

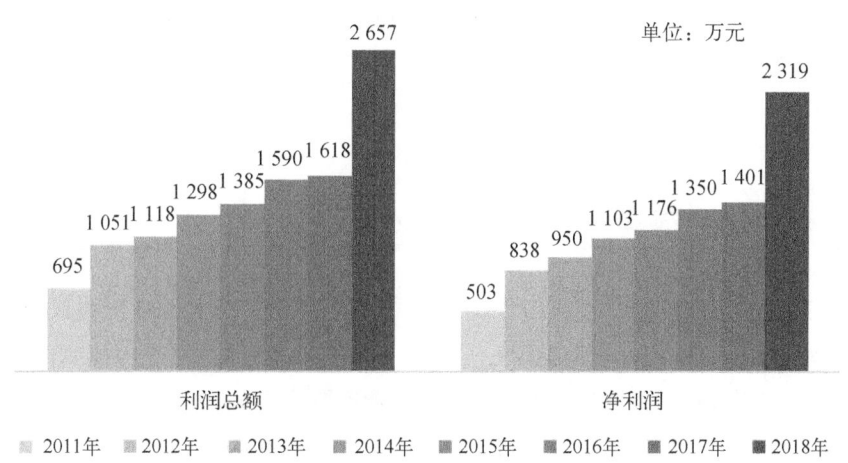

图 3.8　A 公司利润状况

事实上,工程咨询服务业者即使盈利较强,仍要对现状提出质疑,寻找新的行动契机、审视策略健全情况、并通过实验繁衍组织内部的多样性。需要累积庞大的中小型客户后,考量降低成本问题。例如 A 公司的同行威宁谢公司凭借其稳定的客户关系,各服务项目的销售额呈现不同程度的微增。据粗略统计,威宁谢公司工料测量产品市场占有率 11.2%,2008 年威宁谢公司工料测量服务产品销售额比 2007 年提高 2.6 个百分点,项目管理产品的销售额比 2007 年增长 2.3 个百分点。2003 至 2005 年之间,A 公司发展较为迅速,但近两年由于外部的竞争环境以及严峻的经济形势致使 A 公司发展逐渐平缓,还要应对一些棘手问题。目前 A 公司面临市场放开带来的低价竞争,甚至恶意低价竞争的问题。如,各类咨询业务的政府定价(收费标准)取消,改为市场竞争报价。有些业务取消了资质许可(如政府采购和招标代理),导致更多竞争者进入市场。另一方面,各类工程咨询服务均采用的是事后支付,即咨询业务开展后,服务结束后相当长一段时间(一年,甚至两年),仍可能有一部分服务费用没有支付。这些都是 A 企业需要重视和面临的财务风险。

事实上,与竞争者相比,A 公司在目前最突出的问题之一就是创新性业务的占比问题,关键在于监理业务占比过高。相比同一行业的标杆企业现代工程咨询公司,A 公司在监理业务上占比过高,目前,现代工程咨询公司将创新业务的比例由原本的 20% 提升至 40%,而 A 公司则一直保持在 20% 左右,尽管各有道理,但从短期看,无疑对于 A 公司业务的发展起到制约作用(表 3.6)。

表 3.6　A 公司创新业务与业内标杆企业对比统计表(2018 年)

企　　业	传 统 业 务	创 新 业 务
A 公司	80%	20%
标杆企业现代咨询公司	60%	40%

在营运方面,目前管理部门依据 A 公司发展现状、国家最新财税政策对现有管理制度进行梳理,调整内控工作方案及内控管理手册,完成内控制度、流程图梳理等工作,使业务管理规范有序,内控管理职责清晰,同时严格执行各项财务制度,按照"八项规定"要求执行,最终完成质量体系认证管理文件改版工作。虽然在运营方面持续地改进中,但是,项目团队在第一线工作时,特别是外省份项目,远离公司本部,提出公司的运营管理存在着不方便、支持力度不足,运营的响应度不足、经常存在着滞后的现象,所以 A 公司应该找出具体原因并给出解决方案,以便提高和改善公司的日常运营效率,更好地为项目第一线提供及时高效的支持和服务。

第四章 A 公司发展 SWOT 分析

A 公司的内部战略环境是公司业务发展的核心推动力,是 A 公司在面对外部激烈的竞争环境时所能使用的资源,可以说 A 公司内部资源环境的水平决定了其在市场竞争中的地位。

4.1 A 公司的外部机会和威胁

4.1.1 A 公司的外部机会

在上海市的工程咨询行业,A 公司发展环境面临情况如下。

(1) 传统咨询业务萎缩,业务结构进一步转型优化

近年来,政府大力推行简政放权,持续深化"放管服"改革,项目审批权进一步下放或取消。企业投资项目除对关系国家安全、涉及全国重大安全生产力布局、战略性资源开发和重大公共利益等项目实行核准管理外,一律实行备案制,传统项目咨询业务市场萎缩的很厉害,很多企业纷纷转型和优化,以适应新时代对工程咨询业的高质量需求。

(2) 服务全国走向世界业务能力明显增强

根据统计,2017 年上海市工程咨询企业境外收入达到 71.7 亿元,比 2016 年境外收入 57.3 亿元增加了 25%。在参与国际竞争中,上海市工程咨询企业境外业务能力水平得到了进一步提升。

(3) 竞争态势加剧

随着投融资体制改革、固定资产投资建设及经济发展的需要,咨询市场已经涌现出了如 PPP 咨询、BIM 咨询、绿色环保咨询、信息化咨询、大数据咨询、法律咨询、行业咨询、企业咨询等大量的新兴工程咨询业务。工程咨询业务种类的增加,决策咨询与应用型管理咨询的融合,导致工程咨询边界越来越开放,相关的资质资格要求越来越弱化,工程咨询资质、工程代理资质都相继取消。目前,新兴工程咨询业务已有相当一部分出现金融咨询机构、律师事务所、IT 咨询机构

（主要是数据库咨询、软件咨询）、其他行业咨询研究院，以及一批综合性的工程项目管理公司、造价招标代理咨询公司、工程监理公司等加入的局面，传统工程咨询市场孤岛状态早已被打破，工程咨询业队伍混杂交错，市场竞争更加激烈。

我国工程咨询行业的整体环境虽然朝着良好的方向发展，不过毋庸讳言，目前工程咨询大环境的不确定性也较多，企业所面临的风险同样也是所处的环境的一部分。例如，环境风险所包含的类型很多，尤其是明显不可归责于双方当事人的情况；履约过程中意外遭逢的变异情况，如天灾、战争等相当不可抗力亦属之。

目前，A 公司的发展，面临着较多的机会。主要表现在以下几点。

（1）行业内对全过程工程咨询服务需要较大

工程咨询这一行业虽然已经经历了数十年的发展历程，但是其还有很大的发展空间，尤其是对于全过程工程咨询的服务，不仅需求量大，而且也是未来发展的趋势，特别是 2019 年 3 月 15 日国家发改委和住建部联合颁发了《关于推进全过程工程咨询服务发展的指导意见》之后，全国各地普遍开展了全过程工程咨询业务的项目，而且，往往是超大型的综合性的项目居多。而 A 公司通过多年的市场打拼，公司的客户积累较多，这实施过程中积累了大量经验。另外，A 公司较强的技术服务能力，也为公司开展全过程工程咨询服务提供了良好的条件。

（2）对多元化服务的需求越来越大

市场的需求历来是多元化的，即使是同一个投资人，由于项目所在地的不同、项目的性质不同等都会导致咨询服务的需求不同。除了工程咨询服务外，对其他咨询服务的需求也越来越大，例如 PPP 项目的咨询、司法鉴定咨询、工程法务咨询、工程财税咨询，以及新技术新方法新理论新工艺的咨询等均有较大的市场。对于 A 公司而言，由于多年的各专业化咨询服务的积累和行业品牌影响度的积累，形成了自有的专业技术优势和服务能力优势，可以在市场多元化竞争中继续发挥公司的优势并拓展新兴的业务细分市场。A 公司以此为基础，可以拓展相关的业务。

（3）对工程咨询集成整合服务的需求增强

集成整合服务是将工程建设期与工程前期规划咨询服务、其他创新类产品与服务等整合起来，以满足客户的越来越个性化的、越来越高的需求。当然，这一切都需要有丰富的工程咨询人才的支撑才能逐步迈向工程咨询产业的先行者地位。同时为了提供客户更实时更有效率的服务模式，企业要开创 e-Service 服务平台，以应对这一机会。

（4）服务国家"一带一路"的咨询服务需求增大

国家提倡并实施的"一带一路"倡议，给国内工程咨询行业中的大型企业、综合性能力强的企业的发展带来了高质量发展的机会。A公司依托同济大学,业务拓展理应在"一带一路"沿线国家走得更早、更快、更远、更稳。

4.1.2　A公司面临的威胁和挑战

A公司的发展,也面临着较多的外部威胁和挑战。

(1) 更多的传统工程服务类公司涉入工程监理领域

随着政府对营商环境改善的要求,以及逐步取消资质和专业许可,使得更多原来没有资质或较低资质的企业,抢着进入大型项目的咨询服务市场,传统工程服务类公司因整个行业竞争的加剧,造成行业产生很大的混乱,而大型工程服务类公司已经布局了工程服务的主要盈利市场,所以行业之间的竞争非常激烈,在这种情况下,很多传统工程服务类公司采取了细分市场策略,尤其是对于工程咨询服务这一细分领域均较为看好,新的公司的不断出现和加入将对A公司未来的发展构成威胁。

(2) 国外资本的进入和国外咨询公司的直接竞争

随着市场的进一步开放,国外资本通过收购兼并的方式,很快就抢占了一部分的市场,近年来,在上海就已经发生了多起收购兼并的案例。同时,国外大型工程咨询公司也开始直接进入市场,抢占业务。这些既是对国内整个咨询行业的挑战,也是对A公司发展的一大挑战。

(3) 常规的成熟的业务价格竞争激烈

即使在工程咨询服务领域,也存在着很多企业为了获得订单,不惜以降价的方式进行恶性竞争。另外,也是因为一些较为新型的工程咨询服务领域,其具有较高的行业标准,这样也将降低中小工程咨询企业进入的可能性,且目前众多同行企业研发、市场投入不足,妨碍了进入市场速度。既然进入不了新型的工程咨询服务市场,自然只能拥挤在常规的成熟的咨询服务业务上,这些也对A公司的发展形成挑战。

(4) 其他威胁和挑战

从产业政策面来看,目前整个工程咨询产业欠缺完整的产业执行政策:完整的工程咨询产业执行政策是相当重要的课题,前几年主管机关虽有有关工程咨询政策文件的提出,然而其中之相关政策与策略,对于具体执行措施与作法,着墨不多,以致政府机关与国内企业对于工程咨询政策也无法全面把握。另外,也缺乏工程咨询产业技术的研发诱因:为有效提升工程质量,促进工程咨询产业水平,美、日等国投入各国公共工程预算的1%～5%作为工程咨询产业研究发展之用，反观国内研发之情形，在专业技术方面之研究发展就已有所不足，因而工程咨询产业水平始终也无法提升，因此政府主管部门应编列预算，作为推展及奖励研究发展之经费。

从管理层面看，目前工程咨询业务的招标采用最低价决标是各机关办理公开招标常常采用的方式，低价抢标激烈，导致大型正规的咨询企业由于管理成本和研发成本高而无法抗衡超低价竞标。因此工程咨询服务业者虽多，却无暇顾及在工作中累积经验、研发先进的工程咨询新工具新技术新方法，如何改进发包采购机制，也是值得思考之课题。

从经营环境面来看，由于咨询业务的专业资质逐步取消，如政府采购资质、招标代理资质等，导致很多业务相近的企业纷纷进入，而这些新进入者为了获得业务，虽然往往采用低价竞争策略，但仍然无法有稳定的业务来源。目前国内工程咨询市场普遍存在僧多粥少之现象，工程咨询业者为求生存，只得低价抢标，工程咨询服务的成果质量参差不齐。对于前期咨询来说，也有相当一大部分的投资人或项目建设单位并不看中咨询成果的质量，只要求能通过政府审批部门的许可。这也从根本上导致了咨询企业低价抢市场的现象。从企业经营型态与范围受限层面看，国内工程咨询产业企业规模不大，其中部分原因系出自于现行管理法规对企业经营型态的限制。在这种背景下，工程咨询企业难以做到大型化即很少有员工上百人的大型工程咨询企业。另外，国内工程咨询产业企业普遍存有规模不大、财务能力不足的问题，其承担风险能力也就相当薄弱。由于国内企业缺乏永续经营理念，因此在企业专业能力方面，国内企业的专业能力，较国外企业普遍有不足的情形。

从技术层面看，意味着科技水平、国家政策、创新能力以及创新产品等要素，上述要素还需要结合当前的社会现象以及工程咨询相关政策。最近几年，科技水平高速发展，出现很多新技术和新产品，在电子化信息的时代，信息技术的发展以及开发应用对工程咨询行业也有着很重要的影响。例如，工程咨询公司可利用互联网的相关科技，进行业务的办理，而机构也可以利用互联网信息进行营销推广。目前，国外的大型工程咨询公司，在这方面有先天的优势，而 A 公司在这方面起步较晚。

近一二十年来，原本与施工阶段的承揽企业壁垒分明的工程咨询业，在业务活动及合同型态上已逐渐发生变化。

（1）向综合性及纵深化发展的趋向

随着公共建设相关采购市场变化，应对统包、设计/建造、民间参与计划的推动,工程咨询公司经常须与施工、材料设备企业合作,甚至配合参与计划而与包括财务、法律、建筑等专业领域的业者合作,结合成更为庞大的服务团队。

而主动结合上述不同业者,可以增强营运实力,例如增加设计图说的可施工性、经济性,或是通过结盟以拓展海外业务。

（2）新趋向：PPP、工程总承包、建筑师负责制、全过程工程咨询等

随着业务新领域的开辟,很多工程咨询公司开始向以上多种业务项目或业务模式拓展。这是因为,随着房地产业开始不景气,连带着工程咨询行业也存在着可持续性发展的问题。不过,以国外城市发展规律为依据,预计中国一线城市的存量地产开发会逐步成为主流。特别是随着高房价的重压及我国地产行业宏观调控的加强,基础设施建设市场可能成为未来房地产行业的热点。就 A 公司而言,因之前有较多的基础设施工程咨询经验,也积累了一些老客户,如果能从中发展出一些大型基础设施的咨询业务,开展多种类型的工程项目,未尝不可成为今后的发展趋势。

例如,很多工程咨询公司开展承接 PPP 工程项目,在国内推动多年未见成效的都市更新,一直有着法令、制度及执行等方面的问题难以突破。不过近年来由于高铁建设、一日生活圈概念,以及都会社区文化的日渐形成,中央及地方单位已重新检视有关城市更新的实务课题,预期将会有另一番的作为。回头思考工程咨询公司在这个政策区块的相关业务,确实有着相当的发展契机,只不过是它对于工程咨询既有的核心能力将需要有所增补与调整,例如都市计划、都市设计、文化景观、经济及财务评估,乃至于与居民或企业的沟通谈判能力等,都将会面临挑战；这对于有心发展崭新业务的工程咨询公司在风险管理的观点上,相信大部分都是机会大于损失的不确定性管理。又如,很多工程咨询公司实施了全过程管理模式。这种模式是一套统合的、由工程咨询驱动的方法,它可以包含项目生命期的所有面向,从它的设计到制造、部署和维修,最后到这项项目退出服务,并宣布最后报废而告终。生命周期管理另一种定义,是整合各种商业系统,来管理项目或项目的生命周期。

4.2　A 公司的内部优势和劣势

4.2.1　A 公司的内部优势

1) 具有一定的技术与品牌能力

A 公司在传统工程监理上,技术优势是非常明显的,许多产品一直处于市场领先地位,且拥有先进的管理机制。而且,现阶段人力资源能够满足 A 公司在新的

业务领域如工程咨询服务上的需要。A公司都非常重视人力素质，以期拥有专业技术与品牌能力，因为技术与品牌能力是掌握记存在人的思想智慧中的，人所拥有的技术、知识与经验，唯有靠人才去运作，才能将其串联成可用的资源，提供技术更大的发挥空间及效用，因此各公司的员工结构中，绝对是高学历、专业人员比例越高的公司，其员工产值较高，竞争优势相对也较强。工程技术是科技实际应用，目前世界科技由于计算机工程咨询的进步，将理论科技转化成实用商业科技，往往需研究团队的努力与开发、组织整合机制的建立、研发经费的充沛、奖励研发的制定、人力资源的培养，这些都是国内业者均需加强建构的核心资源，目前公司大多欠缺此项核心资源，唯有产生共识及拥有坚强技术研发创新，才能进军国际，永续经营，并具有竞争优势。就A公司创办人拥有国际学术地位，深具国际宏观，无论在提升员工素质，公司信誉、扩增公司竞争力等方面都深具影响。A公司的市场战略联盟广泛，通过良好的校企合作，积极开展工程咨询培训业务，注重人才引进资源。

同时，A公司目前具有的资质齐全，具有国家发改委、住建部、交通部、铁道部、财政部、质量技术监督局等多部委在工程咨询、工程造价咨询、招投标代理、政府采购代理、工程监理、设备监理等领域多专业、多方向的甲级资质。且依托同济大学多学科、多领域的专业和技术优势，在建筑、规划、工程项目管理、设计管理、土木、道路桥梁、海洋、环境、汽车、交通、机械等专业领域居国内领先，可提供各类建设领域的经济与技术研究和工程技术咨询等服务。在投融资领域、信息化技术应用领域、新技术新设备应用领域也往往走在了行业的前面。

2）具有一定的市场推广能力和较强的后续服务能力

A公司在市场方面有固定的市场渠道资源，市场团队多年在工程咨询领域的工作经验，积累了大量的客户群体和客户口碑。A公司的市场经营团队往往都是来自业务第一线的专业人员，他们懂技术、懂业务、懂管理，对上下游产业和新技术大多有比较深入的了解和掌握，对市场需求及未来趋势有丰富的经验。A公司的经营团队常常与业务执行团队融合在一起，因此，在后续的客户售后服务方面也有一定的能力。

3）其他优势

（1）较强的人员与管理能力

工程咨询服务企业由高级人才所组成，需要有优秀领导者去带领员工开拓人际关系，培养公司企业文化，走向学术领导，激励员工士气及组织团队力量，营造公司愿景，工程咨询服务企业的产品是将专业咨询工程师的思想构图及技术知识经过计算机，笔纸等工具转化成管理手册、管理标准、管理表式，其知识累积的成果是有价值性,因此充沛人力,充沛众多学科的专业人员证照、高学历是每个公司积极建构最重要的核心资源,如何持续此项竞争优势,A公司不断创造优良的工作环境,舒缓员工的压力,提高员工待遇,加强培训,畅通升迁管道,降低关键人员流失率。

(2) 丰富的业务经验

工程咨询业的产品,在业务洽谈中,合同签订前都具有无形看不见的特性,它需要依客户的目的功能,经费预算多寡、科学技术的成熟度、商业化程度、外在地理与人文环境条件,市场需求等等因素而影响产品的模样,如何让工程咨询能力取得客户的信任感,唯一途径便是提供已完工的工程经验成果,经验是需要靠时间与机会的累积,也需要靠知识、技术及人才点点滴滴的累积,无法由市场上购买,一般有价值的真正的工程咨询服务费约为整体工程建设费用5%~10%,因此造就工程业务经验也需要社会国家投入相当大的资源、财力及社会成本,其困难度很高,因此各个公司都以掌握建立其各自专业的工程业务经验为核心资源,也是其业务来源,经营竞争优势之所在的泉源。

(3) 较强的经营与资金管理能力

总体来看,A公司的产值和盈利能力与其他企业相比,具有一定的优势,从集团公司的层面上看,其经营业绩主要集中在工程监理上,占A公司经营总额的72%,其2018年总监理产值在全国排名为第4位,在上海地区排名为第2位。但是,从咨询公司的层面看,监理业务的产值仅仅占了公司总产值的5%不到。公司总体上的业务种类还是体现了综合性、多样性和创新性。如在整个投资建设项目的全产业链上,从项目投资决策、规划策划、投融资策划到项目建设管理总体策划、全过程的投资控制、招标采购代理、施工阶段的项目管理和整体竣工验收策划和实施,直到移交和固定资产办理等,公司都有若干个团队在经营。公司在新技术的应用方面也做了大量的积极探索,比如BIM技术在全过程项目管理中的应用,无人机在环境调查和治理项目咨询上的应用等。在投融资策划咨询和工程法务方面的咨询业务也开展的红红火火,特别是工程造价的司法鉴定业务,短短的三年,从0发展到了公司内部人均产值过百万元的高地。当然,这些归功于当下市场环境的开放。

4.2.2 A公司的内部劣势

另外,尽管A公司在以上方面取得了一定的成绩,但是在广度和深度方面还有进一步提升的空间。不讳言,A公司在以下几个方面还存在着较大的缺陷。

(1) 业务团队相对独立且综合性工程咨询服务能力不足

A 公司在工程咨询业务领域内，从 A 公司整体的角度来说，全产业链业务都有涉及，综合性高也具有业务的多样性，但是，从每一个业务团队的角度来说，由于经营和管理乃至生产都相对独立，因此，在业务能力、人员储备、综合性能力方面参差不齐，大多数业务团队仍然专注于传统的成熟的业务领域，在其他方面如新兴的业务类型，如 PPP、轨交与铁路工程咨询项目及全过程工程咨询、培训、综合性服务方案解决等方面虽有成功案例，但业务比重不大。另外，客户对于其企业的规模及是否有综合性服务的能力非常重视，而 A 公司目前还处于一个发展的阶段，其竞争力与其它业内大型工程咨询公司，如国内的中咨公司、国际上的 AECOM 等相比，无论其规模还是营业额，均有不小的差距。

(2) 价值链缺乏整合且缺乏全过程的咨询服务

目前，A 公司的工程咨询业务缺乏深化，一般是通过直接的业务合作，进而建立长期的合作关系，但是，还没有站在客户的角度上，挖掘客户除了工程咨询产品之外的深层次需求。其次，A 公司目前还难以对咨询项目的各个环节都做到完全控制。如绿色建筑评价咨询方面，公司还没有一个独立的团队可以为客户提供专业化的咨询服务。对于自己能掌控的如建筑工程、市政工程等尚可，但对于如高速铁路等，存在着咨询业务的盲点，而在整个城市建设和城市更新工程的各个环节重视对咨询控制的考虑是非常有必要的。一般来说，建筑工程项目的工程计划作业程序大致分为规划、设计及施工等三个阶段；如属重大的工程项目计划则依其程序目标及管控的需要，可分为先期规划（可行性研究）、综合规划、方案设计（初步设计）、专业深化设计及现场施工安装、竣工验收和移交等阶段。每一阶段均应设定管理目标以避免发生预算编列不实、设计及施工不当、进度延宕、招标发包延误等问题。所以，在咨询项目的实际实施过程中，需要通过全过程目标体系来解决项目全生命周期被分割的问题，而项目全生命周期被分割主要是由于管理体制和政策环境导致的，政府管理部门和企业为适应管理体制而将整个项目的咨询管理人为地分割成所谓的"碎片化"管理及阶段性的咨询服务。

(3) 缺乏向更广阔的区域市场的业务推广

一般而言，工程咨询服务如要扩大规模发展，对于向更广阔的区域市场的业务推广是非常必要的。一般来说，工程咨询企业将市场通过地理位置的不同将其划分成不一样的市场，比如东北区域、西北区域、东南区域等。由于不同的市场所处的地理位置也不一样，因此这也会使不同市场的政治经济状况有所差异，不同区域的消费者对于产品的标准与需求也有差异，因此管理人员应当注重地区差异所带来的需求差异。而目前，A公司主要还是以长三角地区为主要拓展区域，尤其是上海市，而在其他地区，如中部和西北部地区、东北地区等还缺乏有效的推广，而在国外的工程咨询项目，更缺乏深层次的推广，甚至还缺少常规的咨询服务项目。

（4）其他劣势。比照国内外一流的工程咨询企业，A公司在机制体制、运作模式、项目商业策划、信息化远程管理等方面还存在着一定的差距，成为A公司发展壮大的瓶颈之一。

4.3 A公司的SWOT结构分析

4.3.1 A公司的SWOT矩阵

SWOT分析就是将企业面临的优势劣势和机会挑战进行综合性分析（表3.7）。

表 3.7 SWOT 战略分析

内外部因素	机会（Opportunity）	威胁（threats）
优势（Strengths）	SO 战略 加强优势，抓住机会，全力为之	ST 战略 加强自身优势，躲避威胁，尽可能恢复或者是强调自身优势
弱点（Weaknesses）	WO 战略 降低劣势，抓住机会，重点关注对手的方案策略	WT 战略 降低劣势，躲避威胁基础上进行战略转移

由此进行 SWOT 分析也可进一步促使大型工程咨询公司要正视自己的优缺点。SWOT 分析如表 3.8 所示。

表 3.8 A公司的SWOT矩阵表

	优势（S）	劣势（W）
	1.具有一定的技术与品牌能力； 2.具有一定的市场推广能力和较强的后期服务能力； 3.市场战略联盟广泛，良好的校企合作，企业管理相对规范	1.业务团队相对独立且综合性工程咨询服务能力不强； 2.价值链缺乏整合且缺乏全过程的咨询服务； 3.缺乏向更广阔的区域市场的业务推广

续 表

机会(O) 1. 行业内对全过程工程咨询服务需要较大； 2. 对多元化服务的需求越来越大； 3. 环保友好型社会对工程咨询集成整合服务的需求增强	SO 战略 采取密集型成长战略,完善业务组合进行市场渗透、拓展PPP等新兴业务市场等措施	WO 战略 采取 WO 扭转型战略,通过价值链整合及全过程咨询服务填补服务短板、通过开辟新的国内国际市场以加强区域推广能力
威胁(T) 1. 更多的传统工程服务类公司转型工程咨询领域,发起挑战； 2. 价格竞争开始激烈； 3. 客户倾向于选择能提供综合性服务的知名企业	ST 战略 1. 以创新和市场为导向,专心开发新的业务类型； 2. 参与建立和制定行业标准	WT 战略 1. 维持现状 2. 逐步退出市场

4.3.2 SWOT 矩阵分析

在以上 SWOT 矩阵分析的基础上,为了对 A 公司的战略备选方案进行确定,要对各个可选择的战略方向进行分析。

可选择的战略方向如下。

(1) SO 战略方向

采取密集型成长战略,完善业务组合、拓展 PPP 等新兴市场。如要选择这一方向,需要考虑的因素主要有,A 公司因具有一定的技术与品牌能力,且具有一定的市场推广能力和初步的后期服务能力,再加上市场战略联盟广泛和良好的校企合作,企业管理相对规范,完全可以在之前的基础上,凭借其优势,获得市场的机会,尤其是新的业务领域上,争取获得了市场和消费者的认可。事实上,A 公司已经在某些领域具有一定的竞争优势。

与竞争对手相比,例如与建科咨询相比,A 公司在多个业务领域均处于领先地位,而建科等业务领域相对单一,故 A 公司如采用 SO 战略,能够继续保持其优势；但若采取 SO 战略,和竞争对手如现代咨询公司相比,则这一优势相对不太明显,因为现代咨询公司具有强有力的集团资源,故若想凸显优势,还需要考虑其他发展战略。不过,与现代咨询相比,A 公司在某些业务领域及业务发展模式具有一定的优势,比如在国内第一个提出全过程工程咨询的方案,比如率先推出了环境治理与修复板块的工程咨询业务,该业务推出以后受到了业内的一致认可,随着业务数量的不断增加,使得相关产品及其衍生品也获得了可观的经济效益,这从一个侧面反映出 A 公司正在转变观念,积极开拓新的发展方向,即使不一定从规模及业务的全面性方面能够超越所有竞争对手,也可以在某一领域进行突围。

(2) WO 战略方向

通过价值链整合及全过程咨询服务填补服务短板、通过开辟新的国内国际市场以加强区域推广能力。如要选择这一方向,需要考虑的因素主要有,A 公司面临的业务团队相对独立且综合性工程咨询服务能力不足,虽然提出了全过程咨询的方案,但因工程咨询行业整体上呈现价值链缺乏整合且缺乏现有全过程的咨询服务能力,且缺乏向更广阔的区域市场的业务推广,在这种情况下,若要采取 WO 战略,显然要通过价值链整合及全过程咨询服务填补服务短板,同时通过开辟新的国内国际市场以加强区域推广能力,这一战略显然属于"取长补短"。以开辟新的业务领域举例说明,建筑智能化随着时代的发展也在不断的发展,在建筑总投资中,占比较大的产品就是智能建筑,而且这一比例仍有继续扩大的趋势,据不完全统计,智能建筑方面的投资在总投资中的占比已经由过去的不足 1% 增加到目前的 5% 以上。然而,因为市场还很不完善,现阶段这一领域处在的问题还比较多。公司的关键业务技术与建筑智能化息息相关,为了在企业的价值链中获取较多的利润,A 公司必须将关键优势最大限度地发挥出,在储备型业务中增加建筑智能化项目。

较为适合短期内的发展规划。若要选择这一战略,还要注意到 A 公司尽管在部分业务上有一定的技术优势,但很多新的想法还停留在概念阶段,没有在具体项目中应用的成熟经验,且创新的动力和基础不够,所以,如要选择这一战略,除了弥补上述的短板外,还要在人才的供给、组织设计和管理高层的理念更新上予以保障,例如在管理流程方面,A 公司目前还未能提供标准化的顾问辅导程序及客户满意度监控机制。同时还未建立专业人员进行全程辅导文件及进度监控,以确保整体执行的质量。所以,要采取这一战略,就要采取如成立企业内部的知识库平台,让咨询师能够快速的取得产业的经验及计算机化的规划重点,通过这种经验复制的模式,不仅加速了顾问专业人才的养成,同时也让 A 公司在客户服务的专业度及质量都能维持一定的标准,当市场上产生越多系统使用成功上线的客户,客户口碑提升了 A 公司的知名度。最后,也因随着企业的扩大,支出的不断上升,故要处理好生存和发展的关系。

如要选择这一发展战略,还需要和竞争对手进行比较分析。例如与建科咨询公司相比,A公司如能逐步弥补发展中的短板问题,则可以较为轻松地超越建科咨询公司。这是因为,建科咨询公司在业务的流程管理方面,与A公司一样,也都存在着类似的问题,且问题的严重程度更甚,故此,如A公司采用WO战略,则会明显提升管理水平,进而竞争能力大增;若采取WO战略,和竞争对手如现代咨询公司相比,能够快速将如全过程工程咨询方案这样的核心优势业务予以较快时间实施,则可以抢的先机。

(3) ST战略方向

如要采取ST战略,其核心是要以创新和市场为导向,专心开发创新产品与服务,同时,可参与建立和制定行业标准。如要选择这一战略,则创新与推广也是一个重点。事实证明,创新不只是产品创新或者服务创新,它贯穿于各种活动。比如业务创新,其重点在于新颖。新颖的核心是程度的多少,但是有些创新只是修改一下原有产品或者修改原有程序,有一些创新则是将旧产品或者旧程序进行重新定义更改,创造出新颖的产品或者与之前大不相同的策略。应该说,ST战略的本身内涵显然也是A公司所需要的,但其主要侧重点在于内部能力的提升,如要采取这一战略作为主要战略,则似乎有缺乏处理外部环境之更高层次的能力,故建议不予选择。

(4) WT战略方向

如要采取WT战略,其核心是要维持现状和逐步退出市场。如要选择这一战略,则意味着浪费了相当良好的资源能力和外部给予的机遇。这一战略较为适合处于下降趋势的企业或遭遇重大创伤的企业,而对于A公司而言,显然不是如此,故不建议选择。

第五章　A公司发展战略的选择与规划

A公司既要保持快速增长,同时在短期要兼顾其存在的问题。

5.1　A公司发展战略的选择

A公司应该将SO战略和WO战略作为主要的战略发展方面,而不适合选择WT与ST战略。之所以选择增长型战略作为主要战略方向,这是因为,通过分析发现,近年来我国工程咨询服务行业市场规模不断扩大,且该行业属于国家大力扶持的对象,因此市场潜力很大。以企业竞争力层面看,A公司拥有行业先进的工程咨询技术和工程前期规划咨询、工程监理服务业务品牌和实力,拥有较高的业绩及品牌优势,理所当然地成为该细分领域先进技术的推广者。

5.1.1　SO战略作为主战略

SO战略,也就是增长型战略,即成长型战略,增长型战略包括综合性战略、多元化战略、密集型成长战略。

A公司之所以要选择增长型战略作为总体战略,除了在本篇第四章中所提到的理由外,还在于按照核心资源理论,由于A公司受规模及业务范围所限,因此无法直接依托公司的自身优势和外部利好环境进行直接战略实施,但通过与其他战略的配合,可逐步解决这一问题。

5.1.2　WO战略作为辅助战略

WO战略,也称之为扭转型战略。在该种条件下突出战胜短处、强调机遇。A公司其主要的劣势包括业务范围受限、增值服务缺乏、资金缺乏导致无法较为理想地实现为客户提供综合性产品及服务的解决方案,直接影响了项目的决策和实施,降低了企业的竞争力。因此,在WO战略中最优先需要考虑选择的优化业务组合,增加工程咨询领域的其他业务,健全全过程发展战略的实施。

5.2 A 公司战略目标的确定

5.2.1 A 公司的愿景与使命

(1) A 公司的愿景

按照 A 公司领导层确立的公司愿景,要将 A 公司发展为国内一流的一个综合性的工程咨询企业。致力于在建筑咨询服务领域开拓属于自己的空间,在经营中采取稳妥运作、持续发展、立足上海、面向全国。同时,在做好主业的基础上,不断拓展相关专业,逐渐涉足其他行业。目的是将 A 公司打造为具有广阔市场空间、雄厚的技术力量的现代企业。使 A 公司成为行业内效益高、信誉好、具有较强核心竞争力的典范。要把公司建成国内领先的世界知名企业集团,为全球业主提供质量上乘的咨询服务,进而间接为人们生活提供满意的居所和工程。同时在企业内部,努力为员工的工作创造良好的环境和条件,为员工发挥自身能够提供必要支持,此外,使企业股东的长期权益得到保障,在此基础上最大限度的确保资产的保值增值。

(2) 公司的使命

A 公司未来之使命,应该是一家能够提供完整的全过程工程咨询的大型企业,A 公司要加快构建"大工程咨询产业链"由提供"工程咨询工程前期规划咨询及工程监理服务为主"向提供"整体工程咨询解决方案"推进,公司的发展目标是,到 2025 年,不仅要成为国内一流的工程咨询公司,而且要成为世界领先的工程咨询企业。

5.2.2 A 公司发展目标的确定

A 公司总体发展目标是在现有产品与服务上进行延伸或深化。以下这两点是它的总体战略目标:首先,业务范围由长三角及上海地区为主进一步扩大到全国及国外;其次,以全过程咨询服务为核心工程咨询业务进行增值,适当延长价值链。最后,要建立完善周全的制度化服务体系。

具体而言,A 公司要在原先经营领域的基础上,进行全产业链的布局,不仅以工程咨询的前期规划咨询为业务范围,还要进行全过程咨询,进行工程咨询服务和产品、培训等业务的整合,使业务额在 2025 年达到 4.5 亿元。

5.3 A公司发展战略体系的规划

5.3.1 SO主战略的规划

结合A公司以全过程的工程咨询服务为核心产品，最终公司适合选择增长型战略中的密集型成长战略。密集型成长战略又称作加强型战略。

(1) A公司的市场渗透战略规划

成本领先的战略：A公司可通过BIM等工程咨询管理软件，提升服务质量，提高工作效率，降低服务成本。

差异化的战略：可提出全过程工程咨询服务概念，在次全过程工程咨询服务领域提出了"服务即产品，产品即服务"的理念，将产品服务化，服务产品化。

集中化的战略：对于A公司而言，公司可集中所有的技术力量，开拓如雄安地区的新客户，并专注于工程咨询服务业务。

(2) A公司的市场开发战略

经过市场调研，发现工程咨询业务需要在二三线城市市场，尤其是三线城市区域，以及在一些新兴的业务领域，例如PPP、特色小镇等业务领域进行新的开拓。A公司可以进一步加大投入，对已有的一些专业化团队（如PPP咨询）给予支持，使其有能力拓展更大的市场。A公司也可以新建一些咨询团队，如绿色建筑评价咨询团队、轨道交通咨询团队等，以填补公司在这些领域的空白。

(3) 产品开发战略

为了进一步提升A公司的竞争力、降低服务成本、提升服务效率、增加销售毛利，并配合A公司的产品服务化，服务产品化的营销模式，A公司正在开发几款新的围绕工程咨询服务的产品。

A公司虽然在全过程工程咨询业务领域取得了一些成就，甚至获得了历史上从未有过的单个项目合同咨询费过亿元的大项目。但就实践来看，这类产品仍有很大的开发空间。可以说，整个工程咨询行业对于真正的"全过程工程咨询"的认识仍然是片面的、模糊的，如何做好这类产品也是缺乏研究的。有些项目甚至就是戴了一顶"全过程"的帽子而已。

5.3.2 WO辅助战略的规划

1) 建立有效的业务组合

在进行全方位的详细调查之后，A公司对目前业务所处的宏观环境、行业环境以及同行业竞争对手、本身的情况作了客观分析。提出了 A 公司的业务组织战略。图 3.9 就是 A 公司业务单元 GE 矩阵分析图。

高 行 业 吸 引 力 低	核心主导业务	培育增长业务	储备型业务
	培育增长业务	储备型业务	剥离型业务
	储备型业务	剥离型业务	剥离性业务

强　　　　　　公司业务地位　　　　　　弱

图 3.9　业务单元 GE 矩阵分布图

(1) 关键主导业务

关键主导业务是公司现阶段具备的，比较先进的关键技术。市场前景广阔。在市场中属于领先地位，在经营模式以及经营体系上较为成熟与完整。是公司主要的创收点以及销售利润点。为企业带来了较大的现金流业务。

就 A 公司目前的经营情况而言，监理业务是最主要的业务。在公司全年的业务量中的占比达到 70% 以上。据不完全统计，2018 年合同金额为 8.87 亿元。在未来的一段时期之内，监理业务的市场空间将是非常可观的。在这种情况下，A 公司今后一定时期应继续将监理业务，将依然成为 A 公司相当长的时期之内的关键主导业务。作为其核心主导业务。在此基础上进一步使 A 公司在这一领域的主导地位巩固下来。

(2) 培养增长型业务

培育增长型业务的具体做法就是，对于那些公司拥有关键基础技术，并且市场发展前景较为广阔的项目，在不断的技术延展中形成一定的技术竞争优势，逐步建立起了适合市场需求的经营体系。将此作为公司未来的关键主业加以重点拓展，同时，这也是未来能够为公司创造主要利润以及净现金流利益的产业，这也是企业规模化发展的必要基础。

目前来看，由以轨道交通工程咨询为代表的交通工程咨询将成为 A 公司业务发展的方向之一。这是由于：

第一，现阶段，我国城市轨道交通发展进入关键时期。按照国家关于城市轨道交通建设的整体规划,未来五年中国将建成城市轨道交通总里程超过 2 000 公里,总投资超过 20 000 亿元。所以,A 公司以后的业务将有很大一块在轨道交通领域。第二,不断完善承包模式,从设计到施工采取的都是代管模式,这也是深化改革的需要。是 A 公司产业链条上的重要环节,为了保持企业长期的竞争力,使企业能够在这一方向上持续发展,企业的产业结构要从单纯的轨道交通工程咨询不断延伸到其他领域,比如设计及后续的造价咨询服务等。举个例子,为了进一步开拓市场,寻找新的经济增长点,2019 年,A 公司积极参与多个城市的地铁咨询服务投标。

(3) 储备型业务

所谓储备型业务,就是指该类产品从理论上来说具备较大的发展潜力,在未来的市场上拥有不错的发展空间,能够使公司的关键产业与关键技术能够得以实现。然而能否实现目前还无法作出定论,在市场中,还没有其他竞争者有实际的运作;至于 A 公司,现阶段还不明确是否要参与该业务以及如何参与、采取何种运作措施等。

(4) 剥离型业务

偏离公司的战略目标,在市场中没有具备规模的竞争者,且严重背离了公司目前的技术发展方向以及具备的关键技术,同时市场竞争的主导模式为低成本为主,就整体而言,产业利润水平较低,在该类业务中 A 公司面对客户谈判能力严重不足。故而,通过各种有效的方式将这些业务从 A 公司中剥离出去,使其成为独立的产业体系。

对于市场竞争激烈,市场占有率不高,利润低下的瘦狗类项目,如单纯的低端监理服务、造价咨询服务,A 公司要及早退出。

2) 价值链整合和全过程工程咨询

A 公司通过价值链的整合,要实现工程咨询产品的整合,因此 A 公司可通过工程咨询的核心竞争力的延伸,打造真正的"全过程工程咨询"的核心品牌,通过价值链的整合,不仅可以在服务能力和技术能力上提升,还可以在营销推广方面起到作用。

3) 通过开辟新的国内国际市场以加强区域推广能力

对于 A 公司而言,如果是基于国内一流国际领先战略的考虑,则肯定要开辟更大的区域市场,如此才能达到目标及更能满足客户的需求,所以应当了解该行业市场的行情,对各个地区的客户需求做到真正的了解,不论是自身,还是同行业的竞争者,都要做到透彻的了解,根据不同的问题提出不同的建议,应当对不同区域的市场的行情进行研究，以便更好更快地推广。

在国家实施"一带一路"倡议的背景下，工程咨询有着更加广阔的市场，公司已经组建了一个专业化的"风险评估"团队，专业服务于"一带一路"的相关项目，至今为止已经走过了约 20 多个国家，获得了近 40 个项目。但是，仅仅依靠"风险评估"一类业务，显然不能满足公司走向国际市场的目标。公司应该对标国际著名的企业，如 AECOM 公司等，做到将全产业链服务产品推向国际市场。

第六章　A公司发展战略的实施

6.1　A公司SO发展战略的实施

6.1.1　完善多元化的业务组合

A公司业务朝向相关多元化发展，除了传统的工程咨询工程前期规划咨询和监理业务、造价咨询之外，可以扩大工程咨询领域的产品服务范围，扩展到全过程工程咨询、工程咨询评估、工程咨询集成、工程咨询运维和工程咨询培训。同时，也可以加强专业的深度，实施定制化服务，不仅业务类型全面，而且每个类型都能做到极致，当然，对于A公司而言，首先是要完善服务版块，同时确立主导服务产品。

完善后的A公司整体业务组合，可分为如下几大方面。

(1) 投资项目前期决策咨询与评估

与所有其他建筑工程项目服务一样，工程咨询参与工程项目，同样是以立项作为项目开始的标志。项目立项阶段的主要工作就是，首先，依据国家及地方的长期规划和项目的建设目标，提出项目的建设设想，并通过一定的手段对设想进行论证。其次在以上基础上进行建设项目建议书和项目可行性研究报告的编制。之后进行规划设计，设计中后期项目管理公司进入，主体设计基本完成后造价公司进入。

在这一板块，A公司要遵循"客观性、针对性、合规性"的原则，根据客户的需求，通过全方位地调查、分析和论证，编制高质量的研究、策划和评估报告参见图3.10。

(2) 项目管理、工程造价咨询与招投标与采购代理

在项目管理方面，A公司可根据工程项目建设的需求和特点，可为客户量身打造覆盖项目决策阶段、实施阶段和运营阶段的全过程或阶段性项目管理服务。

在工程造价咨询方面，近年来各类建设成本增加，导致价格走高。例如，人

图 3.10　投资项目前期决策咨询与评估板块服务内容

力成本比起往年偏高是成本增加的主要原因。于内部而言，因造价公司迟延入场所带来的问题使项目需要负担更多的成本经费，招标采购方式的不合理，管理方式较为落后，原材料价格波动加大，若未能与供应商保持良好关系，在市场供不应求的情况下则带来非常大的供货风险，不注重成本控制意识的宣传也进一步加重造价控制的难度。建议公司以增值理念为核心，通过深入广泛的调查，分析同类项目的市场信息，结合 A 公司二十多年积累的工程数据和同济设计院的设计数据，充分运用价值工程、挣值法等科学手段，力求项目每分投入都能获得更高的价值（图 3.11）。

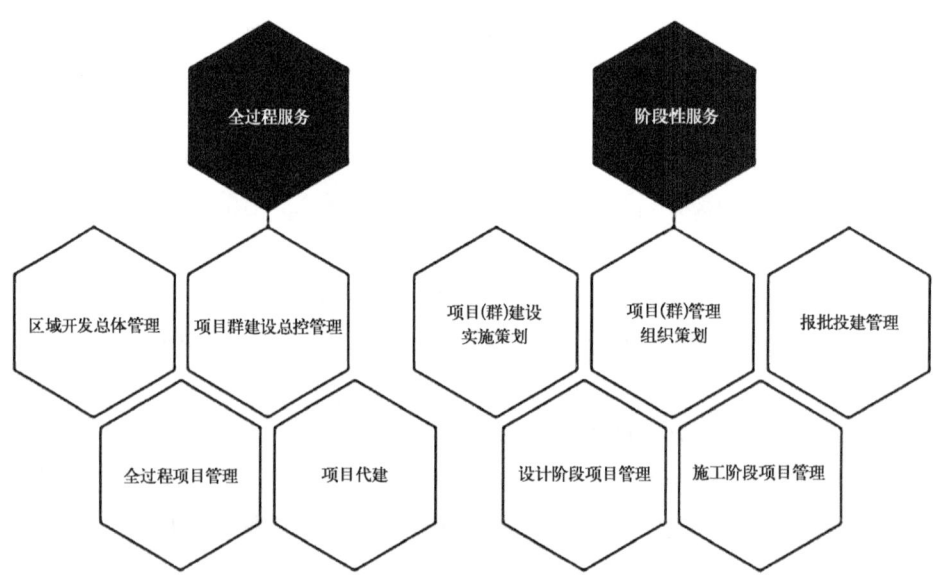

图 3.11　项目管理板块服务内容

在招投标与采购代理方面,在这一阶段招标过程中,很多的造价咨询机构没有参与,这样在对于投标人的报价缺乏全面细致的审核,也没有在清单的编制过程中,达到一编一审的效果,就会产生编制的不准确,产生了相关的风险。同时,因标段划分过细,为了赶进度,这就导致在招标的过程中专业设计不够精细,且各个工段的界面及报价方面的约定不够明确,这导致了后期控制的难度。建议恪守"公开、公平、公正、诚实信用"原则,坚持从客户需求出发,针对不用的建设项目特点,策划制定采购与招投标的实施方案,凭借严格的招标与采购程序,选择出在资格、能力、资信、价格等方面都能最大限度满足客户和项目建设实际表现,以此快速更新服务,提高服务水平。

(3) 工程监理与工程技术咨询

这是目前工程咨询服务市场上一块大饼,是其他工程咨询服务的基础,同时也是提升工程服务层次的重点。建议为业主提供规范化的监理服务。服务期从施工准备期开始,经施工、安装调试、竣工验收等阶段,直至项目保修期结束为止,通过"三控、两管、一协调",确保高质量实现项目目标。同时,以"满足客户利益与项目功能合理要求"为宗旨,着力开发新技术、新方法,充分发挥先进的技术优势,提供专业的技术咨询与管理服务。

(4) 信息咨询与政府、行业与企业咨询

在信息咨询方面,建议公司凭借轻量化 BIMLine 项目协同管理平台开发和应用、无人机技术、GIS 技术、VR 技术、720 全景技术、物联网技术等手段,为政府及企业的管理实施、流程把控、产品开发等需求提供自动化与信息化解决方案(图 3.12)。

图 3.12 信息咨询服务内容

在政府、行业与企业咨询方面,建议公司依靠产学研合作平台,为业主提供行业发展规划、政策咨询、企业培训等服务。值得一提的是工程咨询培训,教育培训也是咨询服务中不可或缺的,毕竟支撑项目的还是管理人员,有专业及正确的认知,方能提供无误的管理质量或是有效且快速地排除故障。工程咨询培训服务业务是 A 公司为客户提供更全面优质的服务,准备的统一规范化服务,致力于构建最完善的培训团队。

6.1.2 拓展 PPP 及特色小镇等新兴业务

之前 A 公司主要的业务为传统业务,随着市场的发展,建议可在以下新兴领域进行市场拓展。

(1) PPP 及相关咨询类业务

PPP 是一种新的业务类型,其核心是政府资源和社会资源的整合,是企业和政府的一种在建设工程领域的合作。政府和社会资本合作模式。过去工程的设计与施工是分权制度,工程咨询业负责规划、设计,而建筑公司负责施工,许多国家都立法明定之,明白规范了设计与施工分立、泾渭分明,但在第二次世界大战后,工业国家在工厂建设工程一开始使用交钥匙统包方式,将整厂的设计与施工交由一家公司承包,以节省时间与费用,减少交涉对象,明确责任归属,近年来这种交钥匙统包制度发展较为成熟,已经逐渐被国人所接受,政府主管部门也在研究法律上的许可范围,使统包合法化,并订定一套合理可行的规范,业主可以聘由工程咨询业办理研究、规划、基本概念、设计及规范,将工程发包给承建企业继续进行细部设计,并进行工程采购及施工,承建企业可就其本身资源条件与能力办理细部设计,在不违背基本设计的原则下可加以调整细部设计,其细部设计也需经工程咨询。工程咨询业,虽可能是投资者之一,比重不大,但其地位却十分重要,在整个工程建设过程中其细部设计、施工管理均有赖于工程咨询业的主导,才能对工程的质量、成本及期限可以有较平衡的考量,对于业主的期望、计划的目的及需求,均有较佳的认识与了解,也有较佳的合作意愿,在技术专业的考量下,也能以价值工程理念下,提供较先进的工程技术功能,节省工程费用及财务负担,因此在当前的环境情势下,如今在 PPP 方式中,在组合组织里地位降为受雇的配角,如何在这种变化中还能维持顾问业的特性:专业、独立及公正的尊严,值得业者深思与努力,在业者的财力上也须更加健全,才能应对参与未来需要先投资再争取业务的新环境。

基于此,A 公司可以将 PPP 咨询类作为一个新的业务增长点,通过加强全过程工程咨询管理为这类客户提供工程咨询保障,同时创办更为严谨的风险评估系统以及风险监测系统。制定工程咨询解决方案以提供全方位技术支持与服务支撑作为切入点。

(2) 特色小镇相关咨询类业务

据不完全统计,当前,特色小镇的建设正在各地如火如荼地进行,目前在建和已经建成的特色小镇,绝大多数都集中在我国的东部地区,数量大约超过 50 个,占全部特色小镇的 40%多。也就是说,这一类项目对于工程咨询的需求还是较为旺盛的。

有鉴于此,A 公司可以将特色小镇作为一个新的业务增长点,一方面发挥企业原有的技术优势,通过参与此类项目吸收相关工程实施的经验;另一方面,也可以进一步提高公司在这一业务领域的话语权,对于企业的盈利也是一种贡献。

6.2　A 公司 WO 发展战略的实施

6.2.1　通过价值链整合填补服务短板

价值的创造是企业最重要的使命。企业要能够获利,其产品或服务在消费者心目中所创造的价值必须超过其价格。如何提高价值,降低成本就是企业经营的要务。运用价值链的观念,在竞争激烈的消费市场中能继续的保有从源头至消费者的优势并且获利。

具体到 A 公司,可与如建筑公司的渠道共享进行价值链整合,本质上属于垂直整合的一种,与传统的渠道组织不一样,其将工程咨询公司与开发商紧密联系在一起,并与其他客户形成三足鼎立的局面,逐步构建一个专业化管理和集中控制的网络,从而达到有效监制,肃清共同矛盾,发挥协同效用。垂直一体化有利于经销商、制造商、消费者三方共赢。可以利用建筑公司的营销渠道。目前,推行一条龙的建筑服务已经是未来发展的趋势,然而那些大型建筑企业承揽了大部分的建筑业务,且具有良好的人员和设备,这就导致工程咨询企业在行业内非常被动,为了确保公司持续稳定的业务来源以及长期的可持续发展,可与建筑开发企业联盟。在具体方式上,建议 A 公司主动接洽企业建筑开发公司,联名提供给客户咨询产品作为礼赠品,因为是合作的方式,产品上可以放自己的企业 Logo,一起跟着设计产品出去接触消费者,做更广大的曝光。开发产品有很多因素,有的是为了企业的持续发展,也有以营销为目的,有些产品完全是以市场为导向在做,有一些是完全以产品导向,还有一些是以创意为导向,为了打开知名度,而跟合作企业联名开发新的产品,进行异业营销。另外也可以借着联名的机会,多开发渠道,跟大建筑企业合作,帮大建筑企业设计开发设计产品,为的是产品上可以放自己企业的名字,借助大企业原本的好渠道,一起让企业名字多一点曝光机会。另外,A 公司还可通过内部流程的完善,发挥内部价值链的功能。内部服务价值链立志于服务企业内部,员工对企业的归属感以及忠诚度,都可以通过精益内部服务价值链而实现,员工如果将自己视为企业之一分子,则会主动将企业的利益与自己的利益联系到一起,立足岗位,奉献服务。

6.2.2 1＋X 全过程工程咨询服务模式的实施

按照 WO 发展战略的思路,还可采取 1＋X 全过程工程咨询服务模式(图 3.13),进而差异化市场渗透。正如前面所述,工程咨询是一个过程不中断的典型服务,但是,在之前,在工程咨询服务这一领域,很少有公司能够做到像工程咨询基础服务全过程的,故 A 公司可以以此进行差异化服务,进而渗透市场。

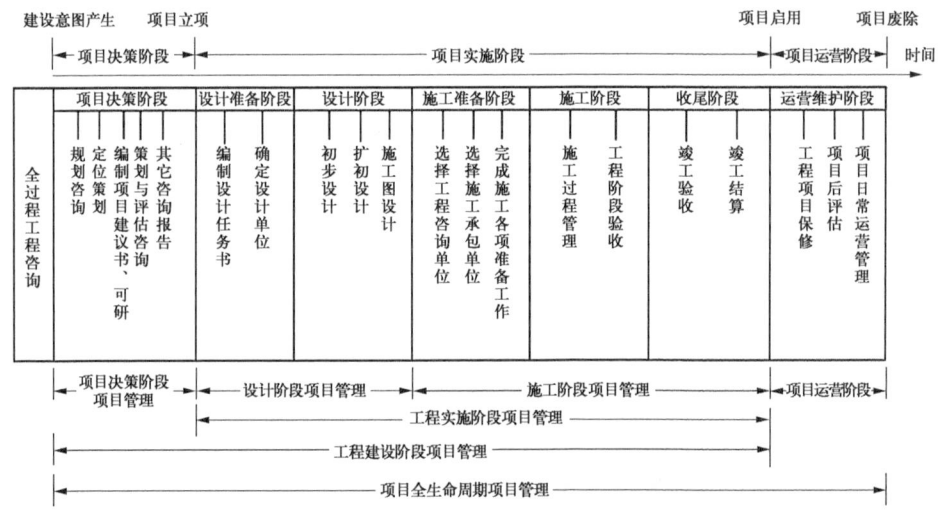

图 3.13　1＋X 全过程工程咨询服务模式

工程咨询生命周期管理是企业依据企业目标和营运状况,将本身的资料和工程咨询定义出不同层次的价值,并通过政策、过程、执行、服务,以及工具使用的方式,所制订出一套管理策略。人的生命或产品寿命一样都有着诞生、发展、成熟及衰退等不同阶段的演进,同理,工程咨询也有着生命周期的推移演进,工程咨询生命周期演变从工程咨询建立导入新生期开始、历经工程咨询使用黄金成熟期、到工程咨询参考使用衰老期、到最后的工程咨询处置归档终老期,工程咨询的价值从建立开始也会随着时间的流逝,从最重要变得不重要、从开始使用到经常使用、偶尔使用到不常使用,所以可以从工程咨询生命周期的价值变化来管理工程咨询的储存。

具体措施方面,建议 A 公司可以采取 1＋X 全过程工程咨询服务,进行全周期工程咨询服务。该流程"1"是指贯穿项目全过程的工程咨询管理服务链,是对项目决策、实施和运行各阶段进行策划、组织、控制、协调的集成化管理;"X"是指全过程工程咨询管理服务中单项工程咨询管理服务,咨询方可以根据委托方需求和意愿承担其中的一项或多项专业性的工程咨询服务。

要实现这一模式,需要建立适应全过程工程咨询服务需要的企业组织架构和保证体系。针对开展全过程工程咨询服务的需要,建议 A 公司成立覆盖前期工程咨询、项目管理、招标代理、造价管理,信息化管理等相应的业务部门,可以根据市场需要,既可以承担全过程集成化的工程咨询管理服务,也可以承担单项专业化的工程咨询服务,实现全面、综合和灵活、有效的企业运行管理机制。

建议 A 公司调整原有的组织结构,将原来的"前台＋后台"结构,调整为更具灵活的更有生命力的"前台＋中台＋后台"的结构,充分发挥"中台"的枢纽作用、支撑作用。公司的"前台"是面向客户的第一线的咨询服务团队,而公司的"后台",则是公司的职能管理部门,包括行政、人事、财务、技术研发、质量监督和业务部门一级的管理等。显然,传统的"前台＋后台"模式,对于前台来说,缺乏强有力的支撑。如果增加一个"中台"的话,通过中台来调整集成公司后台的力量,可以及时灵活地给与"前台"以更多的支持。形成一种"大中台""小前台"的运行组织模式。在实践中,面对客户,天天跟客户打交道的"小前台",并不需要很多人,也并不需要配备所有专业的咨询工程师,因为有"大中台"的及时支撑。当然,在当下的市场环境和政府管理制度下,这一种模式可能还难以实现。但是,这种模式对于走出国门、走向国际市场一定是有生命力的,有大作为的。

6.2.3　全区域化市场策略的实施

对于 A 公司而言,从客户角度看,要实现全区域化市场策略,就要拓展客户资源,要拓展包括政府机构、公益事业单位、金融机构、财团、房地产商、工业企业(集团)等。

从地理区域的角度看,客户资源要在现有的上海、江苏、浙江、北京、广东、福建等 25 个省份的基础上加强拓展。国际市场方面,要紧跟国家"一带一路"倡议部署,继续海外项目技术风险管理控制等咨询业务。同时,要积极参与商务部援外项目,完成项建书、可研报告,这一块涉及建筑、交通、铁路、市政、港口与航道、石油化工、电力、机电安装、通信、农业等各行业(图 3.14),改变之前在地区、行业间分布极其不均的现象。

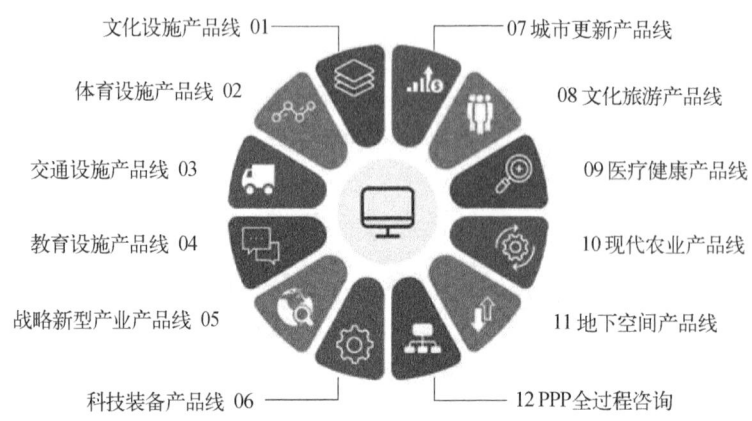

图 3.14　以产品线为基础拓展市场区域

例如,在积极开拓上海临港片区,承接临港先进制造园 C03-04 与 C04-02 地块,中国移动临港 IDC 研发基地、上海微小卫星工程中心等多个工程的项目管理,加快片区拓展步伐。目前,A 公司已经涉及国家重大发展主题的区域进行了初步的布局,如 2018 年 8 月 10 日,中国雄安集团工程咨询机构库的工程咨询和项目管理两标段中标名单正式公布,A 公司分别以第一名及第三名中标入选,为进一步服务雄安新区建设打下了扎实基础、开创了良好局面。

6.3　A 公司发展战略实施的保障措施

6.3.1　资信扩充措施

为了承接更多不同类型的业务,需要对公司的资质进行扩容。目前具备工程咨询和建设监理行业内相关企业资质申请条件,可进一步发挥同济大学整体资源优势,创建更完整、更全面的企业资质平台,申请或整合环境评价、工程检测等资质。

例如,可合并吸收住建部市政工程甲级监理资质,申请交通部水利工程监理资质和信息产业部信息工程监理资质、古建筑保护监理资质、人防监理资质及发改委铁道工程专项工程咨询资质等(图 3.15)。

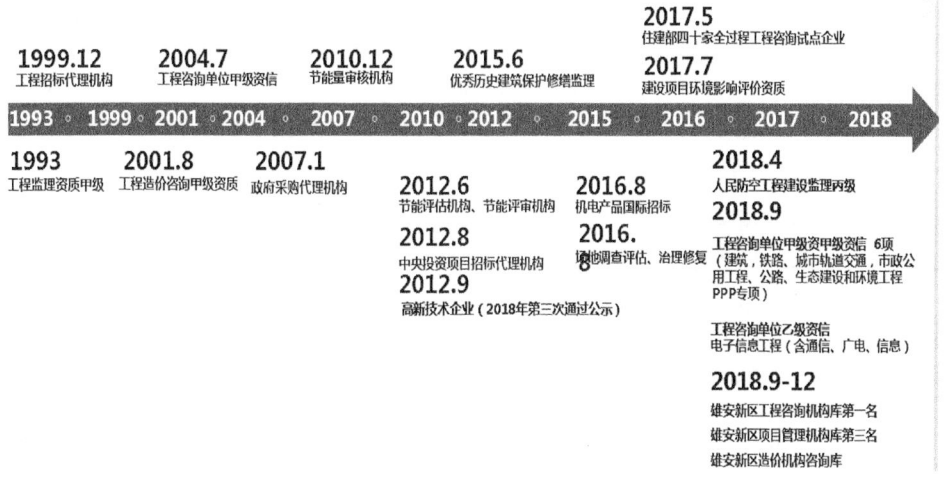

图 3.15 资信扩充措施

6.3.2 内控管理措施

例如,在组织架构方面,可优化原先的线性组织架构,处理好公司与部门关系,达到统一职能管理、服务和协调部门关系、协调突出矛盾。也要处理好部门与部门关系:以所为单位,突出主导业务、独立运营核算、市场化协作。

又例如,要探索企业创新发展新模式(图 3.16)。加强科研投入,发挥研发作用,如在 PPP、定位策划、信息化、土壤修复、TIS 咨询、BIM、无人机应用等方面要取得一定经验,积极探索"市场开拓、产品孵化、人才培养"三结合创新发展模式。

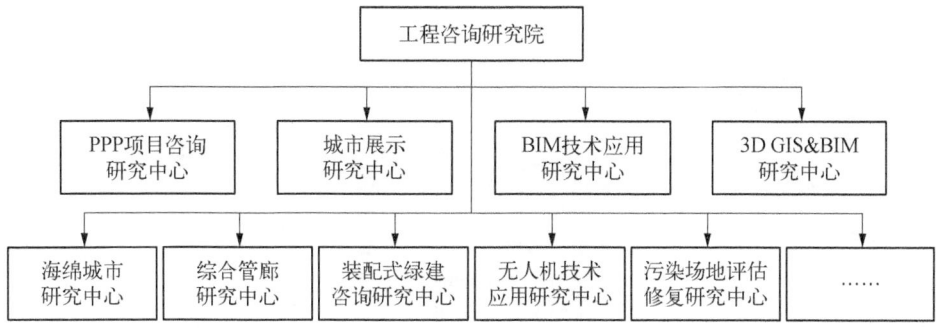

图 3.16 企业研发创新措施

又例如,在财务管控方面,建议公司管理预算从实际出发、量力而行、本着收支平衡,留有余地、实现一定利润增长的原则编制管理,并循序渐进,做到稳步提升。通过预算管理进行整个公司总盘收支、利润的管控,发挥经营绩效考核激励的机制作用,激发各公司及相关部门、人员的积极性,实行多劳多得,上不封顶的市场化分配机制。既要考虑国企体制的特点,又要考虑市场化机制的作用;既要考虑董事会、员工的利益诉求,又要考虑市场的不可预见性和残酷,预算管理必须留有一定的余地,才能确保企业的可持续发展。可采取四级管理:公司级预算管理,所级收支限额管理,部门级业务量考核管理,通过项目级成本控制管理,达到责任层层落实,同时,对于重大项目、培育业务由公司通过"人才基金""新业务拓展补贴""课题研究等"统筹扶持,政策倾斜。

6.3.3 BIM等信息化措施

之前,A公司对于工程咨询作业流程,仍大多采取传统的人工或电子邮件收发资料信息,再重新以计算机作业方式输入制作整合信息建立数据库。这种继承传统的管理作业方式会造成工程各单位、各团队各行其是,导致信息重复建置,而且往往因为人为的疏失,造成资料的不正确及作业成本增加等问题,尤其是各团队单位重复性地输入相同资料或建置信息,除了造成不必要的时间浪费,并易造成资料输入者表面公式化与机械化的职责疏怠,增加发生错误的机会,降低效率,进而影响咨询服务质量。而BIM技术则有助于这类问题的解决。随着现代信息技术的发展,信息技术的应用范围不断拓展,目前该技术在建设项目中的应用越来越受到重视,建议A公司通过BIM的应用,在提高项目的建设效率的同时,也可以最大限度地实现建设项目的节能与环保目的。另外,由于现代信息技术的应用提高了建设效率,进而有效降低了成本(图3.17)。

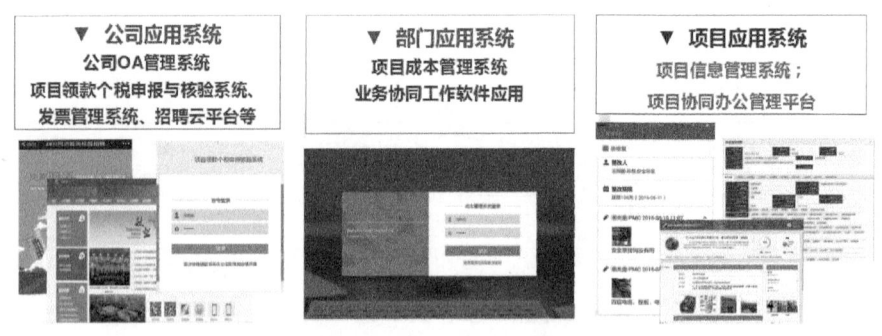

图3.17 企业信息化保障措施

对 A 公司而言，建议除 BIM 之外，还应设立信息管理部，统筹管理公司整体信息化能力建设，投入逐年加大。建议信息化措施要以公司管控和业务流程管理为核心，以公司、项目和员工为主体，通过加快数据库建设和推进，逐步建立决策支撑系统。要依托标准化流程推动管理，依托数据统计分析系统支撑决策，最终构建 A 公司"全管理、全业务、全员工"的信息系统体系。

6.3.4 客户关系保障措施

工程咨询服务业的客户招徕的方式或途径，大致可分成：① 口碑，即是建立良好信誉，加上老字号等条件，使客户慕名而来；② 与客户保持良好的关系，在服务过的客户心中留下良好印象，吸引"回头客"；③ 向潜在客户做好公关，彼此相互熟了，下次有合作机会时，自然会选择该公司。而政府机关在招商过程中，则需通过政府采购法招标相关规定去实行，因此工程咨询公司较难通过良好的客户关系营销，直接获得下一个合作机会，仅能通过采购法中之最有利标及限制性招标之方式，满足业主需求，并找出与其它竞争企业较不同的优势，以获取该案。另外，工程咨询公司为 B2B 企业，其企业销售对象通常只有几十个，并非与 B2C 企业一样有成千上万甚至数以万计的消费大众。B2B 企业必须逐个分析每一个企业客户，然后对它们能为自己公司产出多少利益，作出高度主观的判断。正因为每一个客户都是个别的，所以就必须一对一提供服务。

而多数 B2B 企业以一对一准则管理及发展客户的关系管理已行之有年，笔者建议 A 公司对于关键客户的关系保障措施做一粗略之架构。如下所示：

（1）政府之间的客户关系，需要进一步加强，要立足于整体工程咨询技术创新带来工程改善，提出工程咨询整体解决方案。从解决工程现实问题，提升工程品质角度，形成政府工程咨询问题专家顾问。

（2）构建新业务发展的关键客户群，无论公司还是个体通常都喜欢在熟悉的环境中发展关系，对于新兴业务领域客户关系的建立和维护相对薄弱。因此，针对新兴业务公司应该适度集中资源、加大维护投入。

（3）关键客户"满意度调查与评价"，应侧重于客户不满意度调查，重点消除导致客户不满意的盲点，及时与关键客户沟通，发现问题，找出问题，并积极的解决问题，从而提高关键客户的满意度，提高他们的忠诚度。

（4）建立专业化的关键客户维护管理部门，寻求深层次提升客户价值，帮忙客户成功，实现关键客户管理的"多赢"局面。相关组织中的一线销售人员和功能各异的相关的各种团队的活动协调是成功的大客户管理不可或缺的方面。通过对相关文献的梳理发现，在关键管理方面，其实施能否成功在很大程度上取决于跨功能团队的运作程度，在保留原工作内容的前提下，安排专人对客户的投诉内容进行记录，并将其第一时间告知服务经理，由后者负责协调相关方面及时采取相应的措施进行处理，在处理完成后将处理的结果告知客户，并向上级部门反馈。在客户确认满意后才算真正解决问题，之后也并非就此撒手不管，而是要建立起严格的跟踪机制，以便保证客户反映的问题获得彻底解决。另外，为了提高客户对售后服务的满意度，应通过电话、电子邮件等形式对客户进行回访。

第七章 结论与展望

工程咨询行业是一个高附加值的行业,目前在国内虽然发展的速度较快,但竞争同样较为激烈。如 A 公司这样的大型工程咨询企业,如何向更高层次发展,构成了本篇所研究的主题。此类企业发展战略的规划制定,所遵循的方向主要有内外两个方面,为应对外部竞争,要朝向附加价值高的工程领域发展如积极推展 BOO 等业务的契机也建议应善加利用,而不是因风险程度较高而消极的无视该市场商机。对于企业内部,则可进行全过程的工程咨询改进,在规划、设计、施工以至于更新等各阶段,所涉及的工程咨询技术组织与作业程序、信息技术皆可进一步研究以提升效率。

7.1 结论

(1) 在深度变革的时代,对工程咨询行业的挑战会越来越大

工程咨询行业的发展,无法脱离整体建设工程行业发展的大背景。当今无论传统工程行业或是工程咨询行业都已发展成熟,其纯利润越来越低。例如,在建设工程领域,因建造技术与成本也为业主所熟悉,加之业主也处于低毛利的市场环境,为求成本降低,在工程成本支出上更是锱铢必较,从早期动辄 30%～40% 的工程毛利,发展至今,许多工程毛利甚至不到 20%,毛利结构逐渐萎缩。这也同样适用于工程咨询行业,对于工程咨询企业而言,也必须配合此一趋势对工程项目的执行以及公司内部流程作一重新检视,甚至进行调整来产生获利空间。由于工程咨询服务业务的核心能力是专业技术,其中最重要的企业资产,提供发挥这些能力的专业人员或其合作团队,能够实现客户对于技术标准的需求及条件,其发展的速度才能越来越快。

(2) A 公司应该将 SO 战略作为主要的发展方向

尽管如此,工程咨询公司以技术服务项目为主轴,各个服务项目的合同之成效累积形成工程咨询公司的经营绩效。不过,由于市场日趋开放、竞争日益激

烈,以往尚称稳定的营运模式,已面对越来越多的风险,可能对营业收益、声誉及日后取得业务的机会等,造成严重侵蚀,所以有必要重新审视企业的发展战略规划,本篇针对 A 公司目前面临的挑战,通过对工程咨询行业的总体发展进行探讨,简要描述了 A 公司的基本情况,而后对宏观环境进行了客观描述,在此基础上认为 A 公司应该总体上采取 SO 战略,辅以 WO 战略作为辅助战略来实施。之所以如此选择,总体上缘于在信息及科技不断进步的时代,在建设工程的多样化需求的时代,不仅需要工程咨询公司构建能够完成全过程咨询的能力体系,还能应对个性化的工程咨询需求,更为重要的是,要学会运用信息及科技更有效提升咨询管理,使得质量及成本控管更加细致为未来研究的目标,为应对这一变迁,不仅需要集中精力进行快速发展,也同时要弥补发展的短板。

（3）工程咨询公司实施发展战略要多元化与差异化并重

通过研究发现,在实施以上总体战略时,可重点对 A 公司 SO 战略进行设计,本篇提出了采取如多元化业务组合进行市场渗透、拓展 PPP 及特色小镇等新兴市场措施;同时在 WO 战略的实施建议方面,认为要通过价值链整合及增值服务填补服务短板、通过采取 1+X 全过程工程咨询服务模式增强差异化竞争力等。并在资信扩充、内控管理、BIM 信息化措施和客户关系保障措施等方面进行了建议的提出。值得一提的是,无论是采取全过程咨询,抑或 PPP 等新业务的拓展,无不需要公司结合内控制度和通过不断的实践总结,编制涵盖全部业务板块的管理体系,才能有效地保证了全过程工程咨询的服务质量。

（4）紧跟形势,引领行业发展

从发展历程来看,工程建设项目管理行业并非新兴产业,但一直随着我国建筑业的持续发展而同步改进。当前的改革形势有了新的变化,需要把握新时代对高质量发展的要求。作为建筑业的支柱产业,工程建设项目管理行业正在经历最大的挑战。因此,A 公司应认清当前改革形势,积极响应国家推动工程建设项目管理行业的相关政策,及时调研政策对改革的意义和作用。同时,应清晰预测工程建设项目管理行业在上海城市建设发展中的未来方向,做出顺应发展的创新和引领规划,争取始终走在全国工程咨询行业的前列。

（5）重视企业的核心竞争力——人才的培养

人才是工程咨询行业发展的第一资源,专业人才管理是企业发展的头等大事。应聚焦项目工程咨询工作人员的痛点、难点和堵点,注重对各类专业人才的吸收与培养,发展员工的综合能力和服务水平,并保证对高层次人才、特色专业急需人才、技术骨干、青年精英的引进,并建立企业与员工的沟通渠道,做好人才服务工作。另一方面,企业应组织项目管理企业专家、个体及高校专业老师的相关专题调研交流座谈会,深入了解项目管理者的感受和想法,从而形成人才引领行业、行业汇聚人才的良性发展。

7.2 展望

(1) 在整合性与系统性层面开展研究

工程咨询服务业乃是结合群体智慧并融合各种专业知识,方能提供有效性的服务。因此建议在此产业经营的工程公司,必须强化在职教育培训,对于公司内部的业务人员及执行工程项目的专业技术人员,在分析工程事务上,培养大量数学及统计学概念的运用,对工程做科学性定量分析,保证工程业务的质量;在工程执行技术上,强化培训专业技术与知识之综合运用,同时,要随时掌握科技趋势、以创新的知识应用,提供附加价值高的服务,满足顾客需求。同时,为应对工程层次提升及技术移转的要求,国内工程咨询公司需与国外工程咨询公司共同合作,进行技术提升,应对时势进入国际市场之需求,拓展海外工程业务,扩大业务范围。

(2) 与专项咨询服务融合,与全过程工程咨询模式相统一

从目前全过程工程咨询以及工程建设项目管理相关政策及实践来看,当前对工程建设项目管理的总体要求不仅仅只是原先所谓的"项目管理"的简单延伸,而是项目管理与设计咨询、投资咨询、造价咨询等各专项建设服务的融合,也就是将企业原先多元化的咨询服务融合成一个综合性服务产品,真正的国际公认的——项目管理。针对全过程工程咨询新模式及各类专项咨询业务的项目管理需求,工程建设项目管理企业有必要在融合基础上转变原先传统的管理方式,使企业人力、财力、物力资源得以合理"分配"与"共享",否则会造成新的组织冲突与资源浪费,不仅会导致项目失败,而且也给企业带来巨大损失。随着信息技术、组织管理理论、项目管理方法的发展,咨询企业的管理思维方式的转变极为重要,管理方式将更加注重综合化、标准化和信息化方面建设,这三者结合将形成工程建设项目管理企业新的核心竞争力。

(3) 积极采用信息化技术、人工智能等创新手段

在工程建设项目管理开展中,还需要运用大量先进的技术手段来提高项目管理效率和水平。为此,工程建设项目管理企业应融入 BIM 技术、互联网+、大数据、云计算、物联网、GIS 系统等新一代信息技术,并积极探索将智能监测系

统、计算机与数字工程、AR 仿真模拟、穿戴式智能设备、无人机、人工智能辅助系统等新科技设备作为工程建设项目管理辅助手段,做好纵向和横向技术手段的综合交叉运用。同时,企业完善自身的标准化、信息化管理系统,实现多项目管理平台,利用先进的数据采集手段,形成工程项目管理的项目库、案例库、知识库等,并考虑采用人工智能方法,用企业数据资源进行演练,形成企业自身的AI+技术优势。此外,由于信息技术的发展较快,企业也可与专业化的信息技术公司合作,研究在最新的 5G 技术环境下结合工程项目管理经验,开发更多的项目管理新产品、新技术、新模式。

(4) 在企业发展的风险防范层面开展研究

对于工程咨询公司,特别是对于大型的工程咨询公司,在我国的传统企业组织下,无法摆脱阶层式的架构,但为应对项目合同业务型态,通常尽量以授权的方式,指定项目经理或计划主持人,再设法于专业分工的部门内分别派出需要配合的人力参与项目,于是自然形成所谓的矩阵式组织,而且以国内现况,几乎所有公司都属于弱矩阵组织,即垂直向阶层式架构的管理权责大于水平向项目联系的管理权责。且不管是何种程度的矩阵式组织,公司与项目两个层面,都应建立风险管理的办法,更重要的是,公司应该设置一个专责单位,做公司系统面的统筹管控,并建立一致性的人力资源、预算编列、绩效考核制度,以强化项目风险理机制,补充各项目层级仅以其服务合同范畴为考量的短程效度,也可补强公司层面无法灵活运用项目管理理念对各项目的密切监督,尤其是对于等级色彩太强,无法发挥均衡矩阵式组织结构的情况,将可提供极佳的效果。

(5) 推动咨询业国际化交流,与国际工程项目建设管理业接轨

随着上海城市发展的国际化、国外咨询企业的加入竞争行列以及国内工程咨询企业的"走出去"战略,构建了一个完全开放型经济新体制,也为工程建设项目管理参与国际工程提供了服务的新空间、新领域,拓展了工程建设项目管理的新机遇。值得一提的是,目前政府全面推行的"全过程工程咨询"模式是中国对工程项目管理行业一次改革的探索,并不排斥国外先进工程项目管理的引入和实践,而且通过实践和完善,终将与国际工程项目管理接轨。为此,应根据国际工程项目管理发展形势统筹规划,制定相关政策指导,针对国际先进的项目管理经验组织相关课题研究,开展国际项目管理论坛、讲座及国际化项目管理培训,并组织国内外项目管理组织(如 FIDIC、PMI)及国际知名项目管理企业与国内同行间进行交流。同时,可直接引进国际工程项目管理教材和案例用于教学、研究,培养一批适应国际化工程管理的人才。此外,企业应在发展国内业务的同时

开启国际化发展策略,开拓思路、改革创新,积极吸取国外项目管理先进经验,学习借鉴国外同行良好做法和理念,不断壮大自身实力,敢于与国外先进咨询企业竞争或合作拓展市场。

  本篇还存在诸多不足。例如,只是针对单一个案公司作深入访谈,以了解个案公司在国内工程咨询产业在发展战略上所面临的相关问题与提出的对策,因此对外部效度较不足,未来可同时针对与更具规模的多家大型工程咨询公司,进行多方面的调研和比较分析,以期能更深入探讨国内工程咨询产业的内外部优劣势、所采行的经营策略及经营绩效的差异,以归纳出更好的经营竞争策略,提供给工程咨询行业更多经营上的上佳方案。

参 考 文 献

[1] 刘守亮,陈晖,蔡红军,等.全过程工程咨询模式下电网基建工程建设管理研究[J].中国工程咨询,2019(9):73-77.
[2] 回晓莹,张育德,李婕,等.河北省文安县水利发展战略规划思路分析[J].海河水利,2019(4):31-33.
[3] KCHEN. Research on remote intelligent consultation platform for dam safety monitoring[C]. Social Studies of Science, 2018, 35(6):867-894.
[4] WAROUW. Community participation for sustainable tourism model in Manado coastal area[J]. IOP Conference Series: Materials Science and Engineering, 2018, 3(6):12-39.
[5] FELIX L. Therapy decision support based on recommender system methods[J]. Journal of Healthcare Engineering, 2017(2017):1-11.
[6] KEMBEL. Research and application of intelligent consultation and diagnosis platform with intelligent materials for rice pests and diseases[J]. Advanced Materials Research, 2017(644):8-11.
[7] 刘雪婷,王明磊.基于生态资产模型的抚顺可持续发展战略探究[J].价值工程,2019,38(24):22-25.
[8] 王野.智慧建造背景下工程咨询行业发展研究[J].居业,2019(8):150-151.
[9] PORTER M E. Techniques for analyzing industries and competitor[M]. The Free Press, 2010.
[10] HATTEN & HATTEN. The consultation system design for the Yellow River engineering danger[J]. Advanced Engineering Forum, 2018(6/7):647-651.
[11] 张皓洁.埃克森美孚公司发展战略及经营动向研究[J].当代石油石化,2019,27(8):49-52.
[12] 金桂明.全过程工程咨询模式下的创新管理思考[J].价值工程,2019,38(12):55-58.
[13] 宋勇,陈明霞.关于全过程工程咨询管理的实践与思考[J].安徽建筑,2019,26(4):211-212.
[14] 琚娟.基于VETS的全过程工程咨询价值评估体系研究[J].建筑经济,2019,40(6):24-29.
[15] 何琦.基于全过程工程咨询高素质专业人才培养创新思考[J].科技创业月刊,2019,32(5):69-71.
[16] 陈龙.新时代下工程咨询行业高质量发展与探索[J].中国工程咨询,2019(6):48-51.

[17] 汪明崇,孔祥娟.工程咨询行业财务管理有关问题探讨[J].中国工程咨询,2019(6): 92-96.
[18] 怀悦,刘栋,蔡东升,李镇.全过程工程咨询企业的培育研究[J].价值工程,2019,38(20): 91-93.
[19] 高巍.通过员工持股浅析工程咨询企业生产体制的变革方向[J].工程咨询管理,2019,36(5):25-27.
[20] 董春盈.BIM 在全过程工程咨询领域的应用研究[J].中华建设,2019(7):108-109.
[21] 张继.全过程工程咨询模式下的 BIM 项目管理实践与探讨[J].建材与装饰,2019(22): 226-227.
[22] 陈晓军.对工程咨询行业发展的若干思考[J].居舍,2019(22):8.
[23] 张玲.工程咨询机构开展全过程工程咨询对策[J].现代营销(经营版),2019(8): 151-152.
[24] 吕文荫.工程咨询公司对工程项目的管理认识实践[J].现代经济工程咨询,2019(13):369.
[25] 皮德江.全过程工程咨询委托模式研究[J].中国工程咨询,2019(7):29-32.
[26] 于亚萍.国有企业发展战略规划及管控分析[J/OL].中国商论,2019(17):139-140.
[27] 曾骏,邓海龙.经济新常态下的交通类工程咨询企业发展战略[J].交通企业管理,2017,32(2):20-23.
[28] 张振生,沈翔,韩光耀.工程咨询企业基于 BIM 发展战略研究[J].中国工程咨询,2015(2):16-20.
[29] 田月.工程咨询企业可持续发展战略研究[J].管理观察,2014(5):25-30.
[30] 马亭,许强.工程咨询业服务战略发展分析[J].中国工程咨询,2006(10):17-18.
[31] 张杰.全过程工程咨询虚拟组织构建及运行机制研究[D].济南:山东建筑大学,2019.
[32] 李阳.建设项目全过程管理背景下工程咨询企业转型升级模式研究[D].成都:西华大学,2018.
[33] 王来.GT 工程咨询公司发展战略研究[D].宁波:宁波大学,2018.
[34] 刘琦娟.以战略为导向的工程造价咨询企业业务流程再造研究[D].天津:天津理工大学,2018.
[35] 张燕.ZJ 工程造价咨询公司发展战略研究[D].杭州:浙江工业大学,2017.
[36] 冯喆.工程咨询企业服务化路线研究[D].北京:北京交通大学,2017.
[37] C. JING. Influence of engineering cost consultation in project cost control[J]. Urbanism & Architecture, 2018.
[38] WAXMAN B P. Medicine in small doses. Re-engineering the surgeon-patient interface: the futuristic consultation[J]. ANZ Journal of Surgery, 2013, 83(10):706.
[39] STRAW S. Consultation on science, technology, engineering and mathematics (STEM) for the education and training foundation: final report[J]. National Foundation for Educational Research, 2014(2):1.
[40] CORSCADDEN K, WILE A, YIRIDOE E. Social license and consultation criteria for community wind projects[J]. Renewable Energy, 2016(44):392-397.

[41] 戴建敏,马念君.中国梦·工程咨询"智"造不凡——上咨公司开启上海世博会全过程咨询服务的新路径[J].中国工程咨询,2019(9):14-19.
[42] 乐剑.基于工程案例分析的造价咨询方设计优化服务研究[J].建筑施工,2019,41(7):1390-1392.
[43] 文飞,申文伟,陈奕虹.建设项目全过程工程咨询服务合同的法律风险探讨[J].法制与社会,2019(22):44-45.
[44] 申文伟,杨天斌,杨学华.全过程工程咨询单位质量责任主体的法律风险探讨[J].法制与社会,2019(22):46-47.
[45] 张谨.中衡设计集团关于建筑师负责制、全过程工程咨询以及EPC的相关实践[J].工程咨询管理,2019,36(7):40-44.